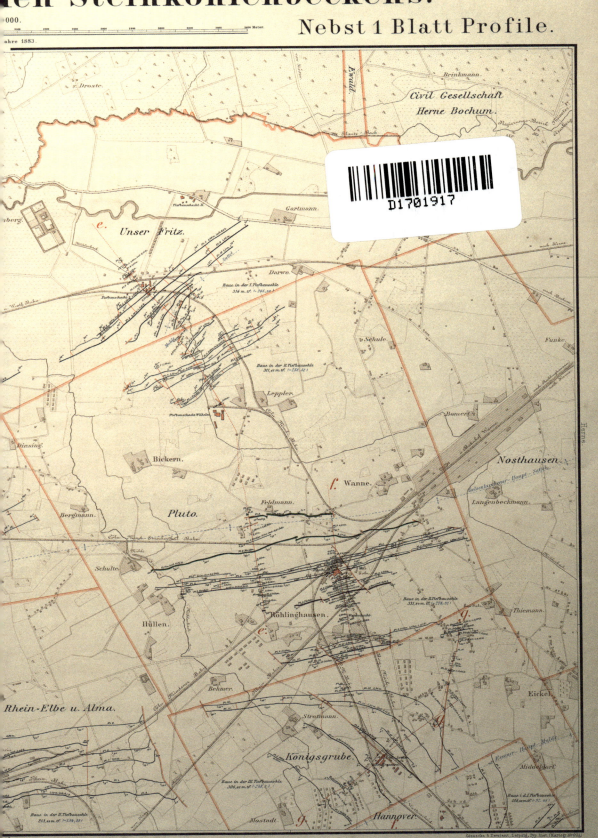

KLARTEXT

Schriftenreihe des Instituts für Stadtgeschichte,

Beiträge, Bd. 17

Alexander Kraus, Daniel Schmidt (Hg.)

Stadt auf Kohle

Ein Lesebuch zur Geschichte der Zechen
in Gelsenkirchen

Titelabbildung:
   Die Schachtanlage 3/4/9 der Zeche Consolidation in Gelsenkirchen-Bismarck im Jahr 1975 (ISG)

vorderer Vorsatz:
   Flözkarte des Westfälischen Steinkohlebeckens, 1883 (DBM/montan.dok)

hinterer Vorsatz:
   Die wirtschaftliche Struktur der Stadt Gelsenkirchen, Karte des städtischen Planungsamtes aus dem Jahr 1951 (ISG)

1. Auflage Januar 2014

Bildredaktion:
Sebastian Renczikowski, Münster

Lektorat:
Alexandra Redmann, Düsseldorf

Satz und Gestaltung:
Klartext Medienwerkstatt GmbH, Essen

Umschlaggestaltung:
Volker Pecher, Essen

Druck und Bindung:
Druckerij Wilco BV, Amersfoort (NL)

ISBN 978-3-8375-0914-4
Alle Rechte vorbehalten
© Klartext Verlag, Essen 2014

www.klartext-verlag.de
www.institut-fuer-stadtgeschichte.de

Inhalt

Einleitung	
» Daniel Schmidt und Alexander Kraus	7

Stadtlandschaft
» Matthias Friedmann 17

Der Beginn einer neuen Ära. *Die Zeche Hibernia*
» Lea Löcken 41

Emil Kirdorf und die Gelsenkirchener Bergwerks-Aktiengesellschaft.
Die Zeche Rheinelbe
» Peter Schmidt 52

Wie Russen und Engländer die Industriearchitektur
im Ruhrgebiet beeinflussten. *Die Zeche Holland*
» Gina Wösting 64

Effizienz durch Innovation: Ökonomie und Technik im Ruhrbergbau
» Henning Bovenkerk 73

Wie ein Bergwerk Wurzeln schlägt. *Die Zeche Wilhelmine Victoria*
» Christina Nünning 97

Eine Zeche, drei Gesichter – zwischen Gewinnmaximierung,
schnellen Autos und Ruderalvegetation. *Die Zeche Alma*
» Felix Gräfenberg 109

Das Revier steht still oder der Bergarbeiterstreik von 1889. *Die Zeche Ewald*
» Lea Löcken 120

Die Frauen der Bergarbeiter – mehr als Kinder, Küche, Kolonie
» Johanna Zirwes 131

Leben von, mit und neben der Zeche. *Zeche und Kolonie Bergmannsglück*
» Lisa-Marie Pohl 154

Kriegsrelevante Tagesanlagen. *Die Zeche Scholven*
» Benjamin Rudolf 165

Arbeitsmigration nach unter Tage. *Die Zeche Consolidation*
》 Gina Wösting 176

Tokio – Gelsenkirchen – Tokio
》 Sebastian Renczikowski 189

Die Dahlbuschbombe – eine Gelsenkirchener Heldengeschichte. *Die Zeche Dahlbusch*
》 Thomas Ahmann 200

Verbindungen und Verbünde. *Die Zeche Westerholt*
》 Lisa-Marie Pohl 211

Effizienz ohne Gewinn. *Die Zeche Graf Bismarck*
》 Benjamin Rudolf 220

Schalke, Selters und eine neue Sprache
》 Jan Daldrup 233

Letztes Pferd und letzter Pütt. *Die Zeche Hugo*
》 Thomas Ahmann 251

Von »Pütt Elend« zum Herkules. *Die Zeche Nordstern*
》 Stephanie Klages 263

Weiterführende Literatur 276

Weiterführende Literatur zu den Beiträgen 278

Anmerkungen 289

Abbildungsnachweis 299

Dank 301

Einleitung
» *Daniel Schmidt und Alexander Kraus*

Abb. 1: *Flözkarte des Westfälischen Steinkohlebeckens, 1883*

Eine Stadt auf Kohle. Gelsenkirchen gäbe es nicht, wäre nicht vor mehr als 150 Jahren ein Bodenschatz tief unter der Erde der Emscherniederung gefunden worden, der dringlichst nachgefragt wurde, um – im wahrsten Sinne des Wortes – die industrielle Revolution in Deutschland zu befeuern. Kohle lieferte die Energie für die fundamentale Verwandlung der Welt, wie sie sich im 19. Jahrhundert vollzog – mit ihr wurden Dampfmaschinen betrieben, Strom erzeugt, Stahl verhüttet. Kein Wunder, dass Industriepioniere weder Kosten noch Mühen scheuten, um an das schwarze Gold zu gelangen. Wo zuvor nur Sumpf gewesen war, wurden unter erheblichem technischen Aufwand Schächte in die Erde getrieben – abgeteuft, wie es in der bergmännischen Fachsprache heißt – und mächtige Fördertürme, gigantische Zechenanlagen errichtet.

Aus vormals verschlafenen Flecken – Gelsenkirchen, Heßler, Schalke – entstanden neuartige Industriedörfer, die bei manchem zeitgenössischen Beobachter transatlantische Assoziationen hervorriefen.

> *»Die Industriestadt! Es gibt in der Tat im Kohlenrevier diesen Städtetyp, charakterisiert durch die gewissermaßen amerikanische Aufmachung. Der Vergleich, der Erinnerung an die Goldgräberstädte im fernen Westen wachruft, ist in der Tat nicht unberechtigt; denn gleich jenen Vorbildern Amerikas sind auch diese Städte gewissermaßen über Nacht aus dem Boden gewachsen.«*[1]

Abb. 2:
Schalker Markt und Schalker Industrie, 1895

Tatsächlich – dort, wo noch wenige Jahrzehnte zuvor wilde Pferde gegrast und nur wenige Menschen gelebt hatten, rauchten um die Wende zum 20. Jahrhundert die Schlote der Kokereien und Kraftwerke, leuchteten die Feuer der Hochöfen, drängten sich Massen von Arbeitern mit ihren Familien in Mietskasernen und Koloniehäusern. Kristallisationspunkt dieser weltweit einzigartigen Entwicklung waren die Zechen. An die Steinkohlebergwerke lehnten sich neue Industriekomplexe an, die entweder dem Bergbau zuarbeiteten – Seilereien, Maschinenfabriken, Sprengstoffhersteller – oder die Kohle weiterverarbeiteten: Kokereien, Hüttenwerke, chemische Anlagen, Glasproduzenten. Um die Zechen herum entstanden Siedlungen und Kolonien, in denen hunderttausende Menschen eine

Abb. 3: *Bergleute der Zeche Wilhelmine Victoria, 1923*

Abb. 4: *Die Schalker Industrie aus der Luft, 1929*

neue Heimat fanden. Von nah und fern strömten sie herbei, um in der Boomregion zwischen Lippe, Emscher und Ruhr ihr Glück zu suchen – und dabei den nicht immer einfachen Verhältnissen zu trotzen, deren Wurzeln im Regelfall auf die eine oder andere Weise im Bergbau lagen: soziale Konflikte, politische Krisen oder die unübersehbare Umweltverschmutzung.

Abb. 5:
Industrie und Wohngebiete verschränken sich in Gelsenkirchen,
1929

So atemlos schritt die Entwicklung voran, dass junge Städte wie Gelsenkirchen kaum Zeit fanden, wirklich Stadt zu werden:

> »Der Geist mit den stählernen Riesenschwingen setzte eben nur Behausungen dahin, war stolz darauf, mit so wenig Zeitaufwendung Hunderttausende untergebracht und Städte aus der Erde gezaubert zu haben. Und so kam es, daß die Industriestädte äußerst praktisch, aber wenig gemütlich ausfielen. Man hatte eben vergessen, beim Städtebauen die Musen zu befragen, die schattigen Baumschmuck, hübsche Baumidylle, geruhsame Straßeninseln und ab und zu ein Kunstwerk auf schlichtem Sockel angeraten hätten.«[2]

All dieser Probleme, die bei den vom ländlichen Idyll träumenden Urbanisierungsskeptikern für schlaflose Nächte sorgten, nahm sich Gelsenkirchen – zeitweise die wichtigste Kohlestadt des europäischen Kontinents – an und bekam sie auch nach und nach in den Griff. Die Musen wurden tatsächlich noch befragt und zu den Zechen gesellten sich nicht nur Parks und Grüngürtel, sondern auch Museen und schließlich sogar eines der modernsten Theater der bundesdeutschen Nachkriegszeit. Angetrieben durch den Kohlehunger des Wirtschaftswunders erlebte

Gelsenkirchen zu jener Zeit eine zweite Blüte, schien wirtschaftlich unaufhörlich zu wachsen und hielt stramm auf den 400.000sten Einwohner zu, der sicherlich auch Bergmann geworden wäre – oder die, je nach dem, sicherlich auch einen Bergmann geheiratet hätte. So hätte es weitergehen können, denn Kohle war ja noch reichlich vorhanden. Was Georg Schwarz schon 1931 festgestellt hatte, besaß auch nach 1945 noch Gültigkeit:

Abb. 6:
Bergmann beim Kohlenabbau in einer Gelsenkirchener Schachtanlage, um 1970

> »Immerhin hat es hier im Ruhrgebiet noch keine Not mit Kohle. Da unten, in den verkohlten Torfmooren einer Vergangenheit, die Jahrmillionen zurückliegt, gibt es noch genug für zweitausendfünfhundert

Jahre, wie man ausgerechnet hat. Was dann kommt, wird sich zeigen...«[3]

Wir wissen mittlerweile, was dann kam. Kohle verkaufte sich nicht mehr wie von selbst – und auch nicht mehr mit Hilfe weitreichender Subventionen. Je größer die Krise, desto mehr Zechen verschwanden – wie der Bergbau einst von Süden nach Norden in den Raum Gelsenkirchen eingezogen war, so zog er sich nun aus der der Stadt zurück. Bereits um 1930 schlossen die ersten Zechen südlich der Emscher – RHEINELBE, ALMA, HIBERNIA; am Anfang des 21. Jahrhunderts mussten dann auch die letzten Schachtanlagen am nördlichen Rand der Stadt die Förderung einstellen. Als 2008 in den Schächten Westerholt des Bergwerks LIPPE die

Abb. 7:
Blick vom Hans-Sachs-Haus über Gelsenkirchen in Richtung Osten, im Hintergrund der Schalker Verein, 1953

letzten Schichten verfahren wurden, endete eine Geschichte, die genau 150 Jahre zuvor begonnen hatte, als auf Zeche HIBERNIA die ersten Förderwagen mit Kohle zu Tage gebracht worden waren. Die Stadt musste lernen, ohne Kohle zu leben – es gelang ihr lange mehr schlecht als recht. Noch heute hat Gelsenkirchen, haben die Menschen in der Stadt mit dem zu kämpfen, was gemeinhin als Strukturwandel bezeichnet wird. Aber auch wenn mittlerweile viele Zechenanlagen ganz oder zu großen Teilen aus dem Stadtbild verschwunden sind, so gilt in Gelsenkirchen und im Ruhrgebiet weiterhin, was Heinrich Böll 1958 beobachtet hatte:

Abb. 8:
Blick vom Berger See über die Skyline Gelsenkirchens, 1959

»Der Fremde, der neben dem Bergmann in der Straßenbahn saß, wusste nicht zu sagen, in welchem Ort er gerade war: ob in Katernberg oder Bottrop, in Gladbeck oder Rotthausen, in Schalke, Horst, Herne, Hassel oder Wattenscheid; diese jungen Städte gleichen einander wie Säuglinge in der Kinderstation, sie gleichen einander nur scheinbar, denn so sicher wie Säuglinge eine haben, haben sie eine eigene Physiognomie. Für den Einheimischen sind die Zechentore, Zechentürme Wegweiser, wenn er Carolinenglück, Fröhliche Morgensonne, Consolidation oder Bismarck liest, findet er sich wieder zurecht. Wolfbank, Hugo, Shamrock, Nordstern und Mont Cenis, sie sind Orientierungspunkte wie andernorts Kirchtürme, Rathäuser, Häuserfronten, Brunnen und Plätze [...].«[4]

Die Zechen bleiben Landmarken auf den mentalen Stadtplänen der Gelsenkirchenerinnen und Gelsenkirchener. Zu ihrer historischen Rolle, die sie für die Entwicklung der Stadt Gelsenkirchen gespielt haben, tritt somit ihre ungebrochene Bedeutung als industriekulturelle Erinnerungsorte. Und wie auch nicht? Diese industriellen Komplexe konnten über die Jahre nur schwerlich ignoriert werden, zu sehr legte sich der Kohlenstaub auf alle Sinneswahrnehmungen: Grüne Blätter verfärbten sich schwarz und schlugen dem Sehsinn ein Schnippchen; der Klangkosmos der Stadt war durch den Aufbau gewaltiger Produktionsanlagen, den Ausbau des

Abb. 9:
Gelsenkirchener
Bergleute unter
Tage, um 1970

stetig wachsenden und sich einzig nach den Anforderungen der kohlewirtschaftlichen Gewinnmaximierung richtenden Verkehrsnetzes, die Weiterverarbeitung der Kohle und die lärmenden Sekundärindustrien dominiert; der Geruch und Geschmack von Kohle begleitete die Menschen durch den Tag – ganz zu schweigen von all denen, die die Hitze der Kohle in Tausend Meter Tiefe am eigenen Körper fühlen konnten. Nicht umsonst schrieb der Schriftsteller Heinrich Hauser 1930 in seinem Klassiker *Schwarzes Revier*, das »Gesicht des alten Bergmannes erzähl[e] die Geschichte eines schweren Berufs«.[5]

Die Allgegenwart der Kohle war keineswegs ein Alleinstellungsmerkmal Gelsenkirchens: *Vor Ort* hat der Publizist und Historiker Ralf Piorr sein wunderbares Buch genannt,[6] in dem sich unterschiedliche Autorinnen und Autoren in liebevollen Portraits der Zechen in Herne und Wanne-Eickel angenommen und einen neuen Weg des historischen Erzählens beschritten haben. Dieses rundum gelungene Vorbild möchten wir mit dem vorliegenden Buch variieren. Wir haben einer studentischen Projektgruppe der Westfälischen Wilhelms-Universität Münster im Wintersemester 2012/2013 die Aufgabe gestellt, die Geschichte des schwarzen

Goldes in Gelsenkirchen aus zwei Perspektiven neu zu erzählen: Dies sind zunächst Zechenportraits, die das Werden und Wachsen, aber auch das Ende und die Nachnutzung der insgesamt vierzehn Zechen der Stadt in den Blick nehmen und zugleich einzelne Schwerpunkte setzen, die über die jeweilige Zechengeschichte selbst hinausreichen. Sie berichten vom Wissenstransfer, ohne den die Kohle hätte gar nicht erst diese Erfolgsgeschichte schreiben können, von großen Persönlichkeiten des Bergbaus ebenso wie von denen, die ›vor Kohle‹ malochten und auch über Tage zusammenstanden, um für mehr Lohn, kürzere Schichten und gegen die Schließungen zu demonstrieren. Sie erzählen von der Kohlekrise der 1960er Jahre, aber auch von Erfolgs- und Heldengeschichten, vom Kumpel auf vier Beinen, der Industriekultur und von Altwagenrennen, die heute schon lange vergessen sind. Zugleich nehmen sie die Leser in Reportagen an die Hand und führen sie hinein in die Zechen selbst, in die entstehenden Arbeiterkolonien und die so typischen Industriedörfer, die nicht mehr Dorf und noch nicht Stadt waren. Diese Zechenportraits werden durch längere Texte gerahmt, die dem Wandel der städtischen und gesellschaftlichen Lebenswelt über die letzten 150 Jahre hinweg auf verschiedenen Feldern nachspüren. Denn wie sich die Stadtlandschaft selbst unaufhörlich veränderte, entwickelte sich auch die Technik des Ruhrbergbaus kontinuierlich fort, entstand mit dem Ruhrdeutsch eine neue Sprache, erschlossen sich Frauen neue Arbeitswelten und japanischen Gastarbeitern Gelsenkirchen unter wie über Tage.

Auch wir waren für das Schreiben unserer Texte *vor Ort* – im Institut für Stadtgeschichte, im Montanhistorischen Dokumentationszentrum des Bochumer Bergbaumuseums, in verschiedenen Gelsenkirchener Zechenkolonien, auf einzelnen Zechengeländen wie CONSOLIDATION, RHEINELBE und WESTERHOLT, im Trainingsbergwerk in Recklinghausen und im Bergwerk ANTHRAZIT in Ibbenbüren unter Tage, auf 1.215 Meter Tiefe – und haben uns eine vergangene und noch immer vergehende Welt zu erschließen versucht. Diese Erfahrungen *vor Ort* sind in die Texte mit eingeflossen. Wenn dieses Buch dazu beiträgt, einem breiten Publikum die zahlreichen Facetten eines gewichtigen Kapitels der Gelsenkirchener Geschichte zu vergegenwärtigen, dann hat es seinen Zweck erfüllt.

Stadtlandschaft
»» *Matthias Friedmann*

»Schön ist das nicht?«

»Boa! Schön ist das nicht!«[1] Der Landschaft des Ruhrgebiets, seiner »halbherzigen Skyline«, kann der Bochumer Romanautor und Kabarettist Frank Goosen kaum etwas Schönes abgewinnen. Doch was ist mit dem vielen Grün, den Parks und den Wäldern? Überschätzt, meint Frank Goosen, denn wer Bäume sehen möchte, könne doch auch einfach ins Allgäu fahren: »Da hat mein Opa immer gesagt: ›Ja dat gibbet woanders auch.‹« Das Ruhrgebiet schön zu finden, verlangt – so scheint es – eine besondere Willenskraft. Den Pott als etwas »Schönes« zu beschreiben, ihn wirklich zu verstehen, dafür bedarf es anderer Begriffe: »Eine mittelalterliche Garnisonsstadt mit Stadtmauer, Fachwerkhäusern und Residenzhäusern schön zu finden, dass kann ja jeder.« Der Pott ist eben anders, keinesfalls aber schön im klassischen Sinne. Nicht umsonst beißen sich Schriftsteller wie Journalisten aus ganz Deutschland seit Jahrzehnten die Zähne daran aus, das Ruhrgebiet zu beschreiben. Bemerkenswerterweise stammen die bekanntesten solcher Reportagen und Beschreibungen nicht von »gebürtigen« Ruhrgebietlern. Viele würden daher vermutlich sagen, dass das Ruhrgebiet nur verstehen könne, wer auch dort geboren wurde.

Auch dieser Text gehört in diese Kategorie: Aus der Außenperspektive soll anhand einzelner Elemente beschrieben werden, was die Landschaft des Ruhrgebiets auszeichnet. Vollständigkeit und ein komplettes Verständnis kann dabei natürlich nicht erreicht werden. Dies soll aber auch nicht das Ziel sein. Es geht viel eher darum, diese Landschaft in wenige Grundbestandteile zu zerlegen und sich diesen über deren Geschichte zu nähern.

Auch wenn in Frank Goosens Beschreibung ganz offenkundig eine augenzwinkernde Hommage an das Ruhrgebiet, seine Heimat, steckt, steht er mit seiner Bewertung alles andere als alleine – und das über Zeitenwenden hinweg. Obgleich zwischen Goosens Ruhrgebiet und dem des frühen 20. Jahrhunderts Welten liegen, klingt es 1919 vergleichbar. So beispielsweise, wenn der Schalker Hans Klose in seinem Essay *Das westfälische Industriegebiet und die Erhaltung der Natur* schreibt, dass diese Region weder als »[s]chön in des Wortes herkömmlicher Bedeutung« gelten,[2] noch jemals einen solchen Zustand erreichen könne. Die Industrie habe die Natur verdrängt, um nicht zu sagen zerstört. Industrieanlagen laden zwar zum Staunen ein, nicht aber dazu, die Landschaft als angenehm zu empfinden. Hans Klose war kein Bergarbeiter, sondern der Sohn des Schalker Amtmanns und späteren Bürgermeisters von Gelsenkirchen, Adolf Klose: Er hatte Abitur, promovierte und engagierte sich im Naturschutz – unter anderem zur Zeit des Nationalsozialismus. Ob der Kumpel, der direkt an diesen Anlagen wohnte, die Industrie auch so gesehen hat oder ganz anders, ist damit noch nicht gesagt.

Abb. 10:
Blick auf den Schalker Markt, im Hintergrund die Zeche Consolidation und die Schalker Industrie, 1900

In ähnlicher Art und Weise wie Klose argumentierte auch der in Berlin geborene Journalist Heinrich Hauser. Er reiste Ende der 1920er Jahre ins Ruhrgebiet und verfasste im Zeichen der Neuen Sachlichkeit die Fotoreportage *Das schwarze Revier*. Der Bohème und Autor der *Frankfurter Zeitung* versuchte das Ruhrgebiet unter sozialen Gesichtspunkten zu beschreiben und stellte ebenso fest: »Die Landschaft des Reviers kann man nicht betrachten wie eine ›schöne Aussicht‹. Man muß den Augen Zeit lassen, die verwirrende Vielheit der Eindrücke aufzunehmen, man muß diese Landschaft studieren wie das Blickfeld eines Mikroskops.«[3] Auch seinen Augen forderte das Ruhrgebiet eine besondere Leistung ab. Die Landschaft des Ruhrgebiets könne eben nicht in Kontemplation versunken betrachtet werden, dafür sei sie viel zu andersartig und voller Ablenkungen. Sie müsse erst genauestens analysiert werden, bevor der Besucher etwas damit anfangen könne.

Für den Kölner Heinrich Böll hingegen glich es drei Jahrzehnte später einem Wunder, dass die Bewohner dieser Region noch nicht verkümmert seien. Denn im Ruhrgebiet fand er keine Strukturen vor, von denen er meinte, dass sie ein gutes Leben ermöglichten. Stattdessen sah er sich bei seiner Fahrt durch das Ruhrgebiet mit einem unüberschaubaren Durcheinander miteinander verwobener Dörfer konfrontiert. Was deren Einwohnerzahl betrifft, so könnten diese zwar, so Böll, mit der vieler Städte mithalten, doch fehle diesen Orten das, was eine Stadt letztlich auszeichne: eine »Patina«, ein Gesicht, eine »Geschichte«.[4] Böll sah dagegen eine Region, in der die Industrie die Landschaft getötet habe, »ohne eine neue zu bilden«.[5] Die Planer und Konstrukteure hätten zwar an alles gedacht – Wohnungen, Schulen oder Apotheken –, aber im Vergleich zu den Fabriken wirkten diese eher planlos: Hauptsache, sie seien irgendwie vorhanden. Überhaupt passte für Böll hier nichts zusammen; Fördertürme, Bahnschienen, Kokereien und dazwischen Bauernhöfe: »So wirkt die Kuh vor dem Förderturm, das Schaf vor der Kokerei, der säende Bauer vor der Kulisse des Hüttenwerks, sie wirken wie eine Täuschung, sehen aus, als wären sie bestellt, um fotografiert zu werden; sie wirken als etwas, was sie nicht sind.«[6] Ein hartes Urteil über das Ruhrgebiet.

Die meisten der hier zitierten Personen stammen nicht aus dem Ruhrgebiet. Ihre nicht sonderlich schmeichelhaften Schilderungen des Ruhrgebiets stießen tatsächlich vielen gebürtigen Bewohnern übel auf. Heinrich Hauser hätte man zur Strafe am liebsten am nächsten Kirchturm in einen Korb gehängt. Die Reaktionen auf die Reportage Bölls und die Fotografien Chargesheimers waren ebenfalls sehr emotional und nicht minder gespalten. In einem Brief des Essener SPD-Oberbürgermeisters Nieswandt, den der *Spiegel* 1959 zitierte, beschwerte sich dieser über die immer wieder aufgewärmten Ruhrgebiet-Klischees: »Die Ruhrgebietsstädte, und dies gilt auch für die Stadt Essen, sind es gründlich leid, von Außenseitern in einer Weise dargestellt zu werden, die nicht einmal mit der Realität der Gründerjahre übereinstimmt, geschweige denn mit der Gegenwart.«[7] Das Ruhrgebiet habe sich weiterentwickelt, nur Auswärtige wie Böll hätten davon eben aus Sicht Nieswandts noch nichts mitbekommen, ja schienen es bewusst zu ignorieren. Stattdessen wiederholten sie die immer gleichen Vorurteile. Auch in Gelsenkirchen und Bochum fühlte man sich gehörig auf den Schlips getreten: Die Arbeiten der beiden Kölner seien höchst manipulativ und vertuschten das wahre Bild der Städte, die »mit liebevoller gärtnerischer Sorgfalt gepflegten Grünanlagen und ihre beispielhaften neuzeitlichen Wohngegenden«, die Lebensfreude und kulturelle Vielfalt. Der *Spiegel*-Artikel erzählt aber auch von Zustimmung unter den »Bewohner[n] und Kenner[n] des Ruhrgebiets«: »Die

Stadtlandschaft | 19

Steinkohlenbergwerk Graf Bismarck GmbH in Gelsenkirchen bestellte für ihre Werkzeitschrift einige der Aufnahmen, die Stadt Marl erbat sich Photos für einen Prospekt.«

Lagen Hauser, Böll und Chargesheimer mit ihren Darstellungen des Ruhrgebiets nun völlig daneben? Ist diese so sehr von der Montanindustrie geprägte Region wirklich so schwer zu fassen – begrifflich wie bildlich? Jedenfalls scheint das Ruhrgebiet bis heute Besucher wie Bewohner dazu herauszufordern, seine Eigenart zu beschreiben – jüngst versuchte es der Journalist Andreas Rossmann in *Der Rauch verbindet die Städte nicht mehr*. Wie die anderen zuvor, so ist auch dieses Buch, das aus zahlreichen in der *Frankfurter Allgemeinen Zeitung* gedruckten Reportagen kompiliert ist, der Versuch einer Beschreibung des Ruhrgebiets an sich. »Wie und wo beginnt das Ruhrgebiet?«,[8] fragt Rossmann dabei unter den Vorzeichen des Strukturwandels. Aber anstatt an dieser Stelle nun erneut eine Reportagereise ins Ruhrgebiet zu unternehmen, beginnen wir mit einer eigenen ersten historischen Bestandsaufnahme.

Abb. 11:
Blick auf die Umgebung der Zeche Consolidation, um 1960

Eine Bestandsaufnahme – aber wovon? Der Begriff der »Landschaft« kann vielerlei bedeuten und es fällt schwer, gemeinsamen Nenner herauszuarbeiten. Im Mittelalter bezeichnete man mit Landschaft ein Territorium, in dem bestimmte Gesetze und Regeln gelten. Im Laufe der Zeit wurde der Begriff jedoch immer weiter abgewandelt. Nach und nach wurde Landschaft in der Malerei zu einem ästhetischen Konzept: Die Landschaft ist ein ästhetischer Ausschnitt aus der Natur und steht zum Teil abgegrenzt gegenüber von Kultur und Geschichte. Schließlich wurde aus der Landschaft auch ein philosophisches Konzept. Auf das Wesentlichste heruntergebrochen ist eine Landschaft ein wie auch immer beschaffener Ausschnitt der Erdoberfläche. Sie ist mit den Worten des Soziologen Georg Simmel aber nicht dadurch gegeben, »daß allerhand Dinge nebeneinander auf einem Stück Erdboden ausgebreitet sind und unmittelbar angeschaut werden«.[9] Es bedarf erst eines »eigentümlichen geistigen Prozeß[es], der aus alledem erst die Landschaft erzeugt«. Landschaft wird konstruiert und zwar in einem zweifachen Sinne: Dadurch, dass sie von Menschen betrachtet und diese Beobachtungen mit Sinn und Bedeutung aufgeladen werden, aber auch durch die Veränderung der Natur durch den Menschen. Umwelthistoriker sind sich dabei sicher, dass es heute nirgendwo auf dem Planeten noch so etwas wie eine natürliche Landschaft gibt. Es existiert praktisch keine Region, welche nicht über kurz oder lang dem menschlichen Einfluss ausgesetzt war, kultiviert, geformt und verändert wurde. Eine Landschaft ist somit immer als das

Abb. 12: *Abraumhalde am Ückendorfer Platz, 1913*

Ergebnis menschlicher Leistungen zu verstehen, entweder in Form des Schreibens, des Fotografierens und Malens oder aber des Planens und schließlich des Bauens.

Was uns heute als Landschaft des Ruhrgebiets entgegentritt, besteht alles in allem aus Ergebnissen von Handlungen und Artefakten einer anderen Epoche: der ungebremsten Industrialisierung und der gesellschaftlichen Antworten auf diese. Viele dieser Industriebauten haben

Abb. 13:
Zeche Graf Bismarck, Schachtanlage 1/4 mit Bergehalde, 1920

ihre einstige Funktion verloren: Die Ruinen mancher Hochöfen dienen heute als Kletterparcours, einst verbotene Teile einer Stadt als Ausflugsziele zum Picknicken. Mögen sie lediglich Überreste einer längst vergangenen Zeit sein, so strahlen sie doch noch immer eine »Aura der Bedeutungsschwere« aus.[10] Ihre Funktion, Bedeutung und die dahinter stehende Geschichte erschließen sich nicht durch ihre bloße Betrachtung. Dennoch kann man sie nach wie vor spüren. An ihrer Entstehung haben über Jahrzehnte hinweg unzählige Konstrukteure mitgewirkt: Architekten, Stadtplaner, Industriebarone, Stadtgemeinden, aber auch Historiker und Künstler. Sie alle haben in Form von Zechen und Industriegebäuden, Wohnungen, Siedlungen, Grünanlagen, ja sogar ganzen Städten Spuren in dieser Landschaft hinterlassen. Diese Spuren können wir lesen, ihre Geschichte rekonstruieren und darüber verstehen, wieso das Ruhrgebiet heute so aussieht, wie es eben aussieht – und wie diese Spuren das Leben nach wie vor prägen.

Es mag etwas willkürlich wirken, aber gerade an Gelsenkirchen lassen sich die Folgen der Industrialisierung und der städtischen Versuche, dieser Herr zu werden, prägnant ablesen. Die Entwicklung hin zum heutigen Gelsenkirchen verlief im nördlichen Buer deutlich anders als in den Stadtteilen südlich der Emscher, wie Bismarck oder Schalke. Zwischen diesen unterschiedlichen Entwicklungen entstanden Spannungen und

Abb. 14:
Kornernte vor den Anlagen der Scholven-Chemie, 1952

Wechselbeziehungen, welche die Entwicklung der Orte mit dem Fortschreiten der Industrialisierung beeinflussten.

Industriedörfer

Buer in Westfalen in der Mitte des 19. Jahrhunderts. Auf den ersten Blick erinnert der kleine Ort nördlich der Emscher an das berühmte gallische Dorf. Umgeben von Waldungen und Ackerflächen lebten hier einige hundert Menschen in einem beschaulichen Kirchdorf und auf einzelnen verstreuten Bauernhöfen. Die St. Urbanus-Kirche lag im Zentrum des Ortes, direkt am Marktplatz, wo sich der Großteil des dörflichen Lebens abspielte. In dessen Mitte kreuzten sich die Verbindungsstraßen zu anderen Kirchdörfern, nach Westerholt, Gladbeck, Wanne und Horst. Es muss ziemlich still gewesen sein, lediglich die Kirchturmglocken tönten in steter Regelmäßigkeit. Das Leben verlief weitestgehend ruhig und überschaubar in seinen geordneten Bahnen. Von städtischem Verkehr oder gar industriellem Lärm keine Spur.

Doch wie das berühmte gallische Dorf wird auch das beschauliche Leben der Bueraner bedroht. In kaum mehr als einem Kilometer Entfernung entstand 1873 Konkurrenz für den Kirchturm St. Urbanus: Das

Fördergerüst der Zeche HUGO, Schacht 1. Mit und um dieses Fördergerüst entstanden auch Wohnkolonien für die zugewanderten Arbeiter, denn der Bedarf der Zeche konnte kaum durch lokale Kräfte gedeckt werden. In unmittelbarer Nachbarschaft zum Zentrum Buers wuchs etwas Neues. Auch wenn die Zeche in den Amtsbereich Buer fiel, so schien sie abseits gelegen, getrennt durch Felder, und mit Buer nichts zu tun zu haben. Es blieb jedoch nicht bei dieser einen Anlage. Anfang der 1880er Jahre wurde westlich von Buer der zweite Schacht der Zeche HUGO abgeteuft. Ein Stück weiter südöstlich, direkt an der Emscher, entstand ab 1893 der dritte Schacht der Zeche GRAF BISMARCK. Nach der Jahrhundertwende wurden nördlich von Buer die Schächte der Zeche BERGMANNSGLÜCK abgeteuft, gefolgt von denen der Zeche SCHOLVEN. Die Industrialisierung stand direkt vor der dörflichen Haustür Buers – und das auf fast allen Seiten.

Abb. 15:
Bauer bei der Landbestellung vor Schacht 1/2 der Zeche Scholven, um 1950

Der Vergleich mit dem gallischen Dorf kann jedoch die Dynamik der industriellen Entwicklung in Buer und dem späteren Gelsenkirchen nicht erklären. Anders als das gallische Dorf in seinem ewigen Kampf gegen die Römer konnte und wollte sich Buer gegen die Industrialisierung nicht zur Wehr setzen. Hand in Hand mit dem Steinkohlebergbau sollte sie innerhalb nur kurzer Zeit der gesamten Region eine neue Gestalt geben.

Bereits 40 Jahre später, 1930, hatte sich die Umgebung Buers vollkommen gewandelt. Buer war zwischenzeitlich zur Großstadt geworden und hatte sich mit der im Süden gelegenen Boomtown Gelsenkirchen zusammengeschlossen. Dort, südlich der Emscher, hatte die Industrialisierung noch zu viel radikaleren Veränderungen der Landschaft geführt. Hatten sich die Zechen im Norden konzentrisch um den Kern der alten Freiheit Buer angesiedelt und der Natur dabei noch Raum gelassen, war der Süden des Stadtgebiets praktisch zugewuchert. Hier reihten sich Zechen und Schächte aneinander, Wohnkolonie an Wohnkolonie. Stadtteile gingen nahtlos ineinander über. Alles hier war dicht an dicht gebaut. Es wirkte unorganisiert, kreuz und quer. Die Zechenbetreiber interessierten sich nicht für Orts- oder Stadtgrenzen. Sie bauten die Anlagen dort, wo die Kohleflöze lagen, auch wenn diese mitten durch bestehende Stadt- oder Gemeindegrenzen verliefen. Dies hatte Folgen für die Entwicklung der Städte, denn wie lassen sich so noch Grenzen zwischen ihnen ausmachen?

Die Entstehung der Zechen und deren rasant wachsender Bedarf an Arbeitskräften veränderte nicht nur die Landschaft des Ruhrgebiets – es entstand auch ein neuer Typ von »Stadt«. Das Zentrum dieser neuen Orte bildete nicht mehr ein mittelalterlicher Markt, ein Adelssitz oder ein älterer Dorfkern. Vielmehr wuchsen sie um die Zechen herum, vor allem in Form von Siedlungen für die Bergarbeiter. In rasender Geschwindigkeit entstanden so auf Flächen, die bis vor kurzem plattes, leeres Land waren, neue Orte, in denen mehrere tausend Menschen wohnten. Bis 1903 entwickelte sich südlich der Emscher auf diese Weise eine neue Großstadt namens Gelsenkirchen mit 140.000 Einwohnern. Knapp 20 Jahre zuvor lebten gerade mal um die 10.000 Menschen auf diesem Gebiet. Ein solch rasantes Wachstum brachte Probleme mit sich. Der Platz zwischen den explodierenden Ortschaften war begrenzt. Zwischen den Zechen Consolidation, Hibernia oder Graf Bismarck lagen Anfangs noch einige freie Flächen, doch bereits wenige Jahre später war der Zwischenraum komplett bebaut. Wo Schalke anfing und Bismarck aufhörte, ließ sich kaum noch wirklich sagen, denn die Orte wuchsen einfach ineinander. Bei diesem raschen Wachstum blieb die Entwicklung der Orte selbst nicht selten auf der Strecke. Für die enorme Anzahl an Arbeitern mussten nicht nur Unterkünfte gebaut werden, es stellte sich ebenso die Frage nach deren Versorgung mit Lebensmitteln. Schließlich mussten sich die Menschen, die in diesem Wust aus Häusern, Straßen und Zechen lebten, auch zurechtfinden und fortbewegen. Hygiene wurde in diesen eng gebauten Orten zu einem großen Problem. Ähnlich wie in den gegenwärtig explodierenden Megacities Asiens konnte die Entwicklung

Zechenportraits
»Bergmannsglück«
→ S. 154
und »Wilhelmine Victoria«
→ S. 97

der Infrastruktur mit der Expansion der Städte nicht Schritt halten. Es mangelte nicht selten an ausreichender medizinischer oder hygienischer Versorgung und an klar strukturierten Verkehrswegen. Die Verwaltung hatte ebenfalls Schwierigkeiten, das Chaos zu bändigen. Waren ihr bis vor wenigen Jahren noch einige wenige Dörfer unterstellt, war nach kurzer Zeit aus diesen eine Art Stadt geworden. Die Zechenbetreiber wiederum ließen sich nur ungern von der öffentlichen Verwaltung Vorschriften zu ihren Bauvorhaben machen.

Die entstehenden Orte waren keine Städte im herkömmlichen Sinne. Es entwickelte sich eine bis dato nicht gekannte Siedlungsform. Die Siedlungen, die im Zuge der Industrialisierung im Ruhrgebiet entstanden, werden daher häufig als Industriedörfer bezeichnet. Mit diesem Begriff soll eine Ungleichzeitigkeit beschrieben werden: Industriedörfer waren von ihrer Struktur her Dörfer, welche im Zuge der Industrialisierung entstanden sind und daher eine Dichte aufwiesen, die man sonst von einer Stadt erwarten würde. Doch im Vergleich mit modernen Städten mangelte es ihnen an einer Reihe von Merkmalen: Abgesehen vom formalen Akt der Stadtgründung fehlten ihnen zumeist ein Ortskern, eine organisierte Verwaltung und städtische Infrastruktur, auch die Verkehrswege wuchsen planlos vor sich hin. Ein Industriedorf war zwar von der Größe her mit einer Stadt vergleichbar, vom Aufbau und dem Organisationsgrad erinnerte es aber eher an ein Dorf, also eine ländliche Siedlung von überschaubarer Größe.

Das, was wir heute als Gelsenkirchen bezeichnen, ist somit keineswegs das Produkt einer idealtypischen, traditionellen Entwicklung von einem Dorf hin zur Stadt mit unterschiedlichen Entwicklungsphasen. Am Anfang stand vielmehr eine lose Anhäufung von Industriedörfern: Gelsenkirchen, Schalke, Ückendorf, Bismarck, die nach und nach zusammenwuchsen. Der Übergang zu Orten, die heute Stadtteile anderer Städte sind, ist fließend. Dass Essen-Altenessen heute nicht zu Gelsenkirchen gehört, ist nicht selbstverständlich – es hätte auch anders kommen können.

Ein Blick auf historische Landkarten zeigt die Unterschiede in der Stadtentwicklung südlich und nördlich der Emscher nur allzu deutlich. Während sich im Norden eine einigermaßen geordnete Entwicklung vollzog, herrschte im Süden Chaos. Im Norden lässt sich mit Buer ein Ortskern ausmachen, um den herum sich die Wohnanlagen und Zechen gruppieren. In diesem Kern laufen die meisten Verkehrswege zusammen, von hier aus sind die anderen Teile der Stadt zu erreichen. Im Süden dagegen ist kein Zentrum zu erkennen. Die Straßen verlaufen kreuz und quer. Sie wurden scheinbar genau dann und da gebaut, wo sie gebraucht wurden; eine längerfristige Planung scheint es nicht gegeben zu haben. Folgt man diesem Straßengewirr erreicht man mal einen Kirchturm, kommt mal an einem Park vorbei und erblickt unmittelbar danach schon den nächsten Förderturm, nur um sich dann wieder in einem Wohngebiet zu befinden – worauf wieder ein Park, ein Kirchturm oder ein Förderturm folgt. Diese Grundelemente variieren im Süden planlos.

Vielleicht liegt es daran, dass die Industrialisierung im Süden wesentlich früher einsetze als im Norden, in Buer. Die chaotische Ansammlung von Industriedörfern, die nach und nach zu einem großen Gebilde zusammenwuchsen, bot den Bueranern ein Beispiel, von dem sie lernen konnten: Probleme der benachbarten Industriedörfer sollten vermieden, aus Fehlern gelernt, alternative Wege entwickelt werden – zum Beispiel durch eine gezielte Grünflächenpolitik.

Das viele Grün

Im Ruhrgebiet war der Himmel nicht blau, wie es Willy Brandt 1961 wieder versprach. »Hier ist der Rauch ein Himmel«,[11] zumindest wenn man den Reportagen des österreichischen Schriftstellers Joseph Roth Glauben schenken möchte: Der Rauch sei überall, er »wölbt sich in einer grauen Kuppel über dem Land, das ihn selbst geboren hat und fortwährend neu gebärt«. Der Rauch, grauer schmutziger Rauch, charakterisiere das Ruhrgebiet. Er verbinde dessen Städte und mache so aus ihnen eine einzige große Stadt. Der Rauch verbinde die Städte jedoch nicht nur geographisch, sondern verleihe ihnen auch den vermeintlich typischen ›Look‹. Er verdecke, so Roth weiter, die gelbe Sonne und den blauen Himmel, dämpfe alle anderen Farben auf einen monotonen Nenner und gebe so der Region ihren Farbton: Grau. Auch das Grün der Gärten, lesen wir später bei Heinrich Böll, wirke unter diesem grauen Himmel unwirklich. Böll schildert, wie ein Kind im Garten die Blätter wäscht. Der Vater des Kindes kommentiert ganz verwundert: »Blätter braucht man nicht zu waschen.« Das Kind jedoch vertraut auf das Gelernte: »Sie müssen grün sein, grün.«[12] Grau und Grün, Industrie und Natur. Diese Farben und das, wofür sie stehen, sind im Ruhrgebiet eine eigene Mischung eingegangen. Hier stehen eben Kühe auf der Wiese, während im Hintergrund Schornsteine und Fördergerüste emporragen, ein Anblick, der bei Heinrich Böll für Irritation sorgte und bei seinen Lesern für eben diese sorgen sollte.

Gleich dem Grau der Industrieanlagen wurde so auch das Grün zum Gegenstand der Stadtplaner. Es ging dabei weniger um ästhetische Überlegungen als um konkrete gesundheitliche Anliegen. Durch gezielte Gestaltung und planmäßigen Ausbau der Grünflächen sollte die Lebensqualität im Ruhrgebiet verbessert werden. Der Planer Robert Schmidt formulierte 1912 eine »Denkschrift« über die Aufstellung eines Siedlungsplans für die gesamte Region. Darin forderte er, dass die Stadtplanung sich den Bedürfnissen des Menschen in einem neuen Zeitalter anzupassen habe: »Hauptsächliche Bedürfnisse und hiermit grundlegende Forderungen des Bebauungsplanes [...] sind im Zeitalter der Maschinenzivilisation Rücksichtnahme auf die Trennung der gruppenweise auftretenden Wohn- und Arbeitsstätten und die Notwendigkeit der Schaffung der Erholungsstätten in Form von Grünanlagen und Spielplätzen.«[13] Konfrontiert mit dem enormen Wachstum der Industriedörfer und der rasanten technischen Entwicklung, sah er ein neues Zeitalter anbrechen, welches den Menschen vor vollkommen neue Herausforderungen stellte und ihm neuartige Belastungen abverlangte. Diese Argumentation wirkt vertraut, sehen wir uns doch heute mit dem sogenannten digitalen Zeitalter konfrontiert und einer daraus erwachsenden zusätzlichen Beschleunigung. Oft heißt es dann: »Geh doch mal raus an die frische Luft«, das würde »entschleunigen.«.

Während es heute aber um ein subjektives Gefühl geht, um das Individuum, das dem Zwang zu kommunizieren und dem damit verbunden Stress der ständigen Erreichbarkeit ausgesetzt ist, wurden die Grünflächen am Anfang des 19. Jahrhunderts unter anderen Vorzeichen gebaut: »Volksertüchtigung« hieß hier das Stichwort. Ein im Prinzip alter Gedanke. Bereits im 19. Jahrhundert wurde die körperliche Ertüchtigung, also Sport, als wesentlicher Bestandteil für die Entwicklung einer gesunden, aber vor allem wehrhaften Nation angesehen – Turnvater Jahn lässt grüßen. Besonders nach dem Ersten Weltkrieg gewann ein solches Denken wieder an Bedeutung. Die Idee der »Volksertüchtigung« gehörte folglich zu den Schlagwörtern, nach denen sich solche Planungsvorhaben zu richten hatten. In Buer schlugen sich derartige Diskussionen und Ideen in Form von ambitionierten Bauvorhaben nieder. Zu dieser Zeit, den 1920er Jahren, entstanden dort zahlreiche Grünanlagen, allen voran der Buersche Grüngürtel, der auch heute noch zahlreiche Besucher ins Freie lockt. Nicht zu unrecht konnte Buer Ende der 1920er Jahre mit dem Slogan »Die Industriestadt im Grünen« werben.[14] Die Grünflächen beziehungsweise »Volkserholungsflächen«[15] sollten einen Ausgleich zur industriellen Großstadt bieten. Allerdings sollte es auch hier nicht bloß um die Pflege individueller Gesundheit gehen. Es ging um das große Ganze, um nichts geringeres als die deutsche Nation: »Die Grundlage zur Erstarkung der Nation war und ist immer die körperliche Leistungsfähigkeit der breiten Massen, gepaart mit der körperlichen und geistigen Leistungsfähigkeit Einzelner. [...] Das Fehlen der körperlichen Bewegung im Freien, in rei-

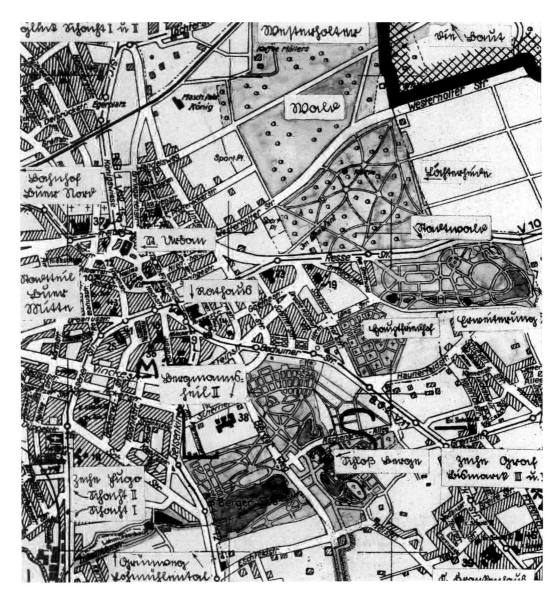

Abb. 16:
Karte des Buerschen Grüngürtels, um 1930

ner Luft, in Licht und Sonnenschein wirkt sich im erschreckenden Maße aus.«[16] Während es bei den Turnern des 19. Jahrhunderts um das gesellige Turnen in scheinbar harmlosen Vereinen ging, zielte die Idee der Volksertüchtigung auf die »Masse«. Gleichzeitig sollte ein solcher Grüngürtel ein Bild von der »Heimat«, der vermeintlich natürlichen wenn nicht »organischen« Lebensordnung zeichnen, die durch die Industrie bedroht schien. Denn diese Flächen, so die Worte des Stadtbaurats Fuchslocher, vermitteln »der sehr fluktuierenden Bevölkerung durch die Anschauung

Abb. 17:
Der Buersche Grüngürtel: Blick über den Forellenteich, um 1925

der geschichtlichen Niederlassung ihrer Vorfahren Heimatgefühl und Heimatliebe«.[17] Der Ausbau der Grünflächen war somit zwar auch Teil eines gesundheitlichen Programms, im Kern jedoch ging es um mehr: eine kräftige, selbstbewusste Nation.

Diese Grünflächen sollten dazu beitragen, die negativen Folgen der Industrialisierung auszugleichen und dem als lebensfeindlich wahrgenommenen Moloch Stadt den Charakter von »Heimat« zu verleihen. Sie bestimmen so aber auch die Gestalt einer Stadt wie Gelsenkirchen, die einerseits von dichter Bebauung geprägt ist, andererseits von den dazwischenliegenden Grünflächen. Doch auch hinter den gigantischen Industrieanlagen standen Pläne und Gedanken, welche die Stadtlandschaft maßgeblich mitbestimmten.

Die Architektur der Industrie

Sie sind nicht nur das Herzstück einer jeden Zeche, sondern gleichzeitig auch das Wahrzeichen des Ruhrgebiets. Wie einst Kirchtürme dominierten die Fördertürme die Skyline der ehemaligen Industriedörfer. Auf den ersten Blick mögen sie dabei rein technische Konstruktionen sein, ob als einfaches

Streben- oder als Doppelbockgerüst. Bestehend aus blankem Stahl ist ihre einzige Funktion die Kraft der Fördermaschinen auf die Körbe zu übertragen und immerfort Menschen und Tonnen an Gestein und Kohle von einer Welt in die andere zu transportieren. Fördertürme und Zechen sind jedoch nicht immer nur rein funktionale Gebäude. Viele dieser Anlagen wurden nicht nur mit Blick auf technische Notwendigkeiten konstruiert, sondern sollten zugleich auch eine repräsentative Funktion erfüllen.

Dies zeigt sich am klarsten im Selbstverständnis der Architekten, besonders in den 1920er und 1930er, aber auch noch in den 1950er Jahren. In diesen Zeiten wandelten sich Aufgabe und Funktion von Architekten und Architektur grundlegend. Erstere waren längst nicht mehr nur diejenigen, die im Dienste eines Bauherrn pompöse Gebäude wie Schlösser, Theater oder Gärten entwarfen. Bauen bedeutete nicht mehr einfach nur ein ästhetisch anspruchsvolles Gebäude zu entwerfen und zu realisieren. Vielmehr sahen sich die Architekten in der Verantwortung, das Leben der Menschen zu gestalten. Ihre Gebäude sollten eine soziale Wirkung entfalten, die Umgebung und somit auch die Gesellschaft ordnen und formen. Neue Baustoffe wie Stahl – man denke nur an den 1889 erbauten Eiffelturm, ein Manifest des technischen Fortschritts – und Beton halfen ihnen dabei. Die Architektur emanzipierte sich, war keine Kunst mehr um der Kunst willen (*l'art pour l'art*). Hinter den ästhetischen Entwürfen der Architekten standen mitunter weitreichende gesellschaftliche Vorstellungen. Folgt man den Architekten der Zeit, so gestaltete Architektur

Abb. 18: *Nachtaufnahme von Schacht 1/6 der Zeche Consolidation, 1952*

nicht nur die Oberfläche; oft wurde nichts Geringeres als die Lösung sozialer Fragen angestrebt. Der Gesellschaft sollte durch das Bauen eine neue Gestalt verliehen werden.

Der Industriebau gehörte dabei zu den jüngsten Zweigen der Architektur. In erster Linie blieb es den Ingenieuren überlassen, die Anlagen zu gestalten, doch nach und nach entdeckten die Architekten dieses Feld für sich. In diesem Zusammenhang werden häufig Namen wie Peter Behrens oder Walter Gropius angeführt. Im Ruhrgebiet traten insbesondere Fritz Schupp und Michael Kremmer als maßgebliche Gestalter hervor. Sie entwickelten ein architektonisches Konzept, das bei zahlreichen Anlagen im Ruhrgebiet zum Einsatz kam. Es ging ihnen in erster Linie darum, die einzelnen Teile der Gebäude aufeinander abzustimmen, sodass sie eine »organische Einheit« bilden,[18] die mehr oder weniger natürlich anmutet. Vor allem Schupp verstand das Anordnen und Abstimmen der »Baumasse«, der einzelnen Teile der Anlagen, als den elementarsten Teil seiner Arbeit. Die Gestaltung von Fassaden oder die Form der Fenster hingegen sei unbedeutend, »denn die Einzelheiten der Fassade sind der Mode unterworfen«. Während das 19. Jahrhundert von einem regelrechten Stilchaos beherrscht wurde, setzte Schupp hier ein reduzierendes Modell entgegen. Die Frage nach einem ästhetischen Gebäude sollte sich nicht mehr nach zeitaktuellen, ja beliebig erscheinenden Kriterien richten; Architektur sollte vielmehr zweckdienlich und funktional sein, dabei aber auch ästhetischen wie künstlerischen Ansprüchen genügen. Diese Ansprüche hätten sich jedoch immer nach der Funktion des jeweiligen Gebäudes zu richten. Der Leistung und Arbeit der Ingenieure sollte durch die Architektur eine zweckdienliche, doch zugleich ansehnliche Hülle gegeben werden – die Form hat sich nach der Funktion zu richten.

Gerade für den Betreiber einer Zeche war eine solch »angemessen« gestaltete Anlage von Interesse, denn Walter Gropius zufolge ließen sich anhand »eines würdigen Gewands« Rückschlüsse »auf den Charakter des ganzen Betriebes« ziehen.[19] Die Architektur wurde in diesem Sinne zu einer Visitenkarte des Unternehmens. Und schließlich sollte eine funktionale Architektur auch den Arbeiter selbst bei seiner Tätigkeit in der Anlage unterstützen: »Der Arbeit müssen Paläste errichtet werden, die dem Fabrikarbeiter, dem Sklaven der modernen Fabrikarbeit«, seine Würde wiedergeben,[20] so Walter Gropius, gleichwohl dieser Anspruch kaum in Erfüllung gegangen sein wird. Auch wenn bei Schupp keine solchen sozialkritischen Elemente zu finden sind, klingt es bei ihm ganz ähnlich. Auch für ihn sollten an der ästhetischen Gestaltung von Industriegebäuden letztlich alle Menschen ein Interesse haben: »Wir müssen erkennen, daß die Industrie mit ihren gewaltigen Bauten nicht mehr ein

Zechenportrait »Nordstern« → S. 263

störendes Glied in unserem Stadtbild und unserer Landschaft ist, sondern ein Symbol der Arbeit, ein Denkmal der Stadt, das jeder Bürger mit wenigstens ebenso großem Stolz dem Fremden zeigen soll wie seine öffentlichen Gebäude.«[21] Die Industrie soll nicht länger Fremdkörper im Stadtbild sein, sondern sich »organisch« in dieses einfügen. Diese Gedanken manifestierten sich an vielen Anlagen des Ruhrgebiets, so beispielsweise an der Zeche ZOLLVEREIN in Essen und zahlreichen Anlagen in Gelsenkirchen: den Zechen NORDSTERN, HOLLAND, RHEINELBE, HUGO, den Kokereien auf NORDSTERN und ALMA oder dem Kraftwerk in Horst.

Die Zentralanlage der Kokerei NORDSTERN ist ein plastisches Beispiel für Schupps Arbeit. Sie bestand im Wesentlichen aus drei Türmen, deren mittlerer die beiden äußeren Türme deutlich überragte. Diese waren über zwei zum zentralen Turm hin aufsteigende Transportbrücken mit ihm verbunden. Fast wirkte es, als stütze der große, aber doch schmächtigere mittlere Turm die beiden äußeren. Die Baukörper waren auf klare, kubische Formen reduziert. Auf Rundungen wurde verzichtet, geordnete Linien bestimmten die Gebäude. Die Fassade war ebenso schlicht wie glatt gehalten. Kaum etwas deutete darauf hin, dass hinter diesen Wänden schmutziges Koks auf Förderbändern transportiert wurde. Lediglich die Eisenbahnschienen, die dieses Ensemble mittig durchkreuzten, ließen darauf schließen, dass hier schwere Maschinen arbeiteten.

Die gesamte Anlage war nicht einfach nur eine Ansammlung von Maschinen, sondern eine wohl geordnete, symmetrische, auch effektiv wirkende Einheit. Es fällt schwer, die Wirkung dieses Arrangements zu beschreiben – auf einer Acrylzeichnung aus den 1920er Jahren wirkt die Anlage fast wie ein Gebäude aus einer postapokalyptischen Stadt in einem Science-Fiction-Film. Sie wirkt bedrohlich, jedoch nicht aufgrund der sonst üblichen Maschinenungeheuer und rauchenden Schornsteine, sondern wegen der nicht zu ihrer Funktion passen wollenden Ruhe, der Symmetrie und Dominanz dieser Gebäude. Kein Zweifel: Diese Anlage sollte nicht einfach nur funktionieren, sie sollte zugleich auch repräsentieren. Die einfachen Fassaden verdeutlichen zwar die Schwere der Arbeit, nicht jedoch wie mühselig, dreckig und gefährlich es dabei zugeht. Vielmehr strahlen sie eine Stärke aus, die es mit den Herausforderungen dieser Arbeit problemlos aufnehmen können. Sie vermitteln dabei, dass hier Arbeit verrichtet wird. Eine Arbeit jedoch, welche gleichermaßen schwer wie bedeutsam ist, die aber auch elegant und überlegt angegangen wird. Die Gebäude stehen für den Fortschritt, der direkt in der Stadt, vor der Haustür zahlreicher Menschen stattfindet.

Wohnkolonien

Während die Zechen und die Technologie der Industrialisierung mit Fortschritt und Entwicklung in Verbindung gebracht werden, stehen die Wohnanlagen und Kolonien der Arbeiter im Allgemeinen für das Gegenteil. Der Wohnungsbau war eine der größten Herausforderungen in der Entwicklung der Städte. In kürzester Zeit mussten Unterkünfte für viele tausend Menschen geschaffen werden, die sich selbst keine Wohnung leisten konnten. Es entstanden zahllose sogenannte Kolonien, also geschlossene Siedlungen für Arbeiter mit anfangs relativ gleichförmig gebauten Häusern. Die Kolonien der Bergarbeiter wurden oft zum Inbegriff schlechter Lebensbedingungen; nicht selten waren die Siedlungen von Epidemien betroffen. 1871 starben in Duisburg zahlreiche Menschen an einer Pockenepidemie; 1901 breitete sich Typhus in Schalke aus. Mehrere tausend Menschen infizierten sich mit dieser Krankheit, etliche hundert starben an ihr. Diese heftige Epidemie warf Fragen auf: Wer war Schuld daran? War es lediglich das Verfehlen einer Institution? Im Falle dieser Epidemie galten die Wasserwerke als die Hauptschuldigen. Oder waren die Lebensbedingungen im Allgemeinen dafür verantwortlich? Zahlreiche Biologen untersuchten den Ausbruch. Für viele von ihnen war die Ursache der Epidemie offensichtlich. In einem der zahlreichen wissenschaftlichen Gutachten, das Klarheit über die Ursachen und die Verantwortlichen für diese Epidemie bringen sollte, heißt es dazu:

> »Jeder Hygieniker, welcher die Jauchegräben von Schalke noch im Jahre 1903 unter ortskundiger Führung besichtigte, mußte von Grauen und Entsetzen erfüllt werden und es zunächst unerklärlich finden, weshalb die Bewohner dieses von Schmutz und Unrat starrenden Ortes nicht beständig von den schweren Epidemien dezimiert werden.«[22]

Die Häuser waren dicht an dicht gebaut. Eine Trennung zwischen Sanitäranlagen, Wohnbereich und Küche oder gar zu den gehaltenen Tieren gab es nicht. Abwasser bildete kleine stehende Gewässer zwischen den Häusern und entlang der Wege. Die »Jauchegräben von Schalke« beschreiben den hygienischen Zustand dieser Zeit vermutlich sehr treffend. Eine Verbesserung der Lage der Arbeiter war vielerorts dringend notwendig.

Lange Zeit galt die Beschaffung und der Bau von Wohnraum als private Angelegenheit. Obdachlosigkeit war somit nicht das Ergebnis von staatlichen Mängeln, sondern von individuellem Verfehlen. Doch mit der

Industrialisierung rückte das Thema auch auf die politische Agenda. Es waren auch wissenschaftliche Untersuchungen und Berichte wie das eben genannte Gutachten, welche Wohnungsbau für Arbeiter zu einem wichtigem öffentlichen Thema machten. Doch in erster Linie waren es nicht Politiker, die sich dessen annahmen. Hinter dem industriellen Wohnungsbau stand mehr als bloß die Frage nach einer hygienischen Unterbringung der Arbeiter und nach der Entwicklung des Sozial- und Wohlfahrtstaats. Mit der zunehmenden Komplexität der Bergarbeit und der Verarbeitungsprozesse stieg zunächst der Bedarf an Fachkräften. Der Wohnungsbau war daher nicht nur einfache Notwendigkeit, sondern eröffnete Zechenbetreibern auch neue Möglichkeiten der Einflussnahme. Sie versuchten nicht selten, sich der staatlichen Aufsicht zu entziehen und in patriarchalischer Manier über die jeweiligen Werkssiedlungen zu herrschen, um Fachkräfte an die Zeche zu binden. Die Betreiber boten ihnen eine attraktive Wohnung nahe des Arbeitsplatzes. Dadurch wurde nicht nur die Arbeitskraft gewonnen, sondern gleichzeitig war dafür gesorgt, dass sich die Arbeiter entsprechend den Bedürfnissn der Zechen verhielten.

Beim Wohnungsbau für Arbeiter ging es somit nicht bloß um deren Unterbringung, sondern gleichzeitig auch darum, diese an die jeweilige Zeche zu binden. Ähnlich wie die Grünflächen in den Industriedörfern die Leistungsfähigkeit der Menschen steigern sollten, sahen die Industriebarone in der Gestaltung der Wohnungen und Wohnanlagen eine Möglichkeit, die Produktivität und Effektivität der Zeche zu steigern. Damit ein Arbeiter seine Arbeit im Sinne des Betreibers verrichten konnte, musste er eben auch entsprechend leben können. Ökonomisches und Wohlfahrtsdenken standen sich hier gegenüber, mal gingen sie Hand in Hand, mal standen sie in Konkurrenz zueinander. Sie boten dabei ein Spannungsfeld, welches den Wohnungsbau für Arbeiter nicht bloß zu einem Thema der Architekturgeschichte machte, sondern gleichzeitig auch zu einem Feld politischer und sozialreformerischer Ideen.

Welche Ausprägung der Wohnungsbau letzten Endes annahm, unterschied sich daher von Zeche zu Zeche, je nachdem welcher Betreiber hinter der Zeche stand. Dennoch zeigen sich einige gemeinsame Merkmale. Die Wohnungen für Arbeiter unterschieden sich stark von denen der Bürger. Sie lagen nicht nur abseits der bürgerlichen Wohnungen, sondern wiesen mit ihrer seriellen Reihung und den zumeist einfachen Fassaden auch eine grundlegend andere Gestalt auf. Vielen Bürgerlichen waren solche Arbeiterwohnungen ein Dorn im Auge – sowohl in Hinblick auf die hygienischen Zustände, als auch bezüglich des Erscheinungsbildes im Ganzen. Abschaffen konnte man sie freilich nicht. Ein aus der damaligen Sicht erfolgversprechendes Modell, welches dieses monotone Bild sich

Zechenportrait
»Bergmannsglück«
→ S. 154

Abb. 19:
Spaziergänger vor Schacht 1/6 der Zeche Consolidation, 1956

wiederholender Häuserzeilen auflockern sollte, steht hinter dem Begriff der Gartenstadt. Diese Idee des Briten Ebenezer Howard versprach jedoch nicht einfach nur eine Verschönerung der Städte, sondern darüber hinaus auch nicht weniger als die Lösung zahlreicher Probleme der Städte dieser Zeit: Steigende Grundstückspreise wie schlechte Wohn- und Lebensverhältnisse. Howard stellte sich eine Struktur vor, die die Vorteile von Stadt und Land miteinander vereinen sollte. Eine Gartenstadt sollte eine komplett neu angelegte Stadt sein, welche sich durch eine klare Aufteilung in verschiedene Bereiche und großzügige Park- und Gartenflächen auszeichne. Die Bauweise der Häuser sollte dabei möglichst abwechslungsreich gestaltet sein und zugleich ausreichend Platz für ihre Bewohner bieten. Jede Gartenstadt war nach Howards Konzeption zudem mit allem ausgestattet, was für den täglichen Bedarf von Nöten ist, beispielsweise Kirchen, Kindergärten oder Schulen – und natürlich viel Grün. Es sollte eine idyllische Wohngegend entstehen, die sich eher an einer dörflichen Lebensweise orientierte als an einer städtischen. Hinter solch einem Projekt stand aber nicht einfach der Versuch, das Leben der Arbeiter zu verbessern. Vielmehr offenbaren sich auch eindeutig erzieherische Gedanken: Was die Arbeiter selbst sich wünschten, wurde nicht erfragt.

Gartenstadtideen sind in die Konzeption vieler jüngerer Zechensiedlungen in Gelsenkirchen eingeflossen – das markanteste Beispiel einer Gartenstadt findet sich in den Siedlungen der Zeche BERGMANNSGLÜCK in Hassel. Das entscheidende am Gartenstadtgedanken ist hier, dass in dieser Idee ein Denken zum Ausdruck kommt, bei dem das gesellschaftliche, aber auch das individuelle Leben als etwas Planbares begriffen wird.

Zechenportrait
»Bergmannsglück«
→ S. 154

Die Landschaft des Ruhrgebiets – neue Herausforderungen

Das Ruhrgebiet hat seine Bewohner und Konstrukteure vor Herausforderungen gestellt. Die Antworten auf diese Herausforderungen und Probleme schlugen sich nicht einfach in der Landschaft wieder, sondern erschufen diese erst und gaben ihr eine einmalige Ausprägung. In dieser kurzen Bestandsaufnahme wurden einige prägnante Beispiele aus der Landschaft des Ruhrgebiets dargestellt. Jedes dieser Beispiele steht für einen Teil, der die Landschaft des Ruhrgebiets ausmacht. Hinter jedem Teil standen Entwicklungen und Ideen, von denen wir heute kaum noch etwas wissen. Im Ruhrgebiet gehören die Städte, die verbliebenen Zechentürme, Grünanlagen oder Wohnsiedlungen seit langer Zeit zur alltäglichen Welt hinter der Windschutzscheibe oder auf dem Weg zum Einkau-

Abb. 20:
Die Innenstadt Gelsenkirchens von der Bahnhofsstraße aus gesehen, um 1960

fen. Verständlicherweise denkt kaum einer darüber nach, warum sie sich genau dort finden und welche Entscheidungen und Ideen sie verkörpern. Auch wenn viele Industrieanlagen und Zechentürme längst geschlossen und mancherorts auch schon abgerissen wurden, ist das Ruhrgebiet nach wie vor übersät von den Überresten einer vergangen Zeit. An zahllosen Stellen stoßen wir auf diese »antiken Stätten von morgen«, »Nicht-Orte« oder »Lost Places«,[23] Orte also, die zunehmend in Vergessenheit geraten, Anlagen, die sich selbst und der Natur wenn nicht gar Schrottsammlern überlassen sind, über deren Nachnutzung noch nicht gänzlich entschieden wurde. Ebenso stoßen wir auf Orte, die aufgrund hoher Bodenbelastungen auf Jahre hinweg unbenutzbar bleiben werden. Auch wenn sie nicht immer präsent sind, prägen sie das Leben eines jeden Menschen im Ruhrgebiet auf eine direkte, aber auch subtile Weise. Wenn auch zumeist unbewusst, so hat man dennoch ein Gefühl dafür, ob man sich gerade in einer ehemaligen Arbeitersiedlung befindet oder nicht. Die Unterschiede in der Architektur und Bauweise solcher Orte sind immer noch deutlich zu erkennen.

Wie sehr diese Landschaft auf das Leben im Ruhrgebiet einwirkt, zeigt sich auch in den spezifischen Ausprägungen des Strukturwandels. Damit wird im Hinblick auf das Ruhrgebiet der Wandel von der Kohleindustrie hin zu einem stärker auf Dienstleistungen ausgelegten Wirtschaftsmuster bezeichnet. Dieser Wandlungsprozess wird – sofern das möglich ist – natürlich nicht dem Zufall überlassen, sondern erfordert umfassende Anpassungen und neue politische, wirtschaftliche und kulturelle Ideen. Insbesondere, da es für diese Entwicklung keine Patentlösung gibt. Auf jede Region wirkt sich ein solch fundamentaler Wandel anders aus. In den USA betraf dies besonders den »Rust Belt«, die größte Industrieregion im Nordosten der Vereinigten Staaten. In vielen Städten zogen die Arbeiter weg und suchten ihr Glück in anderen Städten. Die ehemaligen Industriestädte schrumpften nach und nach; von manch einer blieb kaum mehr als zahllose verlassene Häuser – Geisterstädte. In Deutschland ist eine solche Entwicklung schwer vorstellbar. Mit mehr als 4.000 Quadratkilometern Fläche ist das Ruhrgebiet die fünftgrößte Agglomeration in Europa. Wie geht man mit den Hinterlassenschaften der Industrien um? Und wie muss die Region umgestaltet werden, um auch in Zukunft den dort lebenden Menschen Arbeit zu geben und ein Leben zu ermöglichen?

Für viele wirkt der Strukturwandel im Ruhrgebiet wie eine neue Chance für die gesamte Region. Aus der alten Industrieregion soll eine neue, zukunftsträchtige Metropole werden, der nicht nur als wichtiges wirtschaftliches Zentrum Bedeutung zukommt, sondern die ebenso als kultureller Mittelpunkt leuchten soll. Manche Wissenschaftler sehen diese Entwicklung jedoch mit einem sorgenvollen Blick: *Viel erreicht. Wenig gewonnen*, so der Titel eines Buches, das von einem Autorenkollektiv aus Soziologen und Ökonomen 2012 publiziert wurde. Aus ihrer Sicht stechen die Entwicklungsbedingungen des Ruhrgebiets immer noch deutlich hervor; das »montanindustrielle Erbe« stehe einem echten Wandel im Weg: Kleinräumige Strukturen, eine Konsenskultur und Kirchturmdenken würden die wirtschaftliche aber auch kulturelle Entwicklung des Ruhrgebiets behindern. Die Besonderheiten der Stadtentwicklung kommen auch heute noch zu tragen: Die eigenartige Urbanisierung, die Entwicklung von Industriedörfern um Zechen herum, die Versuche der Zechenbetreiber Einfluss auf die Bewohner zu nehmen – all dies wirke auch heute noch auf das Leben im Ruhrgebiet ein und somit auch auf die weitere Entwicklung:

Zechenportrait »Wilhelmine Victoria« → S. 97

> *»Das Leben der meisten Menschen spielte sich in einem recht kleinen Umkreis um ihre Arbeitsstätten ab. Das schlug sich auch in ihren sozialen Beziehungen nieder, die ebenfalls überwiegend kleinräumig strukturiert waren – und es auch heute zum Teil noch sind.«*[24]

Vor allem die Entwicklung vom Industriedorf zur industriellen Stadt auf engstem Raum mache sich noch immer nachhaltig bemerkbar: Zu große Städte auf zu wenig Raum, die sich in unterschiedlichen Bereichen überlappen, Grenzziehungen unmöglich machen. Die einzelnen, jungen Städte waren in ihrer Entwicklung daher mehr darauf bedacht ihre Besonderheit herauszustellen, sich von den anderen Städten abzugrenzen. Immer wieder taucht die Frage auf, ob das Ruhrgebiet langfristig nicht zu einer großen, administrativen und auch kulturellen Einheit zusammen wachsen könne. Gleicht denn das Ruhrgebiet nicht einer einzigen, großen Stadt? Eine Art Ruhr-Stadt oder wie manche auch sagen Ruhr York? Trotz der hohen Dichte des Ruhrgebiets sehen die Autoren eher Fragmentierung als Zusammenarbeit im Hinblick auf ein gemeinsames Verkehrsnetz:

> *»Während in Städten vergleichbarer Größe sich ganz selbstverständlich viele dichte Netze über die ganze Stadt hinweg bilden, sind die Netze im Ruhrgebiet oft in den einzelnen Städten oder Teilregionen viel dichter, als die im Ruhrgebiet insgesamt.«*[25]

Im Gegensatz zu anderen Großstädten und Ballungsgebieten sieht man sich im Ruhrgebiet mit einer Vielzahl unterschiedlicher Verkehrsbetriebe konfrontiert, die sich Zusammenarbeit nicht wirklich auf die Fahnen geschrieben haben. Das führt unter anderem dazu, dass es nach wie vor kaum Kooperationen zwischen dem westlichen und dem östlichen Teil des Ruhrgebiets gibt. Und diese Liste ließe sich noch leicht fortführen.

Wie vor fast 100 Jahren steht das Ruhrgebiet gegenwärtig inmitten umfassender Veränderungsprozesse. Zu deren Bewältigung werden erneut Pläne geschmiedet, Gebäude gebaut oder bestehende umgebaut. Die Landschaft wird sich weiter wandeln.

Matthias Friedmann schreibt aktuell seine Masterarbeit im Fachbereich Geschichte an der WWU Münster.

Der Beginn einer neuen Ära.
Die Zeche Hibernia
» *Lea Löcken*

1855	Gründung der Gewerkschaft Hibernia und Teufbeginn von Schacht 1
1858	Förderbeginn
1884	Maximale Jahresförderung mit 493.072 t
1887	Schlagwetterexplosion mit 52 Toten
1891	Schlagwetterexplosion mit 57 Toten
1920	Höchste Belegschaft mit 1.801 Beschäftigten
1925	Stilllegung nach Abbau der Kohlenvorräte
1928	Verpachtung an Versuchsgrubengesellschaft
1943	Stilllegung der Versuchsgrube

Mit dem 17. März 1855 sollte sich das Leben in Gelsenkirchen für immer verändern. Der erste Spatenstich für die Teufarbeiten zu Schacht 1 der Zeche HIBERNIA läutete eine neue Ära ein. Gelsenkirchen entwickelte sich von einem stillen, abgelegenen Dorf zu einer der bedeutendsten und größten Industriestädte Europas. Schon anhand der rasch wachsenden Einwohnerzahl ist die rasante Entwicklung gut zu erkennen: Vor dem historischen Spatenstich zählte die Landgemeinde etwa 1.030 Einwohner, 1900 waren es im mittlerweile zur Stadt aufgestiegenen Gelsenkirchen bereits über 36.000. Die wirtschaftliche Bedeutung des Ereignisses war für die damaligen Einwohner nicht abzusehen; die meisten von ihnen sahen dem Wachsen des Schachtgerüstes wohl mit gemischten Gefühlen zu. Selbst als die Förderung 1858 begann, wussten viele nicht, ob sie sich wirklich freuen sollten über das Werk, das bis dahin so gar nicht in ihr Dorf passen wollte. Doch die Kohlenförderung auf der Zeche HIBERNIA nahm unaufhaltsam ihren Lauf – sie steht am Anfang einer einzigartigen Entwicklung, in deren Verlauf sich ein Naturraum zur Industrielandschaft wandelte.

»Stadtlandschaft« → S. 17

Aber warum begannen die Teufarbeiten ausgerechnet an einem 17. März? Der Tag hatte innerhalb des Königreichs Preußen keine spezifische Bedeutung. Am nordwestlichen Rand Europas dagegen sah das schon ganz anders aus. Dort wird am besagten Tag seit jeher der

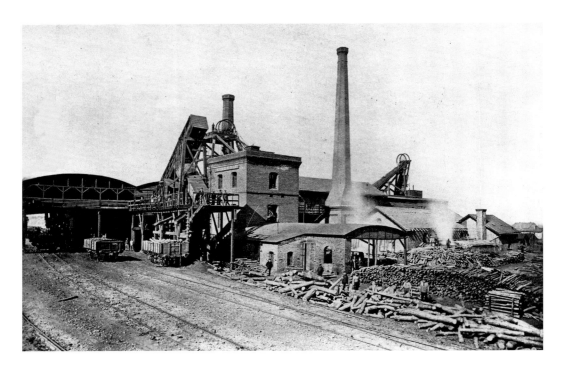

Abb. 21:
Zeche Hibernia, um 1860

»St. Patricks Day« begangen, der irische Nationalfeiertag. Allerorten sieht man in Irland ein Meer aus grün geschminkten Gesichtern durch die Straßen ziehen – überall werden prachtvolle Feste zu Ehren des irischen Schutzpatrons und Bischofs Patrick gefeiert. Bloßer Zufall? Keineswegs. Schon der Name der Zeche – »Hibernia« – setzt einen eindeutigen Bezugspunkt, handelt es sich dabei doch um die lateinische Bezeichnung für Irland.

Der Gründer der Zeche HIBERNIA war der irische Industriepionier William Thomas Mulvany. Für sein Lebenswerk, das die gesamte Ruhrwirtschaft prägen sollte, bekam er ein Vierteljahrhundert später, am 17. März 1880, das Ehrenbürgerrecht der Stadt Gelsenkirchen verliehen. Am 11. März 1806 als Sohn eines Professors in Dublin geboren, begann er zunächst zwar ein Medizinstudium, musste dieses jedoch aufgrund Geldmangels abbrechen. In den folgenden Jahren übte Mulvany zunächst den Beruf des Landmessers aus, ehe er sich als Zivilingenieur für Binnenschifffahrt und Entwässerung bis hin nach London einen Namen machte. Infolge eines Regierungswechsels in England 1852 schied er jedoch aus dem Staatsdienst aus. Um sich neu zu orientieren, folgte er dem Angebot eines befreundeten Landsmanns, nach Westfalen zu kommen, um dort die geplante Gründung von Kohlebergwerken zu leiten. Mit 46 Jahren stand er so vor einer neuen Herausforderung.

Abb. 22:
William Thomas Mulvany
(* 11.3.1806;
† 30.10.1885), k. A.

In Gelsenkirchen erwarb Mulvany schließlich von Ludwig von Oven die Mutungen »Ludwigsglück« und »Christianenglück«. Der Huckinger Gutsbesitzer, nach dem heute die Von-Oven-Straße in Gelsenkirchen benannt ist, war dort bereits in den 1840er Jahren auf Kohle gestoßen – allerdings in einer Teufe, für die deutsche Ingenieure bislang noch keine

Abb. 23: *William Patterson (* 28.9.1826; † 27.12.1895), der Vater von »Jo«, k. A.*

Lösungen parat hatten. Mulvany ordnete weitere Nachforschungen an, band irische und englische Geldgeber ein und warb Fachkräfte nach Gelsenkirchen, die bereits Erfahrungen mit dem Kohlenabbau unter Tage hatten. Einer dieser Experten war der Ingenieur Coulson. Bei der Niederbringung des ersten Schachts wandte dieser zum ersten Mal in Deutschland eiserne Schachtringe an – sogenannte »Tübbings« –, die später das bis dahin übliche Verfahren der Ziegelsteinmauerung verdrängten und neben anderen technischen Fortschritten den Tiefenbau erst möglich machten.

Auch der englische Schachtsteiger William Patterson wurde von Mulvany am 12. Februar 1857 zur Abteufarbeit nach Deutschland geholt, sollte doch parallel der erste Schacht vertieft, ein zweiter abgeteuft werden. Da neben ihm auch viele weitere Iren und Engländer auf der Zeche eine Anstellung fanden, wurde dort allein Englisch gesprochen. Die meisten dieser Arbeiter kamen jedoch nicht alleine nach Deutschland, sondern brachten ihre Familien mit. Mulvany lag die Bildung und Erziehung der nächsten Generation sehr am Herzen – dies allerdings nicht ganz uneigennützig, sollten die jungen Männer doch schon früh zu potentiellen Arbeitskräften ausgebildet werden. Er ließ deshalb neben dem Verwaltungsgebäude auch eine Schule auf dem Gelände errichten. Diese Schule wurde unter anderem von Pattersons Sohn besucht. Der junge Josef Patterson, zumeist einfach nur »Jo« genannt, wurde am 3. Februar 1856 geboren – er war demnach erst ein Jahr alt, als er mit seiner Familie nach Gelsenkirchen kam. Als 1936 das 80. Jubiläum der Zeche HIBERNIA begangen wurde, war er der letzte noch lebende englische Einwanderer aus der Gründungszeit. Da er eine auffällige, von den Gelsenkirchenern geschätzte Persönlichkeit war, finden sich nicht wenige Interviews in den Zeitungsbeilagen, die rund um das Jubiläum erschienen sind. Aus diesen ist so manches über den Alltag der frühen Jahre auf HIBERNIA zu erfahren.

Der erste Lehrer der besagten Schule, natürlich auch er von der Insel, legte beispielsweise in echt englischer Manier viel Wert auf die sportliche Ausbildung seiner Schüler. So sehr die Kinder auch mit Begeisterung am Sportunterricht teilnahmen, so wenig Engagement zeigten sie im Klassenzimmer. Anstatt den Vorträgen ihres Lehrers zu folgen, beobachteten sie, sehr zu dessen Ärgernis, viel lieber den Schachtabbau durch das Schulfenster: Die Erde wurde von unter Tage in sogenannten »Tiefeneimern« oder auch »Ersatzkörben«, die gleichzeitig auch zur Personenbeförderung dienten, nach oben befördert. Nach Jo Patterson war es für die Kinder immer ein »komisches Erlebnis, wenn Vatern auf so eine Kleintonne angeritten kam«.[1]

Patterson wiederum fand schon in früher Jugend auf der Zeche Anstellung; er kam an die Wasserhaltungsmaschine und verdiente 21 Taler. Das war ihm allerdings zu wenig und er bat seinen Vater, ein gutes Wort für ihn einzulegen. Dieser wollte sich das durch den Kopf gehen lassen, hatte es damit aber nicht besonders eilig. Nach 14 Tagen war noch immer keine Gehaltserhöhung eingetreten und Jo ergriff selbst die Initiative. Auf HIBERNIA herrschten zwar klare patriarchalische Verhältnisse, aber noch kannte hier jeder jeden. Die strenge Hierarchie, der sogenannte »Grubenmilitarismus«, die in späteren Jahrzehnten die Arbeitswelt des Bergbaus prägen sollte, hatte sich noch nicht voll ausgebildet. So begegnete Jo also eines Tages zufällig dem Betriebsführer. Dieser fragte ihn wie üblich nach seinem Befinden, worauf der junge Patterson antwortete, es gehe ihm gut, er würde nur allzu gern etwas mehr verdienen. Zu späterer Zeit wäre dies eine unglaubliche Dreistigkeit gewesen. Doch Jo Patterson kam damit durch und strich tatsächlich eine Gehaltserhöhung ein.

1873 wurde HIBERNIA zusammen mit der Zeche SHAMROCK an die neu gegründete deutsche *Hibernia und Shamrock Bergwerksgesellschaft zu Berlin* verkauft. Bis 1904 umfasste diese sechs Zechen und verfügte über die modernsten Techniken. Im Zuge der Übernahme wurde fast die gesamte Verwaltung durch Deutsche ersetzt. Aus dieser Zeit berichtet Jo Patterson folgenden Vorfall: Der neue deutsche Direktor drehte an allen nur denkbaren Effizienzschrauben und versuchte die Kohlenförderung stetig zu maximieren – dies auch über die Förderkapazitäten der Maschinen hinaus. Als der Direktor abermals neue Produktionsrekorde einforderte, erklärte ihm Jo, dass das schlichtweg nicht möglich sei und weigerte sich, den Auftrag auszuführen. Empört, da Widerspruch nicht gewohnt, befahl der Direktor erneut die Fördermenge zu erhöhen – mit unverändertem Erfolg: Aus der Maschine sei eben nicht mehr herauszuholen, so Jo, wenn nicht der Radumfang vergrößert werde. Die kurz darauf herbeigeeilten Betriebsführer und Steiger errechneten dann tatsächlich, dass das Rad um eine Holzauflage erweitert werden müsse, um die gewünschte Fördermenge zu erzielen. Daraufhin wurde die Förderung für kurze Zeit unterbrochen und die Umbauten ausgeführt – schon am nächsten Tag schrieb die Maschine neue Rekordzahlen. Als die nächste Gehaltszahlung anstand, erhielt Patterson neben seinem Lohn auch einen blauen Brief, der ihn in das Büro des Direktors zitierte. Er glaubte, nun für seine Frechheit büßen zu müssen und rechnete fest mit seiner Entlassung. Dort angekommen händigte ihm der Direktor jedoch nur einen weiteren blauen Brief aus, der – entgegen seinen Befürchtungen – einen stattlichen Bonus für den ausgezeichneten Vorschlag beinhaltete.

Hatten sich die Menschen von der Insel in Gelsenkirchen trotz der harten Arbeit unter Tage gut eingerichtet, brachte der Ausbruch des Ersten Weltkrieges für die aus Irland und England eingewanderten Pioniere erhebliche Schwierigkeiten mit sich. Schon seit über 50 Jahren in Gelsenkirchen fühlten sie sich nicht mehr als Fremde und wurden von den Gelsenkirchener Bürgern auch nicht als solche angesehen. Ihre Kinder hatten meist Deutsche geheiratet und bereits selbst Familien gegründet. Deren Kinder, zum Teil schon erwachsen, trugen zwar noch die englischen

Abb. 24: *Transport eines Flammrohrkessels zur Zeche Hibernia, 1924*

Namen, des Englischen waren sie indes nicht mächtig. Doch ausschlaggebend für ihre Behandlung zur Kriegszeit waren nicht die in Deutschland verlebten Jahre, sondern ihre Herkunft. Im Umkreis von 40 Kilometern durfte sich ohne Wissen und Erlaubnis der Deutschen kein Ausländer rund um Essen aufhalten. Jeder der Verbliebenen musste sich zweimal täglich zu vorgegebenen Zeiten bei der Polizei melden. Die meisten wurden jedoch nach Ruhleben, in der Nähe Berlins, abgeschoben. Wem aufgrund des vorangeschrittenen Alters ein Umzug nach Berlin nicht mehr zugemutet werden sollte, musste sich eine Beschäftigung außerhalb der 40-Kilometer-Zone suchen – mit Unterstützung konnte indes nicht gerechnet werden. Auch Patterson Senior war davon betroffen. Er ging auf eine Zeche in Haltern, auf der sein Schwiegersohn Steiger war. Dort verstarb er 1918 im Alter von 91 Jahren. Patterson Junior hingegen sollte ebenso wie viele andere in Ruhleben interniert werden. Am Tag vor der Fahrt meldete er sich wieder bei der Polizei. Dort wartete eine freudige Nachricht auf ihn: Er dürfe, wie soeben von der Regierung angeordnet worden sei, bleiben. Eine Erklärung dafür gab es nicht. Allerdings musste er sich weiterhin zweimal täglich bei der Polizei melden, was für einen Fördermaschinisten im normalen Schichtdienst nicht unproblematisch war. Letztendlich fuhr er bis Ende des Krieges vorwiegend Nachtschichten, um seine Pflicht zu erfüllen. Im Jahre 1921 ging er schließlich in den Ruhestand. Da waren allerdings schon unruhige Zeiten angebrochen – für die Zeche HIBERNIA wie für die Region selbst. Nach dem verlorenen

Abb. 25:
Blick auf die Gelsenkirchener Altstadt vom Hibernia-Förderturm, 1953

Zechenportrait
»Alma«
→ S. 109

Weltkrieg musste HIBERNIA, wie der gesamte Bergbau, schwere Jahre durchstehen. Zwar zeichnete sich 1924 eine leichte Erholung ab, doch nur ein Jahr später brachen die Langzeitfolgen des Krieges noch einmal mit voller Kraft herein: Etliche Zechen wurden stillgelegt, darunter auch HIBERNIA. Allerdings war die Schließung keine endgültige, sondern nur eine Übergangslösung.

So ganz reibungslos, wie es oben vielleicht den Eindruck gemacht hat, ist die staatliche Übernahme dann aber doch nicht erfolgt, vielmehr spielte sich einer der größten Skandale der deutschen Wirtschaftsgeschichte ab, der als die »Hibernia-Affäre« in die Geschichte eingehen sollte. Um dieses Phänomen zu erklären, müssen wir noch einmal bis zu den Anfängen HIBERNIAS zurück. Nachdem bereits 1873, als Mulvanys Bergwerksbesitz zur *Bergwerksgesellschaft Hibernia und Shamrock* zusammengeschlossen wurde, deutsche Banken in das Unternehmen einstiegen, zogen sich zeitgleich die irischen Geldgeber und Industriepioniere weitestgehend zurück. Allein Mulvany wurde Aufsichtsratsvorsitzender. Durch Umstrukturierungen versprach er sich eine höhere Wirtschaftlichkeit und damit einhergehend eine bedeutendere Stellung auf dem internationalen Markt. Durch zahlreiche Zukäufe in den kommenden Jahren vergrößerte sich die Aktiengesellschaft und erhielt 1887 –

benannt nach der Stammzeche – ihren gültigen Namen: *Bergwerksgesellschaft Hibernia*.

Just zu dieser Zeit begann die »Hibernia-Affäre«: der wiederholte Versuch seitens des preußischen Staates, die *Hibernia AG* zu übernehmen. In den 1890er Jahren kamen zum ersten Mal Gerüchte einer möglichen Staatsbeteiligung am Ruhrbergbau auf. In Zeiten eines florierenden Wirtschaftsliberalismus schrillten nicht nur bei den Industriebaronen die Alarmglocken; ihr Widerstand war so stark, dass die geheimen Pläne an oberster Stelle erst einmal aufgegeben werden mussten. Das sollte sich bereits am Anfang des 19. Jahrhunderts ändern, hatte es der preußische Staat doch inzwischen geschafft, einige Grubenfelder im Norden aufzukaufen. Da die *Hibernia AG* ein rentables Unternehmen war, sollte mit ihr der Bergbaubesitz abgerundet werden. Doch was machte das staatliche Agieren zu einer Affäre? 1904 eröffnete der preußische Handelsminister Theodor Möller erneut den Kampf um die Verstaatlichung – dies geschah allerdings nicht öffentlich, sondern hinter verschlossenen Türen. In einem Geheimabkommen mit der Dresdner Bank vereinbarte er den Ankauf von *Hibernia*-Aktien – fast einer heimlichen Übernahme gleichend! Nachdem die Öffentlichkeit davon Wind bekommen hatte, beschloss Möller seine Karten auf den Tisch zu legen und machte dem Vorstand der *Hibernia AG* ein Angebot: der Auslöser für die nun einsetzenden erbitterten Kämpfe zwischen dem Ruhrgebiet und Berlin.

Da die Angst vor der staatlichen Machtübernahme beständig wuchs, entwickelten die Zechenherren folgende Abwehrstrategie: Im August 1904 wurde eine Kapitalerhöhung für die Aktionäre der *Hibernia AG* unter Ausschluss des Bezugsrechtes neuer Aktien beschlossen. Damit konnte eine weitere Einflussnahme des Staates verhindert werden. Die neuen Aktien wiederum übernahm die *Herner Vereinigung von Hibernia-Aktionären GmbH* – sehr zur Verärgerung Preußens, das diesen neuen Gegenspieler sofort als »Trotz-Trust« erkannte. Vor dem Ersten Weltkrieg blieb der Einfluss des preußischen Staates daher noch gering. Doch die Mühlen der Zeit mahlten für den Staat. Mit dem Ende des Kohlensyndikatsvertrags, einem Zusammenschluss von 98 Zechen im Ruhrbergbau, der wachsende Konkurrenz ausschloss und Gelegenheit zu Preisabsprachen bot, war eine günstige Gelegenheit gekommen, die alten Pläne zu verwirklichen. Der Staat wollte einer Verlängerung des Vertrags nur dann zustimmen, wenn ihm die noch in privater Hand befindlichen Aktien der *Hibernia AG* überlassen würden. Dem staatlichen Druck mussten die Verantwortlichen schließlich nachgeben, sodass die *Bergwerksgesellschaft Hibernia* am 26. Februar 1917 in staatlichen Besitz überging. Am 5. Juni 1935 wurde sie wiederum mit der *Bergwerksaktiengesellschaft Reckling-*

Zechenportrait »Rheinelbe« → S. 52

Abb. 26:
Förderürme und Wasserturm der Zeche Hibernia, 1959

Zechenportrait
»Dahlbusch«
→ S. 200

hausen offiziell verschmolzen. Damit verschwand der Name HIBERNIA endgültig aus der Liste der fördernden Zechen.[2]

Aber was wurde aus der historischen Schachtanlage, von der wir am Anfang ausgegangen sind und deren Schließung nur eine Übergangslösung gewesen sein sollte? Nach der Stilllegung wurde sie in eine »Versuchsgrube« umgewandelt – ein vollständig eingerichtetes Steinkohlebergwerk, das allerdings keine Kohle mehr förderte. Ihre Aufgabe war es, bergbauliche Gefahren, die nicht im Laboratorium nachgestellt werden konnten, zu simulieren und Strategien zu entwickeln, wie diese zu vermeiden seien. Die zahlreichen Grubenunglücke veranschaulichten auch in Gelsenkirchen immer wieder, wie sehr der »Bergmann allzeit im Kampf mit seiner tückischen Umwelt« steht.[3] Das Erziehen des Bergmanns zu unfallsicherem Verhalten wie auch die Sicherung der betrieblichen Mittel hatten höchste Priorität. Einer dieser Orte, an denen Betriebsmittel geprüft und entwickelt wurden, war nun die Versuchsgrube in Gelsenkirchen. Hier, in der vormals berüchtigten »Schlagwettergrube« HIBERNIA, war es unter anderem möglich, die Sicherheit von Sprengstoffen oder auch die Wirksamkeit von Gesteinsstaubsperren unter realen betrieblichen Bedingungen zu testen. Weitere Forschungsfelder waren die Bekämpfung der Grubenbrandgefahr und die Verbesserung von Seilfahrten – beispielsweise über die Entwicklung von Fangvorrichtungen, die das Abstürzen der Körbe bei Seilbruch verhindern konnten. Die Versuchsgrube in Gelsenkirchen war lange Zeit die einzige ihrer Art und erweckte überregional Neid und Bewunderung: »Die Deutschen sind darum zu beneiden,« ließ sich der Leiter der Forschungsstelle für Grubenunglücke in England vernehmen, »dass ihnen eine regelrechte Grube für ihre Versuche zur Verfügung steht. Eine solche Gelegenheit ist der Traum der Versuchsstreckenleiter aller Länder […].«[4] Die Zeche HIBERNIA hat auch daher eine ganz eigene Geschichte, die mit keiner anderen zu vergleichen ist. Ihre Bedeutung für die Stadt Gelsenkirchen und den gesamten Ruhrbergbau hat Jo Patterson schon 1936 treffend auf den Punkt gebracht: »Hibernia war damals das große Zauberwort für Gelsenkirchen.«[5]

Lea Löcken studiert Geschichte und Germanistik im zweiten Bachelorsemester an der WWU Münster.

Emil Kirdorf und die Gelsenkirchener Bergwerks-Aktiengesellschaft.
Die Zeche Rheinelbe
» Peter Schmidt

1855	Abteufung von Schacht 1 und Wetterschacht 2
1861	Förderbeginn
1875	Jahresförderung von 263.363 t bei 722 Beschäftigten
1877	Konsolidierung zu Ver. Rheinelbe & Alma durch die Gelsenkirchener Bergwerks-AG
1913	Maximale Jahresförderung von 2.189.910 t bei 7.775 Beschäftigten
1931	Stilllegung der Zeche. Übernahme der Rheinelbe-Schächte und des Restfeldes durch Zeche Holland

Das hatte Gelsenkirchen noch nicht erlebt – und einmalig sollte es auch bleiben: Während seines einzigen Besuchs in der Bergbaustadt ehrte der Reichskanzler Adolf Hitler einen »einfachen« Zechenangestellten mit einem Staatsbegräbnis. Links und rechts der Straße, über die der Sarg in der Trauerprozession zum Hauptverwaltungsgebäude der Zeche Rheinelbe geleitet wurde, waren nicht weniger als 60 Pylone aufgebaut, auf denen jeweils der Reichsadler mit dem Hakenkreuz in den Klauen thronte. Auch vom Tor des Zechengeländes bis zur Halle, in der die Trauerfeier stattfinden sollte, hatten die Organisatoren 50 Masten aufgerichtet, an denen Hakenkreuzfahnen auf Halbmast hingen. Nichts deutete auf das sonst so geschäftige Treiben auf der Zeche hin. Keine Maschine, kein Förderband lief. Alle Räder standen still. Zugleich war in der zum Trauersaal umgestalteten Halle, in der der Leichnam aufgebahrt worden war, kein Platz mehr frei. Die Elite der Industrie und Politik hatte sich dort versammelt, um am 16. Juli 1938 Abschied zu nehmen. Abschied von einer der wichtigsten Personen des Ruhrbergbaus: Emil Kirdorf. Dieser hatte über 50 Jahre als geschäftsführender Direktor die Geschicke der *Gelsenkirchener Bergwerks-Aktiengesellschaft* (GBAG) geleitet, die ihren

Abb. 27:
Trauerzug bei der Beerdigung Emil Kirdorfs, 1938

Hauptsitz auf dem Gelände der Zeche RHEINELBE hatte. Von hier aus arbeitete Kirdorf unermüdlich an seinem Lebenswerk. Unter seiner Führung wurde die GBAG zu einem der einflussreichsten Unternehmen im deutschen Bergbau. Er selbst stellte sich jedoch stets nur als einfachen Arbeiter, als ein Rad im Getriebe der großen Maschinerie des Bergbaus dar. Doch wie kam es eigentlich dazu, dass der Diktator Adolf Hitler diesem »Zechenangestellten«, der in Wahrheit einer der mächtigsten Bergbaumanager war, mit einem Staatsbegräbnis die letzte Ehre erwies?

Nur wenige Kilometer entfernt hatte der Essener Industrielle Friedrich Grillo 60 Jahre zuvor einen Entschluss gefasst, der Kirdorfs Leben und damit eng verbunden die weiteren Geschicke der Gelsenkirchener Bergbauindustrie maßgeblich beeinflussen sollte. Viele der Zechen waren einst mit ausländischem Kapital gegründet worden. Noch immer wurden sie nicht selten von belgischen, französischen oder irischen Gesellschaften betrieben. Grillo plante die Zechen der Gelsenkirchener Mulde aufzukaufen und in einer Hand zu vereinen. Für dieses Projekt hatte er zunächst die Zechen HIBERNIA, SHAMROCK, DAHLBUSCH, RHEINELBE und ALMA ins Auge gefasst. Als die GBAG schließlich am 3. Januar 1873 gegründet wurde, war es Grillo bis dahin jedoch nur gelungen, die seit den 1860er und 1870er Jahren kohlefördernden Zechen RHEINELBE und

Alma zu übernehmen. Doch bereits diese beiden Zechen verfügten über ein Grubenfeld, das mit gut 760 Hektar der Größe von mehr als 100 Fußballfeldern entsprach und damit zwei- bis dreimal so groß war wie ein jedes der anderen Zechen. Für den Direktorenposten wurde Grillo seitens des Generaldirektors der *Dortmunder Union*, W. G. Müller, eben jener Emil Kirdorf empfohlen – doch hätte es dazu eigentlich gar nicht kommen dürfen. Denn den Beginn seiner einmaligen Bergbaukarriere im Rheinisch-Westfälischen Industriegebiet, das erst viel später als Ruhrgebiet bekannt wurde, verdankte der junge, noch relativ unerfahrene Kirdorf der Unaufmerksamkeit eines Beamten und seinem Bart.

Alle, die an der Einstellung Kirdorfs beteiligt gewesen waren, hatten sich in gewisser Weise täuschen lassen. Möglicherweise wollten sie sich später auch nicht die Blöße geben und öffentlich eingestehen, nicht weiter nachgeforscht zu haben. Es konnte nicht sein, was nicht sein durfte. In diesem Fall fragte wohl einfach niemand Kirdorf nach seinem Alter. Zum einen hatten sie sich auf die Richtigkeit einer Geschworenenliste verlassen, auf der Kirdorf aufgeführt war, obgleich er mit seinen knapp 26 Jahren die erforderliche Altersgrenze von 30 noch nicht erreicht hatte. Überdies habe, wie Kirdorf zu einem späteren Zeitpunkt scherzhaft anmerkte, ihm sein respektabler Bart seine Karriere ermöglicht, der ihn wesentlich älter scheinen ließ, als er in Wirklichkeit war. Dazu gesellten sich ein stark ausgeprägter Starrsinn und ein beträchtliches Selbstbewusstsein, sodass sich den Gesprächspartnern der Eindruck aufdrängen musste, es mit einem erfahrenen Mann zu tun zu haben, der etwas von seinen Geschäften verstand. Kirdorf, mit seiner Position als Zechendirektor auf Holland in Wattenscheid höchst unzufrieden, zeigte im Gespräch mit Grillo klare Kante und fügte sich nicht ohne Weiteres der Meinung seines Gegenübers. Grillo, ebenfalls kein einfacher Zeitgenosse, ließ sich von Kirdorfs Auftreten überzeugen, jedenfalls gab er ihm die gewünschte Anstellung. Und diesen Entschluss sollte Grillo nicht bereuen, sollte Kirdorf das Unternehmen doch mit strategischer Weitsicht durch die kommenden Jahrzehnte führen – durch Höhen wie durch Tiefen.

Dies ist insofern überraschend, als bei Kirdorfs Geburt noch nichts darauf hingedeutet hatte, dass er in seinem Leben jemals auch nur einen Fuß auf ein Zechengelände setzen, geschweige denn in die erste Garde des Ruhrbergbaus aufsteigen sollte. Am 8. April 1847 in Mettmann bei Düsseldorf als Sohn des Textilfabrikanten Martin Kirdorf geboren, war Emil eigentlich dafür vorgesehen, gemeinsam mit seinem Bruder Adolph die Leitung des Unternehmens anzutreten. Nach dem unerwartet frühen Tod des Vaters übernahm ein Onkel treuhänderisch die Geschicke der Fabrik, bis die nächste Generation Kirdorf alt genug wäre, den Betrieb zu

Abb. 28:
Emil Kirdorf
(* 8.4.1847;
† 13.7.1938), 1926

führen. Emil besuchte daher eine Webereischule und lernte später in verschiedenen Betrieben. Zwischenzeitlich sollte eine Erfindung aus England die Textilindustrie grundlegend verändern: Mechanische Webstühle – in ihrer Effizienz den von Menschenhand betriebenen weit überlegen – verbreiteten sich rasant. Mit ihnen konnte immer schneller, zugleich aber auch immer günstiger und in höherer Stückzahl produziert werden. Diesen Wettbewerbsvorteil hatte man im Kirdorf'schen Betrieb allerdings rundherum verschlafen. Der Firma ging das Kapital aus, die Schließung wurde unvermeidlich. Der Onkel nahm sich aus Verzweiflung das Leben.

Das unbeschwerte Leben, die gerade noch als gesichert gesehene Zukunft in einem etablierten und profitablen Betrieb, war für Kirdorf nun erst einmal vorbei. Der 23-Jährige musste sich zwangsläufig beruflich neu orientieren. Doch schon kurz darauf öffnete sich eine neue Tür für ihn – ein Zechentor, um genau zu sein. Denn über Umwege gelangte er an eine erste Anstellung auf der Wattenscheider Zeche HOLLAND, für die er – wie es damals üblich war – eine Kaution von 10.000 Talern zu zahlen hatte, die ein Freund der Familie übernahm. Sein erster Job im Bergbau, den er am 8. November 1871 antrat, prägte Kirdorf zutiefst. Als kaufmännischer Direktor war er mit der Buchhaltung der Zeche betraut, die sich zu diesem Zeitpunkt in einem desolaten Zustand befand. Sein Arbeitseifer führte dazu, dass HOLLAND bald wieder schwarze Zahlen schrieb. In diese Zeit fiel nun sein Wechsel in die Direktion der GBAG, die sich auf dem Gelände derÜckendorfer Zeche RHEINELBE befand.

Abb. 29:
Bahngleise vor der Zeche Rheinelbe, Schacht 1/2, k.A.

RHEINELBE hatte, nachdem die Abteufarbeiten abgeschlossen worden waren, 1861 mit der Förderung von Kohle begonnen. Diese waren in den Jahren zuvor mit beträchtlichen Schwierigkeiten verbunden gewesen, da immer wieder Wasser in die Schächte eingebrochen war. Zu Beginn der 1870er Jahre lief der Betrieb aber störungsfrei: Auf den mittlerweile drei RHEINELBE-Schächten arbeiteten rund 400 Bergleute, die jährlich etwa 150.000 Tonnen Kohle zu Tage förderten. Kaum dort angekommen, musste Emil Kirdorf bereits die erste Krise der jungen GBAG meistern.

Nach Jahren des Aufschwungs vor und besonders nach der Reichsgründung 1871 gerieten die Aktienkurse deutscher Unternehmen als Folge einer überhitzten Konjunkturphase ins Trudeln. Der Börsenkrach von 1873 läutete das Ende der »Gründerzeit« ein. Viele Unternehmen sollten die nun einsetzende Phase der Depression nicht überstehen, ein Bankrott reihte sich an den nächsten. Übernahmen standen auf der Tagesordnung. Kirdorf jedoch gelang es durch Rationalisierungsmaßnahmen und kaufmännisches Geschick, die GBAG auf Kurs zu halten, und damit schaffte er die Grundlage für deren weiteren Ausbau. Schon vier Jahre nach der Gründung der GBAG wurden 1877 die benachbart gelegenen Zechen RHEINELBE und ALMA zur Zeche VEREINIGTE RHEINELBE & ALMA zusammengelegt. Durch die Synergieeffekte dieser Fusion stieg die Rentabilität um ein Vielfaches. Die neue Zeche war in den 1880er Jahren zeitweise das größte Bergwerk des Ruhrreviers.

Zechenportrait »Alma«
→ S. 109

Der Staat reagierte auf die Gründerkrise mit der Abkehr von seiner bisherigen wirtschaftsliberalen Linie und begann, nun wieder mehr Kontrolle über die Wirtschaft auszuüben. Konkret zeigt sich dies unter anderem in der Schutzzollpolitik, die das Preisniveau innerhalb des Deutschen Reichs über dem des Auslands halten sollte. Da aber auch die anderen Staaten Zölle auf die Einfuhr von Waren und Industriegütern erhoben, stagnierte der Absatz im Reich. In der Folge kam es zu einer Rezession. Die damit einhergehenden sinkenden Löhne führten zwischen 1875 und 1880 zu einer Massenverarmung innerhalb der Arbeiterschaft, die umso gravierender wurde, als parallel dazu die Lebenshaltungskosten extrem anstiegen. Als die Krise ihren Scheitelpunkt erreichte, war im Schnitt einer von zehn Arbeitern entlassen worden.

Mitten in der Krise wurde Kirdorf 1875 erstmals zum Vorsitzenden des Aufsichtsrats gewählt, eine Position, die er bis zum Ende seines Berufslebens nicht mehr abgeben sollte. Unter seiner Führung wurde ab 1882 aus dem Gelsenkirchener Unternehmen ein überregional agierender Montankonzern – letztlich einer der bedeutendsten in Europa. Hier traten erstmals auch Annexionsgedanken Kirdorfs ans Licht, die seine politischen Ansichten in den kommenden Jahren bestimmen sollten. Bis 1905 konnte die GBAG durch Aufkauf und Fusion ergänzend zu den Gelsenkirchener Stammzechen bereits die Zechen VEREINIGTE STEIN & HARDENBERG (Dortmund), ERIN (Castrop), HANSA (Dortmund), ZOLLERN (Dortmund), VEREINIGTE GERMANIA (Dortmund), GRILLO (Kamen), GRIMBERG (Bergkamen), WESTHAUSEN (Bodelschwingh), VEREINIGTE BONIFACIUS (Essen-Kray) und VEREINIGTE HAMBURG & FRANZISKA (Witten a. d. Ruhr) unter sich vereinen. Damit erreichten die Grubenfelder eine Größe von fast 19.000 Hektar, auf denen eine Belegschaft von

Die Zeche Rheinelbe

knapp 24.000 Mann täglich über 26.000 Tonnen Kohle förderte. Allein auf VEREINIGTE RHEINELBE & ALMA stieg die Jahresförderung zwischen 1890 und 1913 auf mehr als das Doppelte: Ein Jahr vor Beginn des Ersten Weltkrieges erreichte die Zeche ihren Förderrekord von fast 2,2 Millionen Tonnen Kohle.

1893 wiederum gelang es Kirdorf, das *Rheinisch-Westfälische Kohlen-Syndikat* – kurz RWKS – ins Leben zu rufen, in welchem verschiedene kleinere Kartelle und Syndikate aufgingen. Ein großer Vorteil für Kirdorf und sein Syndikat war, dass er die Zechen der GBAG ohne schwierige Verhandlungen als »Startkapital« mit einbringen konnte. Aufgrund ihrer Anzahl und Produktionsleistung wirkten sie wie ein Magnet für andere Zechen, sich dem Syndikat anzuschließen. Erklärtes Ziel dieses Syndikats, das seinen Sitz allerdings in Essen ansiedelte, war es, die Schwankungen der Kohlenpreise abzuschwächen, wenn nicht gar gänzlich zu unterbinden. Kirdorf setzte in seiner Preispolitik auf Mäßigung sowie auf Regulierung der Fördermengen der am RWKS beteiligten Zechen. Trotz der Proteste der kohleverbrauchenden Industrie – insbesondere der eisenproduzierenden und eisenverarbeitenden – schlossen sich immer mehr Zechen dem Kartell an. Kritik an der Bildung nichtstaatlicher Kartelle konterte er in einer Rede während der Verhandlungen des *Vereins für Sozialpolitik* am 27. September 1905 in Mannheim:

> *»Ein Privatmonopol wird, wenn es mißbraucht wird, nie von langer Dauer sein. […] Ein Staatsmonopol aber werden Sie, wo Sie es einmal haben, niemals wieder los, selbst wenn es die schlimmsten wirtschaftlichen Folgen hat.«*[1]

Ab 1904 lenkte Kirdorf von RHEINELBE aus die GBAG in neue Bahnen und baute sie zum Mischkonzern aus. Dazu bildete er zunächst eine Interessengemeinschaft mit dem von Grillo gegründeten *Schalker Gruben- und Hüttenverein* und dem *Aachener Hütten-Aktien-Verein Rothe Erde*, der wiederum von seinem Bruder Adolph geleitet wurde. Die GBAG hatte nun über *Rothe Erde* Zugang zu den Erzvorkommen in Luxemburg und Lothringen. 1907 fusionierten die drei Betriebe und gingen in der GBAG auf. Die Expansion des Konzerns, die mit der Zusammenlegung der Zechen RHEINELBE und ALMA begonnen hatte, gelangte nun langsam an ihren Höhepunkt. Über stetige Rationalisierungsmaßnahmen und geschickte Zusammenlegung von Zechen, Hochöfen und eisenverarbeitender Industrie konnte die GBAG immer günstiger produzieren. Der in London erscheinende *Finanz-Chronist* kommentierte Kirdorfs Agieren im November 1905:

»Wer ihn mit vorgebeugtem Kopf und geballten Fäusten, in seiner natürlichen Haltung gezügelter Tatkraft auf Rhein-Elbe […] hat umhergehen sehen […], wird sich des Eindrucks nicht erwehren können, dass er in Kirdorf die mächtigste industrielle Zugkraft des Landes vor sich hat.«[2]

Abb. 30:
Teich und Pavillon des Ückendorfer Parks vor den Anlagen der Zeche Rheinelbe, 1905

Auch wenn die konjunkturellen Schwankungen die Zechen des RWKS nicht mehr mit voller Wucht trafen, gingen die Veränderungen der Wirtschaftslage nicht spurlos an den Arbeitern vorbei. Wenn sie nicht ihre Anstellung durch Kündigung oder Rationalisierung verloren, so sahen sie sich doch mit teils erheblichen Lohneinbußen konfrontiert. Selbst in Zeiten des Aufschwungs wurde ihr Lohn nur selten – und wenn, dann äußerst gering – aufgestockt. Hinzu kamen die stetig steigenden Lebenshaltungskosten. Als diese Situation für die Arbeiter nicht länger tragbar war, brachten sie ihren Unmut in drei großen Streiks in den Jahren 1889, 1905 und 1912 zum Ausdruck. Dabei ging es in der Regel um die Ab- beziehungsweise Anrechnung von Arbeitszeiten, die Höhe und Berechnung der Schichtlöhne, um den Umgang mit harten Strafen und um Fragen der Mitbestimmung. Eine Antwort auf die »soziale Frage« zu finden, geriet immer mehr in den Vordergrund. Doch Kirdorf beharrte – wie auch viele andere aus der industriellen Führungsschicht, wenn auch ungleich schroffer, – auf seinem Standpunkt: Er sei der Herr im Haus. Jeder habe seinen Platz im Betrieb, müsse sich unterordnen. Ein jeder habe nach seinen Fähigkeiten dem Unternehmen zu dienen. So stilisierte er auch sich zu einem »einfachen Arbeiter«, der wiederum nur von seinem Arbeitgeber – den Aktionä-

Zechenportrait »Ewald«
→ S. 120

Die Zeche Rheinelbe | 59

ren – seine Arbeitsanweisungen erhalte und in ihrem Sinne seinen Dienst verrichte. Dies stimmt zwar in sofern, als er selbst zu diesem Zeitpunkt keinen größeren (Aktien-)Besitz hatte und »nur« Aufsichtsratsvorsitzender und leitender kaufmännischer Direktor war. Doch hatte er eben nicht mit den Unwägbarkeiten des schweren und harten Arbeitslebens unter Tage und dem geringen Lohn der unteren Schichten zu kämpfen.

Der große Mischkonzern, den die GBAG mittlerweile darstellte, rief auch die Konkurrenz auf den Plan. Hugo Stinnes und August Thyssen kauften sich über große Aktienanteile in den Aufsichtsrat der GBAG ein, da sich ihre Geschäftsfelder mit denen der GBAG nun deutlich überschnitten. Kirdorf bekam nun langsam zu spüren, dass seine Macht- und Entscheidungsfreiheit im Unternehmen den Zenit überschritten hatte. Das Ende des Ersten Weltkrieges läutete dann auch den Anfang vom Ende der GBAG ein. Durch die im Versailler Vertrag festgelegten Gebietsabtretungen verlor diese mit den Erzvorkommen in Lothringen ihre wirtschaftliche Grundlage. Schließlich wurde dadurch die Eisen- und Stahlproduktion unrentabel, da nun von anderen Bergwerken die Rohstoffe hinzugekauft werden mussten. Außerdem verlor die GBAG wichtige Hüttenbetriebe in den Gebieten, die verkehrsgünstig nah an den Erzbergwerken lagen. In Konsequenz zog sich die GBAG auf ihr ehemaliges Kerngeschäft zurück und entwickelte sich wieder zu einem reinen Kohlebergbauunternehmen. 1920 war die Gesellschaft so geschwächt, dass sie mit der *Deutsch-Luxemburgischen Bergwerks- und Hütten-AG* von Hugo Stinnes und dem *Bochumer Verein* fusionierte. Mit der Gründung der *Vereinigten Stahlwerke* am 14. Januar 1926 endete nach 53 Jahren endgültig die eigenständige Existenz der GBAG. Auch für den nun fast 80-jährigen Kirdorf, der das Unternehmen fast über die gesamte Zeit als Generaldirektor geführt hatte, war das Ende seiner Tätigkeit im Bergbau gekommen. Den schwindenden, fast nicht mehr existenten Einfluss auf das Tagesgeschäft nicht mehr hinnehmen wollend, verließ er das Unternehmen. Auch seine Stammzeche RHEINELBE überstand die großen Rationalisierungen der 1920er Jahre nicht unbeschadet. In der Weltwirtschaftskrise wurde sie schließlich 1931 stillgelegt, ihr Grubenfeld fiel an die Nachbarzeche HOLLAND, die einige RHEINELBE-Schächte noch bis in die 1960er Jahre weiter betrieb.

Auch wenn Kirdorf sich immer wieder als unpolitisch stilisierte, war seine Tätigkeit hochpolitisch. Wie in seinen ökonomischen Auffassungen war er auch in seinen politischen Ansichten ein Hardliner, der zu Kompromissen kaum bereit war. Er positionierte sich schon 1890, als er an der Gründung des *Alldeutschen Verbands* beteiligt war, auf der äußersten rechten Seite des politischen Spektrums. Als es während des Ersten Welt-

Abb. 31:
Zeche Rheinelbe als Postkartenmotiv, k. A.

Zechenportrait
»Graf Bismarck«
→ S. 220

krieges darum ging, für den Fall eines deutschen Sieges weitreichende Annexionen in Ost und West zu fordern, gehörte seine Stimme zu den lautesten. Und noch lange nach dessen Absetzung als Reichskanzler war Kirdorf ein glühender Verehrer von Otto von Bismarck – nach dem ebenfalls eine Gelsenkirchener Zeche und später gar ein ganzer Stadtteil benannt wurde. Nur wenige Wochen nach einem Treffen mit seinem Idol, bei dem er untypischerweise fast schon schüchtern auftrat, wurde Kirdorf von Bismarcks Tochter ein besonderes Geschenk überreicht: Er erhielt einen von Bismarcks nicht mehr getragenen Hüten. Ein anderes Geschenk von Bismarck an Kirdorf ist heute noch im Gelsenkirchener Rheinelbepark an der Leithestraße frei zugänglich: Am 1. April 1896 wurde auf dem Gelände der Zeche RHEINELBE die »Sachsenwaldeiche« gepflanzt.

Unterstützte Kirdorf während der ersten Jahre der Weimarer Republik noch die *Deutschnationale Volkspartei* (DNVP), wendete er sich Mitte der 1920er Jahre zunächst von ihr wieder ab. Im Sommer des Jahres 1926 war er einer Einladung zu einer kleinen Versammlung in Essen gefolgt, vor der Adolf Hitler eine Rede hielt. Kirdorf war zwar von Hitlers Ausführungen begeistert, doch kamen sie nicht in persönlichen Kontakt. Ein Jahr später kam es in München zu einem zweiten Treffen, bei dem die beiden Männer mehrere Stunden diskutierten und Hitler seine Visionen skizzierte. Danach wurde Kirdorf nicht nur Mitglied der *Nationalsozialistischen Deutschen Arbeiterpartei* (NSDAP), sondern auch eine der wichtigsten Stützen Hitlers im Kreis der Ruhrindustriellen. Zwar trat

Die Zeche Rheinelbe

Kirdorf 1928 schon wieder aus der Partei aus, konnte er sich doch nur schwer mit den antikapitalistischen Äußerungen des linken Flügels der NSDAP abfinden. Aber er blieb ein hartnäckiger Unterstützer der Nationalsozialisten, dem Hitler letztlich viel zu verdanken hatte. Daher gab er Kirdorf bei der Trauerfeier auf RHEINELBE die letzte Ehre. Nicht nur hatte dieser – wenn auch größtenteils erfolglos – versucht, seine alten Kontakte zu nutzen, um Hitler mit anderen Industriellen in Kontakt zu bringen, höchstwahrscheinlich hatte er der NSDAP in den 1920er Jahren auch eine größere Summe Geld zur Verfügung gestellt. Hitler dankte es ihm, in dem er zu Kirdorfs Geburtstagen sogar Fackelzüge veranstalten ließ. Er instrumentalisierte den greisen Kirdorf auch für seine eigenen propagandistischen Zwecke: Als Emil Kirdorf nach der Machtergreifung der Nationalsozialisten Mitglied der NSDAP wurde, bekam er sogar seine alte Mitgliedsnummer, die ihn nun auch nach außen als frühen Unterstützer der Partei auszeichnete. Darüber hinaus war er einer *der* Wirtschaftsführer, die mit ihren Entscheidungen und kaufmännischem Geschick die Entwicklung des gesamten rheinisch-westfälischen Bergbaus und Hüttenwesens maßgeblich beeinflusst hatten. Dieses ambivalente Verhältnis blieb sogar über Kirdorfs Tod hinaus bestehen. Wurden schon kurz nach dem Zweiten Weltkrieg viele Straßen und Plätze, die Namen von NS-Größen trugen, umbenannt und wurden Ehrenbürgerschaften zurückgenommen, so entschied sich die Stadt Gelsenkirchen erst 1989 zur Revision des am 3. April 1917 verliehenen Ehrenbürgertitels an Emil Kirdorf.

Peter Schmidt studiert Geschichte, evangelische Religionslehre und Bildungswissenschaften im ersten Mastersemester an der Bergischen Universität Wuppertal.

Abb. 32:
Die »Sachsenwaldeiche« im Rheinelbe-Park: Ein Geschenk Bismarcks an Emil Kirdorf, 2012

Wie Russen und Engländer die Industriearchitektur im Ruhrgebiet beeinflussten.
Die Zeche Holland
» Gina Wösting

1856	Abteufen der Schächte 1 und 2 in Ückendorf
1860	Förderbeginn
1861	Konsolidierung der Felder Carl Reinhard, Adelbert und Hain zu Holland
1871	Teufbeginn von Schacht 3 im Wattenscheider Südfeld
1880	Inbetriebnahme der Kokerei Holland
1920	Höchste Belegschaft mit 4.483 Beschäftigten
1928	Stilllegung der Kokerei
1933	Übernahme des Restfeldes und der Anlagen von Rheinelbe
1963	Verfüllung der Schächte 1 und 2
1969	Höchste Fördermenge mit 1.685.470 t
1974	Stilllegung, Abgabe von Baufeld und Schächten an Zollverein

Auf einem Hof, umgeben von Sträuchern und Bäumen, stehen zwei unterschiedlich hohe, rechteckige Türme, die durch einen Trakt mit großen, tiefen Fenstern miteinander verbunden sind. Die aus Backstein gemauerten, mit Rundbogenfenstern versehenen mächtigen Türme verleihen dem Ensemble den Charakter einer trutzigen Festung. Insgesamt ein beeindruckendes Gebäude, das zum Staunen verleitet. Aus der Nähe betrachtet, sieht es sogar ›schick‹ aus, denn offenbar ist der Gebäudekomplex vor nicht allzu langer Zeit intensiv restauriert worden. Und tatsächlich: Die insgesamt etwa 30 luxuriösen Loftwohnungen und Büroräume sind erst in diesem Jahrtausend in das imposante Gebäude eingepasst worden. Doch obwohl zahlreiche Umbauten stattgefunden haben, erinnert das Ganze noch immer an eine kleine Burg aus früheren Jahrhunderten. Und in der Tat sind die Zeiten, aus denen der Komplex stammt, längst vergangen, handelt es sich doch um die alten Malakowtürme der

Abb. 33: Der zum Wohnhaus umgebaute Doppel-Malakowturm, 2010

ehemaligen Zeche HOLLAND 1/2 in Gelsenkirchen-Ückendorf, einstige Fördertürme, die ehedem durch das zentrale Fördermaschinengebäude miteinander verbunden waren.

Die Zeche HOLLAND gehörte zu den frühesten Zechen im Gelsenkirchener Raum. Nachdem die namensgebenden niederländischen Kapitalgeber 1855 die *Bergbau-Aktiengesellschaft Holland* gegründet hatten – in dieser Zeit noch eine Seltenheit unter den Bergbauunternehmen –, begann schon bald die Erschließung der Grubenfelder in Ückendorf und Wattenscheid. Bereits im folgenden Jahr konnte mit dem Abteufen der ersten beiden Schächte über dem Ückendorfer Nordfeld begonnen werden. Doch das eingebrachte Aktienkapital von 1,5 Millionen Mark war schneller aufgebraucht als gedacht und so musste schon 1858 vielen Arbeitern gekündigt werden – allein die allernötigsten, die für die anfallenden Arbeiten unverzichtbar waren, behielten ihre Anstellung. Erst Ende 1859 machte eine umfangreiche Kapitalaufstockung um weitere 1.050.000 Mark den normalen Betrieb wieder möglich. Und dies erfolgreich, konnte doch schon ein Jahr später, 1860, die erste Kohle gefördert werden. Die Wattenscheider Schächte 3, 4 und 6 kamen in den Jahren 1873, 1898 und 1921 hinzu, der im Westen des Grubenfeldes gelegene Schacht 5 1907. Mittlerweile war die Zeche von der *Aktiengesellschaft Steinkohlenbergwerk Nordstern* übernommen worden. Dem Anwach-

Abb. 34:
Betriebsgelände der Zeche Holland mit Doppel-Malakowturm, um 1900

sen der weiterverarbeitenden Industrie geriet das nicht zum Nachteil, bestand die Kokerei 1893 doch bereits aus 50 Flammöfen. Diese mussten jedoch 1919 in den Nachwirren des Ersten Weltkrieges teilweise stillgelegt werden; 1926 wurde schließlich auch die Kohleförderung eingestellt. Die Fördertürme wurden jedoch weiterhin zur Seilfahrt genutzt.

Die endgültige Stilllegung von HOLLAND 1/2 stand aber erst mehr als 30 Jahre später an, als die Kohlekrise das Ruhrgebiet in seinen Grundfesten erschütterte. Allein in den Jahren 1963 und 1964 mussten ganze 13 Zechen geschlossen und über 10.000 Zechenarbeitern gekündigt werden – auch die Schachtanlage HOLLAND 1/2 wurde nun verfüllt, sodass die Geschichte der Kohleförderung in Ückendorf nach über 100 Jahren ihr Ende fand. Die Ursachen dieser Kohlekrise waren vielseitig: Ein Grund dafür lag in der Kohleüberproduktion – der Absatzmarkt für Steinkohle war übersättigt. Hinzu kam, dass der deutsche Steinkohleabbau im internationalen Vergleich zu teuer, die Kohle im Ausland deutlich günstiger zu beziehen war. Da nach dem Zweiten Weltkrieg neue Energieträger wie Erdöl und Erdgas auf den Markt kamen und die Steinkohle zunehmend verdrängten, wuchs die Krise beständig an. Auch nachdem der Ückendorfer Standort aufgegeben worden war, konnte sich die Zeche HOLLAND nicht von der Krise erholen. Die Betreibergesellschaft, mittlerweile die

Zechenportrait »Graf Bismarck« → S. 220

Abb. 35: Blick vom Ückendorfer Platz in Richtung Wattenscheid, im Hintergrund die Zeche Holland, 1959

neu gegründete *Ruhrkohle AG* (RAG), beschritt die nun schon altbekannten Wege: So kam es in den 1970er Jahren zu einer Zusammenlegung mit der Essener Zeche ZOLLVEREIN. Das erklärte Ziel des Verbundbergwerks war die Errichtung größerer Betriebseinheiten und damit einhergehend eine höhere Effizienz. Dazu wurden die beiden Zechen unter Tage miteinander verbunden. Doch da sich der Abbau immer weiter gen Norden verschob, wurde der Verbund mit HOLLAND letztlich wieder aufgehoben und die Zeche 1974 stillgelegt. Trotzdem zählt HOLLAND zu den Zechen mit der längsten Förderdauer.

Von HOLLAND 1/2 blieben nur das Lüftermaschinenhaus und vor allem die eingangs beschriebenen, zwischen den Jahren 1856 und 1860 erbauten Türme bestehen. Bei ihnen handelt es sich um die einzige erhaltene Doppel-Malakowturmanlage nicht nur des Ruhrgebiets, sondern ganz Europas – ein einzigartiges Zeugnis der Industriekultur. Sie repräsentiert damit einen ganz eigenen Architekturtypus der einstigen Schachtfördertürme. Diese waren dem englischen Tudorstil nachempfunden – auch dies ein Hinweis auf die Herkunft des Bergbau-Knowhows der Zeit. Als Tudorstil wird der Übergang von der Gotik hin zur Renaissance bezeichnet. Charakteristisch für ihn sind vor allem die gewaltigen, festungsartigen Gemäuer der Außenfassade des Turms, die, wie auch in unserem Falle, meist aus Backstein gebaut waren – dies hatte im Ruhrgebiet nicht

Die Zeche Holland | 67

zuletzt den Vorteil, dass die Belastungen der Industrieatmosphäre diesem robusten Baumaterial wenig anhaben konnten.

Da die Bergleute ab dem 19. Jahrhundert immer größere Teufen erreichten, und nun auch Kohle mehr als 100 Meter unter der Erde abbauen konnten, benötigten die Förderanlagen auch eine entsprechende Antriebsleistung. Die bisherigen Gerüste aus Holz hielten den nun auf sie einwirkenden Kräften jedoch nicht mehr Stand. Nachdem selbst Kehrräder und die Dampfmaschine nicht länger ausreichten, wurden Fördertürme aus Stein erbaut: Malakowtürme. Im Inneren eines solchen Turms mussten sehr hohe Fördergerüste Platz finden. Genauer gesagt wurden sogenannte Seilscheibenstühle aus Holz oder Eisen in die Türme eingebaut. Damit diese noch einen zusätzlichen Halt bekamen, wurde das Seilscheibengerüst im Mauerwerk des Turms verankert. Neben der höheren Stabilität und Tragkraft barg die neue Bauform noch einen weiteren Vorteil: Durch die geschlossene Bauart des Turms wurde ein möglicher Materialverlust durch Unwetter verhindert.

Doch woher rührt dieser eigentümliche, ja ungewöhnliche russische Klang ihrer Bezeichnung? Schließlich wurden die Malakowtürme doch häufig im Ruhrgebiet gebaut und griffen Stilelemente der englischen Architekturgeschichte auf. Die Bezeichnung Malakow geht auf den Krimkrieg (1853–1856) zurück. In ihm standen sich die Truppen Russlands und die des Osmanischen Reichs, Frankreichs, Großbritanniens und später auch des Königreichs Sardiniens gegenüber. Das Zarenreich erhoffte sich angesichts des fortschreitenden Zerfalls des Osmanischen Reichs nicht nur die Erweiterung des eigenen Territoriums, sondern auch einen gestiegenen Machteinfluss in Europa. Dies wollten die westeuropäischen Mächte verhindern. Der Krimkrieg wird heute als der erste moderne Stellungskrieg angesehen – und war besonders verlustreich: Mehr als 150.000 Soldaten verloren ihr Leben, nicht selten aufgrund von Seuchen, Mangelerkrankungen und schlechter medizinischer Betreuung. Während der entscheidenden Schlacht um die belagerte Festung Sewastopol war vor allem das russische Fort Malakow schwer umkämpft, das auf dem Malachow-Hügel angelegt war. Im Kern der eilig aus Sandsäcken und Schanzkörben improvisierten Befestigungsanlagen stand ein zweistöckiger Turm aus Kalkstein, der Malakowturm. Da sich die Befestigungsanlage im Krieg als widerstandsfähig erwiesen hatte, prägte sich die Bezeichnung – auch in Folge journalistischer Übertreibungen in der Kriegsberichterstattung – für massive Turmkonstruktionen ein. So kam es, dass eine russische Festungsanlage zum Namensgeber der im Ruhrgebiet erbauten Fördertürme – der »Malakowtürme« – wurde.

Abb. 36: Doppel-Malakowtürme der Schachtanlage Holland 1/2 nach der Stilllegung, 1997

HOLLAND war jedoch nicht die einzige mit Malakowtürmen ausgestattete Zeche: Einst gab es rund 130 im Ruhrgebiet, wovon heute jedoch nur noch 13 erhalten sind, die mittlerweile alle unter Denkmalschutz stehen. Der älteste noch vorhandene Turm findet sich in Bochum an der Zeche CAROLINENGLÜCK. Hier wurde schon im Jahre 1847 mit dem Abteufen begonnen. Ebenfalls besonders ist der Malakowturm der Zeche PROSPER 2 in Bottrop aus dem Jahr 1872, da es sich um den einzigen in ganz Europa handelt, bei dem auch das Fördergerüst erhalten ist. Doch wieso haben im ganzen Ruhrgebiet nur so wenige Industrieanlagen und Fördergerüste überdauert? Der Grund dafür ist ein wirtschaftlicher, war doch ein Großteil der hiesigen Zechengebäude in die Jahre und mittlerweile auch heruntergekommen. Die Aufrechterhaltung hätte in den meisten Fällen einen zu hohen Kostenfaktor dargestellt. Auch dem Doppel-Malakowturm der Zeche HOLLAND drohte der Verfall. Viele Jahre passierte nichts, die Backsteinmauern wurden marode. In den 1980er Jahren vermietete die *Montan Grundstücksgesellschaft* (MGG) des RAG-Konzerns schließlich das riesige Zechengrundstück an eine Elektro-Montage-Firma. Das Problem: Auch diese musste Konkurs anmelden und fand sich in einer langwierigen Abwicklung wieder, sodass das Zechengelände die ganze Zeit über nicht genutzt und damit auch nicht gepflegt werden konnte.

Zechenportrait »Nordstern« → S. 263

Die Zeche Holland

Abb. 37: (rechte Seite) *Heutiger Blick auf die ehemaligen Werksanlagen der Zeche Holland, 2007*

Neue Hoffnungen keimten erst nach Auslaufen des Mietvertrags auf, denn Stadt und MGG schienen sich um die alten Gebäude zu sorgen. So sollten die Malakowtürme in die Stiftung *Industriedenkmalpflege und Geschichtskultur* aufgenommen werden. Doch dazu bedurfte es eines guten Konzepts und einer Idee für die Nachnutzung. Der Bauunternehmer Wolfgang Werner hatte beides: Der selbsternannte »Zechenbaron«, so der Name seiner Firma, plante große, loftartige Wohnungen, ohne dabei die Charakteristik der Malakowtürme aufzuheben. Im Jahr 2006 wurde denn auch das Ergebnis präsentiert: Die Malakowtürme strahlten im neuen Glanz. Neben den Wohnungen entstanden zusätzlich Büroräume, ein Restaurant und sogar ein Weinhandel, die das Ensemble harmonisch ergänzen. So wandelte sich die Zeche HOLLAND vom wichtigen Arbeitgeber zum SchmuckstückÜckendorfs.

Gina Wösting studiert Geschichte und Germanistik im dritten Bachelorsemester an der WWU Münster.

Effizienz durch Innovation: Ökonomie und Technik im Ruhrbergbau
» *Henning Bovenkerk*

Wirtschaftliche Prosperität und Bankrott, Zechengründungen und -schließungen, Abteufen und Verfüllen – die Geschichte des Bergbaus in Gelsenkirchen erscheint als ein immerwährender Wechsel. Die Stadt hat Höhen und Tiefen eines Industriezweigs erlebt, der sie und die Mentalität ihrer Einwohner über anderthalb Jahrhunderte geprägt hat. Das stetige Hin und Her scheint dabei für jeden Bereich zu gelten – mit einer Ausnahme: Die technische Entwicklung des Bergbaus kennt seit ihrem Beginn nur eine Richtung. Immer produktiver und vor allem profitabler musste die Förderung und Verarbeitung werden. Nicht allein der Bergbau, sondern auch die Kohle verarbeitenden Folgeindustrien drehten durch neue Arbeitsmethoden und Rationalisierungen ständig an der Effizienzschraube. Und dies mit Konsequenzen, die unterschiedlicher nicht sein konnten: Auf der einen Seite brachte der technische Fortschritt verbesserte Arbeitsbedingungen und größere Arbeitssicherheit für die Kumpels über und unter Tage. Auf der anderen Seite führte er zu Entlassungen, die wiederum Arbeitslosigkeit, Existenzängste und Identitätskrisen zur Folge hatten.

Der Ruhrbergbau im ausgehenden 19. Jahrhundert

Eine der größten Triebfedern für technische Weiterentwicklungen waren die laufenden Kosten der Zechenbetriebe. Um die Wende vom 19. zum 20. Jahrhundert betrug der Arbeitskostenanteil noch etwa 75 Prozent der gesamten Produktionskosten. Dazu kamen immense Nebenkosten: Investitionen in Fördertürme, Schächte, Maschinen, dazu die Deckung von Bergschäden, die bei dem damals vorherrschenden Bruchbau fast unvermeidlich waren. Beim Bruchbau wird ein Spalt in das Kohleflöz getrieben, durch den die darüber liegende Kohle einbrechen soll und dann abtransportiert werden kann. Durch die wegbrechende Kohle kam es an der Erdoberfläche zu Landverschiebungen, die mit Schäden an Gebäuden für neue Kosten sorgten. Vor allem waren jedoch die Ausgaben für die Unfallversicherung im Bergbau aufgrund des erhöhten Risikos überdurchschnittlich hoch. Der Druck auf die Unternehmer, Kosten zu sparen, nahm dadurch stark zu. Bis zur Jahrhundertwende wurde die Arbeit fast ausschließlich von Hauern erbracht, die die Kohle mit Spitzhacke und bloßer Muskelkraft aus dem Fels schlugen oder, wenn die bergtechnischen Voraussetzungen dazu gegeben waren, Sprengstoff für den Abbau einsetzten. Dieses sogenannte »Schießen« der Kohle war besonders in den Anfängen des Kohleabbaus äußerst riskant, da zur Sprengung noch Schwarzpulver verwendet wurde. Mit der Verbreitung des Kieselgur-Dynamits ab den 1870er Jahren und schließlich durch die Erfindung der verschiedenen Sicherheitssprengstoffe barg dieses Abbauverfahren ein nicht mehr ganz so großes Gefahrenpotenzial. Der Hauer lud die hereingewonnene Kohle in die Förderwagen, die dann vom Gedingeschlepper abtransportiert wurden. Bei diesem Vorgehen arbeiteten pro Kohlenstoß zwischen vier und sechs Kumpel als Kameradschaft vor Ort. Da die Förderung somit hohen Personaleinsatz erforderte, waren mit dieser Arbeitsweise entsprechend hohe Lohnkosten verbunden, die die Zechenbetreiber beispielsweise durch das Nullen von Wagen oder eine Erhöhung des Gedinges, des bergmännischen Akkordes, zu decken versuchten. Das Nullen von Wagen bedeutete, dass ein Wagen, der mit unreiner Kohle oder Bergen geladen war, nicht in das Gedinge der Kumpel aufgenommen wurde, somit auch der Lohn für die Arbeiter gekürzt wurde. Die einzige Möglichkeit, die Fördermenge und damit die Produktion zu steigern, war die Erschließung von immer mehr Abbauorten. Technischen Entwicklungen, mit denen die Förderung unter Tage erhöht hätte werden können, standen die Zechenbarone im ausgehenden 19. Jahrhundert noch weitestgehend ablehnend gegenüber. Diese auf den ersten Blick unverständliche Ablehnung neuer Methoden und Maschinen ist auf die damit verbundenen hohen Anschaffungskosten zurückzuführen sowie auf eine allgemeine Skepsis vieler Zechenbesitzer, die ob der Effektivität und Zuverlässigkeit der neuen Arbeitsmittel Zweifel hegten.

Zaghafte Anfänge – die ersten Innovationen im Ruhrbergbau

Zu den wenigen trotz der mangelnden Innovationsfreude der Zechenbetreiber eingeführten Neuerungen zählt die Einführung von Grubenpferden, die die Arbeit unter Tage entscheidend verbessern sollten. Diese ersetzten, wo es möglich war, die Gedingeschlepper und lösten damit einerseits Beförderungsengpässe, die sich durch eine gesteigerte Förde-

Zechenportrait
»Hugo«
→ S. 251

rung bei gleichbleibendem Transportvolumen ergeben hatten. Andererseits ermöglichten sie den Grubenbesitzern erhebliche Lohneinsparungen. Die Grubenpferde beförderten ein Vielfaches dessen, was ein Gedingeschlepper zu transportieren in der Lage war, sie waren günstig im Unterhalt und benötigten alleine einen Pferdeführer. Bis zur Jahrhundertwende hatten sich die Grubenpferde bereits flächendeckend im Ruhrgebiet etabliert und hielten später lange Zeit selbst der Konkurrenz von Fließbändern und Seilbahnen, ja selbst dem Einsatz von Lokomotiven unter Tage stand. Die letzten Grubenpferde im Ruhrgebiet arbeiteten bis 1966, wobei das prominenteste Pferd wohl das Pferd *Tobias* der Zeche GENERAL BLUMENTHAL in Recklinghausen war, das mit großem Medieninteresse ›in den Ruhestand geschickt‹ wurde. Der Schimmel-Wallach *Seppel* musste auf der Zeche LOTHRINGEN in Bochum noch etwas länger seinen ›Dienst‹ unter Tage verrichten, bekam er doch erst zwei Monate später still und heimlich sein Gnadenbrot. An die Grubenpferde erinnern heute verschiedene Denkmäler: So zum Beispiel ein dem letzten Buerschen Grubenpferd *Alex* gewidmetes Denkmal am ehemaligen Bahnwärterhäuschen der Zeche HUGO in Beckhausen. Für die Errichtung des Denkmals und den Erhalt des Bahnwärterhäuschens kämpfte jahrelang Alfred Konter, den man in Beckhausen nur als »Don Alfredo« kennt. Nach der Schließung der Zeche HUGO im April 2000 sollte das Bahnwärterhäuschen abgerissen werden. Doch das ließ »Don Alfredo« nicht zu. Als ehemaliger Bediensteter der Hugo-Bahn wollte er nicht akzeptieren, dass das Bahnwärterhäuschen verschwinden sollte und startete eine regelrechte Kampagne für den Erhalt des Gebäudes. Nach langem Kampf, endlosen Gesprächen und Aufrufen in Radio und Fernsehen hatte es »Alfredo« 2008 dann geschafft: Der Regionalverband Ruhr kaufte das Häuschen und errichtete dort ein Industriedenkmal. Auch der »Don« blieb dem Häuschen treu und ist heute dessen Denkmalpfleger.

Die durch die neuen Transportmöglichkeiten gesteigerte Fördermenge führte in den 1880er Jahren jedoch zu einem bislang im Ruhrgebiet ungekannten Problem – dem der Überproduktion: Bei einer gleichbleibenden Nachfrage nach Kohle musste der Preis zwangsläufig fallen. Dies war Anlass für ein Umdenken der Zecheneigentümer und gleichzeitig Auslöser für die Entstehung eines eng verbundenen Industriesektors im Ruhrgebiet. Die Betriebsleitungen reagierten auf den sinkenden Kohlepreis, indem sie vor allem in die Aufbereitung und Veredelung der Kohle investierten. Mit der hochwertigeren Kohle sollte dem Preisverfall entgegengewirkt, die weiterhin steigenden Kosten gedeckt werden. Dazu wurde die weiterverarbeitende Industrie über Tage gezielt ausgebaut. Hier zeigten sich die unter Tage Innovationen eher abgeneigten Zecheneigentümer regelrecht experimentierfreudig. Die Anzahl der Wasch- und Separationsanlagen zur Sortierung der Kohle explodierte geradezu: waren 1880 noch 40 Einrichtungen in diesem Sektor aktiv, existierten anderthalb Jahrzehnte später bereits mehr als 120. Auch die Koksproduktion wurde intensiv ausgebaut. HOLLAND war 1883 die erste Zeche im Ruhrgebiet, die ihre Koksproduktion auf die aus Belgien stammenden Coppée-Koksöfen umstellte. Hier kam zum ersten Mal das Regenerativprinzip zu tragen: Bei dem neu entwickelten Verfahren wird das bei der Verkokung entstehende Koksgas in die Koksöfen zurückgeführt und verbrannt. Diese Neuerung führte zu einer effektiveren Nutzung der entstehenden Gase, zur Erhöhung der Prozesstemperatur in den Öfen und dadurch zu einer Verkürzung des Verkokungsprozesses. Nachfolgende Verbesserungen der Kokserzeugung konnten die Ausbringung und die Qualität des Koks noch weiter steigern. So entwickelte sich das Ruhrkoks zu einer festen Exportmarke des Ruhrgebiets – und das mit einigem Erfolg: Kurz nach der Jahrhundertwende stellten Ruhrkohle und -koks über 50 Prozent der jeweiligen Importe der Nachbarländer Belgien, Frankreich und der Niederlande. Die Verbesserung der Kokereibetriebe führte wiederum zu größeren Investitionen und zur Erforschung technischer Neuerungen in den angeschlossenen beziehungsweise kooperierenden Industriezweigen. So legte die erhöhte Ausfuhr an Nebenprodukten der Kokereibetriebe den Grundstein für die großen deutschen Chemiewerke, die daraus Soda, Dünger, Sprengstoffe und Ammoniak gewannen. Mit der gestiegenen Gasausbeute wurde im Ruhrgebiet die Teergewinnung und – eng damit verbunden – die Brikettfertigung erst rentabel. Des Weiteren wurde das Gas als Treibstoff für die eigenen Tages- oder zechennahen Industriebetriebe sowie als Heizmittel für die Bergarbeitersiedlungen verwendet. Die Vernetzung und Zusammenarbeit der Betriebe war so dicht und effektiv, dass selbst die Abfallkohle mit dem beim Abteufen gewonnenen Tonschiefer in den Ziegeleien gewinnbringend weiterverarbeitet werden konnte. Die Zechen wuchsen aus den Schächten unter Tage hinaus zu riesigen, vernetzten Industriekomplexen über Tage – heute nennt man dies Synergieeffekte.

Die rasche Errichtung immer neuer Betriebe schuf eine enorme Nachfrage an Arbeitskräften für das Ruhrgebiet. Viele der Zechenbetreiber mussten neue Arbeiter anwerben, waren aber zugleich darauf bedacht, ihre Stammbelegschaft zu halten, was endlich zu ersten Verbesserungen der sozialen Lage der Arbeiter über und unter Tage führte. Aus Angst, ihre Belegschaft an andere Zechen zu verlieren, machten sie Zugeständnisse in Form von Lohnerhöhungen und verbesserten Arbeitsbedingungen. Darüber hinaus investierten sie in zechennahe soziale Institutionen,

Abb. 38: *Kohlenhauer im Pfeilerbau (Ruhrgebiet), k. A.*

Zechenportraits
»Bergmannsglück«
→ S. 154
und »Wilhelmine
Victoria
→ S. 97

wie zum Beispiel Kindergärten oder Schulen, und errichteten verstärkt Wohnsiedlungen in unmittelbarer Nachbarschaft der Zeche. Das Alltagsleben sollte sich einfacher und attraktiver gestalten, die geschlossenen Siedlungen dienten aber auch der Kontrolle der Arbeiterschaft.

Tatsächlich kamen immer mehr Menschen nach Gelsenkirchen – aber selbst die beeindruckendsten Zuwanderungsraten konnten nicht mit dem schnellen Wachstum der Zechen- und Industriebetriebe mithalten: Bis ins 20. Jahrhundert hinein herrschte ein enormer Arbeitskräftemangel. Der rasche Bevölkerungsanstieg führte zu einer zunehmenden Besiedlung der zechennahen Gelände, die einen weiteren – bislang noch eher marginalen – Kostenfaktor im wahrsten Sinne des Wortes sichtbar werden ließ: Durch den immer noch betriebenen gefährlichen Bruchbau kam es infolge der dichteren Bebauung zu mehr und mehr Bergschä-

Abb. 39:
Langweg-Kettenbahn auf der 600 Meter-Sohle der Zeche Bergmannsglück, 1961

den, die wiederum von den verantwortlichen Zechen beglichen werden mussten. Um dieser Probleme Herr zu werden, begann die Entwicklung alternativer Abbauverfahren wie beispielsweise des Strebbaus oder des Pfeilerbaus mit Versatz. Beim Strebbau wird die Kohle auf breiter Front in Streifen, den sogenannten Streben, aus dem Flöz getrennt und der abgebaute Strebraum nach der Förderung mit Versatz wieder aufgefüllt. Der aufgefüllte Strebraum, der nach der Füllung als »Alter Mann« bezeichnet wird, stützt das Hangende. Beim Pfeilerbau (siehe Abb. 38) werden zwischen den Abbaustrecken Pfeiler aus Gestein stehen gelassen, die das Hangende stützen. Wenn die Förderung endet, wird auch hier der abgebaute Raum mit Versatz wieder aufgefüllt. Diese Abbaumethoden waren nicht nur sicherer, sondern verursachten auch weniger Bergschäden und ermöglichten zugleich eine höhere Förderungsleistung. Allerdings ließen diese neuen Verfahren auch ein Problem wieder virulent werden, das eigentlich gelöst zu sein schien: Sie benötigten aufgrund ihres größeren Abbauvolumens und dem erhöhten Bedarf an Ausbaumaterialien größere Transportkapazitäten. Dem Problem versuchten die Zechenbetreiber nun wiederum durch die Einstellung von mehr Gedingeschleppern und Grubenpferden entgegen zu wirken, stießen aber bald an die Grenzen der Wirtschaftlichkeit. Die Einführung mechanischer Fördersysteme war unumgänglich.

Beginnende Teilmechanisierung des Ruhrbergbaus

Es war der Zeche NORDSTERN in Horst vorbehalten 1889 als erste Zeche im Ruhrgebiet eine Kettenbahn in Betrieb zu nehmen. Vergleichbare Kettenbahnen wurden bereits zuvor in der Eisen- und Stahlindustrie eingesetzt und fanden von dort ihren Weg in die Stollen der Zechen: Schienengeführte, miteinander verbundene Loren, von einer Kette angetrieben, wurden von einer Turbine durch den Stollen gezogen. Offenbar konnte jedoch die angesetzte Erprobungsphase die Betreiber nicht überzeugen, stattdessen begannen diese nun mit durch Drucklufthaspeln angetriebenen Seilbahnen zu experimentieren, deren Einsatz sich letztlich bewähren sollte. Sie hatten gleich mehrere Vorteile: Zunächst einmal waren diese Seilbahnen ein probates Mittel, um den erhöhten Transportbedarf zu meistern, zugleich waren sie flexibler und zuverlässiger als alternative Transportarten. Darüber hinaus konnten die zum Antrieb benötigten Drucklufthaspeln problemlos auch unter Tage aufgebaut werden. Und noch ein weiterer Punkt spielte den Grubenbetreibern in die Karten: Sie waren deutlich günstiger als die durch sie ersetzten Gedingeschlepper und Grubenpferde. Benzinlokomotiven und Förderbänder wurden teilweise ebenfalls als neue Fördermittel eingesetzt, doch fanden sie, da die Bahnen das »Wetter« zu stark belasteten und die Förderbänder noch zu unzuverlässig waren, nur wenig Verbreitung. Mit »Wetter« wird die Luft, mit »Bewetterung« die künstliche Luftversorgung unter Tage bezeichnet. Arbeiter und Pferde wirken auf dieses ein, da sie Kohlendioxid produzieren, das kontinuierlich abgeführt werden muss, um die Arbeit in

Abb. 40:
Bergmann bei der Kohlengewinnung im Ruhrgebiet mit Pressluft-Abbauhammer, 1937

den Stollen nicht zu gefährden. Die durch die Seilbahnen verdrängten Gedingeschlepper und Pferdeführer fanden zumeist an den Seilbahnen neue Arbeitsplätze. Obendrein senkte die Reduzierung der eingesetzten Pferde unter Tage die Wetterbelastung, sodass mehr Arbeiter vor Ort beschäftigt werden konnten – einige frühere Schlepper fanden als Hauer eine neue Anstellung.

Die neuen Abbau- und Fördermethoden eröffneten schließlich die Möglichkeit einer Teilmechanisierung der eigentlichen Kohlegewinnung. Die neuen Verfahren boten die Sicherheit und den Platz, um Kohle mit maschineller Hilfe abzubauen; die neuen Fördermittel sorgten für einen fließenden Abtransport der erhöhten Fördermenge. So wurden nach der Jahrhundertwende in den Zechen des Ruhrgebiets Druckluft-Bohrer und, wo die bergtechnischen Voraussetzungen es erlaubten, Schrämmaschinen eingeführt. Die Arbeit mit dem Druckluft-Bohrer ersetzte jedoch ab 1910 nur langsam die Schießarbeit mit Sprengstoffen, obwohl sie deutliche Vorteile mit sich brachte: Die Verwendung von Bohrern war sicherer für die Hauer, da sie das Risiko von Kohlenstaub- und Schlagwetterexplosionen senkte und die Zahl der Unfälle durch Stein- und Kohlenfall verringerte. Das umliegende Gestein wurde nicht mehr durch die Explosionen erschüttert und brach daher seltener. Zusätzlich entfielen die Sprengstoffkosten ebenso wie die zwangsläufigen Zeitverluste nach dem Schießen, wenn die Arbeit unterbrochen werden musste, bis sich die Sprenggase verzogen hatten. Mit Hilfe der Schrämmaschinen wiederum wurde nun mechanisch ein Schram in den Flöz getrieben. Zuvor musste ein Hauer per Hand mit Schrämeisen und Fäustel eine dünne Spalte, den Schram, ins Flöz schlagen, über dem dann in einem zweiten Arbeitsschritt die Kohle abgeschlagen werden konnte. Dieser Prozess war nicht nur zeitintensiv, sondern setzte auch große Erfahrung beim Hauer voraus, da er zum Anlegen des Schrams das Gestein und sein Verhalten gut kennen musste. Die Schrämmaschinen konnten diesen Prozess in viel kürzerer Zeit und sicherer durchführen.

Trotz dieser offenkundigen Vorzüge blieb eine flächendeckende Verbreitung der neuen Maschinen im Ruhrgebiet vorerst aus: Die meisten Kohleflöze zwischen Rhein und Ruhr waren für den Einsatz von Schrämmaschinen ungeeignet. Sie waren zu weich, sodass sie beim Schrämen einbrachen, und zu steil, was einen profitablen Einsatz der Maschinen behinderte. Den Schlagbohrern wiederum standen die Hauer aufgrund befürchteter Gehaltskürzungen skeptisch gegenüber. Viele der Zechen waren zudem auf die neuen Arbeitswerkzeuge und -techniken strukturell noch gar nicht eingestellt. Bedingt durch den immer noch andauernden Arbeitskräftemangel waren ausgebildete Maschinenführer für die Schrämmaschinen rar, die bestehenden Druckluftnetze konnten zumeist noch nicht für eine durchgängige Versorgung mit Druckluft sorgen. Die Umstellung auf den elektrischen Betrieb unter Tage scheiterte nicht selten an Schwierigkeiten der Kabelführung. Daher wurden vor dem Ersten Weltkrieg noch weniger als 2,5 Prozent der Ruhrkohle mit Hilfe der neuen Maschinen gefördert.

Der Erste Weltkrieg – Ausbau des monoindustriellen Komplexes

Mit dem Ersten Weltkrieg wurde der Expansion der Zechen zunächst ein jähes Ende gesetzt. Als Folge der Mobilmachung fehlten Arbeiter, Absatzmärkte brachen weg. Im Falle des Ruhrgebiets stellte der Zusammenbruch des Eisenbahnnetzes zu Kriegsbeginn ein weiteres Problem dar. Die

Zechen mussten Produktionseinbußen hinnehmen und versuchten durch verschiedene Maßnahmen, wie zum Beispiel Arbeitszeitverlängerungen oder der Einstellung von Jugendlichen, das Förderniveau zu halten. Die verlorenen Absatzmärkte wurden dagegen teilweise über den Krieg selbst kompensiert: Die Umstellung auf die Kriegswirtschaft begünstigte den Ausbau Kohle verarbeitender Industrie und erhöhte den Bedarf an Kohle als Energieträger, den die Zechen jedoch nur teilweise decken konnten. Die Eisen-, Maschinenbau- und Rüstungsindustrie des Ruhrgebiets entwickelte sich zu Kriegsbeginn schnell zu einem der größten Abnehmer der Kohle – mit stetig wachsendem Bedarf. Auch die Verarbeitung der Kohle zu Koks war besonders gefragt, war die chemische Industrie doch zur Produktion von Sprengstoffen, Leuchtmitteln und Treibstoffen auf das bei der Verkokung entstehende Gas angewiesen. Die Reichsregierung subventionierte daher den Ausbau der Kokereien und die Produktion von Koks weit über den eigenen Bedarf hinaus, allein damit mehr Gasmengen für die Industrie zur Verfügung standen. Doch nicht nur die Kokereibetriebe, sondern auch die Ammoniak-, Salpeter-, Schwefel- und Benzolbetriebe sowie Kohlekraftwerke wurden während des Krieges stark ausgebaut. Eine Folge davon war die Fokussierung auf den Ausbau der nördlichen Zechen und Betriebe, da vor allem diese die für die chemische Produktion benötigte Fettkohle förderten und verarbeiteten. Die Magerkohlezechen im südlichen Ruhrgebiet wurden dagegen vernachlässigt und sollten am Ende des Krieges so weit heruntergekommen sein, dass ihre Stilllegung in der Nachkriegszeit vorprogrammiert war.

Infolge des Ersten Weltkrieges hatten sich im Ruhrgebiet große montanindustrielle Komplexe entwickelt: Der größte Teil der Industriebetriebe war direkt oder indirekt von der Ruhrkohle abhängig. Eine Spezialisierung auf die Kohleindustrie hatte es zwar schon vor dem Krieg gegeben, aber in dessen Verlauf hatte sich dieser Prozess gefährlich zugespitzt. Viele Industriezweige, die auf Kohle angewiesen waren oder diese weiterverarbeiteten, wie die Eisen- und Stahlindustrie, Chemiewerke und Maschinenfabriken, verdrängten andere Industriezweige. Zwar führte der Boom der Kohleindustrie zunächst zu stetig wachsenden Absatzzahlen für die Ruhrkohle, er machte das Ruhrgebiet allerdings auch abhängig von Montankonjunkturen. Nach dem Krieg sah sich die Kohle- und Schwerindustrie schnell mit zweierlei Schwierigkeiten konfrontiert: dem Umbau der Kriegswirtschaft auf zivile Anforderungen und dem Wiederaufbau beziehungsweise versäumten Ausbau der Zechen. Versorgungsknappheit an Betriebsmaterialien, Lieferengpässe bei Großmaschinen und andere Probleme sollten diese Vorhaben indes behindern. Aus ihnen resultierte geradezu eine Umkehrung des gerade erst begonnenen Mechanisierungs-

Zechenportrait »Scholven« → S. 165

prozesses; HIBERNIA war sicherlich nicht die einzige Zeche, die, da die nötigen Reparaturmaterialien für einen defekten Druckluftkompressor nicht aufzutreiben waren, zur Nutzung von Grubenpferden zurückkehrte. Durch den sinkenden Mechanisierungsgrad mussten wiederum mehr Arbeiter eingestellt werden und die Zahl der Beschäftigten im Ruhrbergbau stieg an: Auf ihrem Höchststand 1922 erreichte sie fast 600.000. Die nicht zuletzt auf die herrschende Lebensmittelknappheit zurückzuführende schlechte Verfassung der Arbeiter führte jedoch zwangsläufig zu einem Rückgang der Fördermenge und damit zu finanziellen Einbußen der Zechenbetreiber. Die zum Wiederaufbau der sich im Niedergang befindlichen Kohleindustrie notwendigen Geldmittel konnten nicht erwirtschaftet werden.

Nach Kriegsende verschärfte sich die Inflation. Die Zechenarbeiter machten ihrem Unmut über die verschlechterten Arbeits- und Lebensbedingungen in Form von Streiks Luft, um ihren Forderungen nach Lösungen für die sozialen Probleme Nachdruck zu verleihen. Sie forderten Lohnerhöhungen, bessere Lebensmittelversorgung und kürzere Arbeitszeiten. Die Demonstrationen, Streiks und teilweise kämpferischen Auseinandersetzungen führten auch zu erheblichen Produktionsausfällen. Ab Anfang der 1920er Jahre begannen die Zechenbetreiber mit der Modernisierung ihrer Betriebe. Sie konzentrierten sich auf drei Schwerpunkte: Erhöhung der Fördermenge durch größere Belegschaften, Nachholen der vernachlässigten Reparatur- und Ausbauarbeiten und Erneuerung der Energieanlagen als Grundlage für den Ausbau der mechanischen Förderung unter Tage. Den Unternehmern kam dabei, anders als den Arbeitnehmern, die mittlerweile galoppierende Inflation zugute. So konnten Schulden schnell abgebaut, Steuern gespart und Kosten für Sozialabgaben gesenkt werden. Das ermöglichte letztlich den Mechanisierungsschub der 1920er Jahre.

Zechenportraits
»Alma«
→ S. 109
und »Nordstern«
→ S. 263

Die Zwischenkriegszeit – eine kurze Hochphase

Die erste Hälfte der 1920er Jahre war gleichzeitig durch zwei Ereignisse geprägt: Die Besetzung des Ruhrgebiets durch Frankreich und Belgien zwischen 1923 und 1925 sowie die großen Bergarbeiterstreiks 1926 in England. Erstere war die Folge ausbleibender Reparationszahlungen an die alliierten Siegermächte: Als die Weimarer Republik 1923 mit den Zahlungen in Verzug geriet, reagierten die Siegermächte unter der Führung Frankreichs mit der Besetzung des Ruhrgebiets. Sie sollte den Forderungen nach Reparationsleistungen Nachdruck verleihen und gleichzeitig als Sicherheit für die ausbleibenden Zahlungen dienen. Die Regierung

Abb. 41:
Sechs Bergleute
mit Gezähe unter
Tage, 1920er Jahre

in Berlin rief darauf alle zum passiven Widerstand auf: Ein Generalstreik legte den Großteil der Wirtschaft lahm, die Kohleproduktion stand still. Auf kurze Sicht konnte die konzertierte Aktion von Zechenherren und Arbeiterschaft als Erfolg gegen die Besatzer gewertet werden, in einem größeren zeitlichen Rahmen betrachtet brachte der Streik dem Ruhrgebiet jedoch mehr Schaden als Nutzen. Die ausbleibende Förderung eröffnete anderen Energieträgern, insbesondere dem Erdöl und der heimischen Braunkohle des Niederrheins, die Möglichkeit, sich auf dem Markt zu etablieren. Das Ende der Kohle als Monopolenergieträger hatte begonnen. Doch vorerst sollte dieses noch einmal durch eine Hochphase der Ruhrkohle kaschiert werden – was wiederum mit den Ereignissen auf der anderen Seite des Kanals zu tun hatte.

1926 begannen die britischen Bergarbeiter einen so noch nie dagewesenen Streik, der tiefgreifende Auswirkungen auf die Industrie im Ruhrgebiet haben sollte. Über mehrere Monate hinweg legte er fast die gesamte Kohleförderung Großbritanniens lahm, was zu einer drastischen Umwälzung der Kohlemärkte Europas führte. Quasi über Nacht gewann die deutsche Kohle riesige Absatzmärkte für sich. Im Inland wurden absatzstarke Gebiete wie Hamburg und Berlin übernommen, in Nordwesteuropa füllte die Ruhrkohle die entstandenen Marktlücken. Besonders auf den skandinavischen Märkten, die vor dem Streik fast vollständig von Großbritannien dominiert worden waren, gewann die deutsche Kohle nachhaltig Einfluss: Fast die Hälfte der Kohleimporte stammte nun aus den Kohlefeldern der Weimarer Republik. Der Kohleexport insgesamt konnte im Vergleich zum Vorjahr verdoppelt werden. Umso einschneidender wirkte sich das Ende des Streiks im November 1926 und das Wiedererscheinen der britischen Kohle auf den Märkten aus. Der Absatzboom verschwand fast genauso schnell wie er gekommen war. Die deutschen Zechenbetreiber aber hatten die Zeit während des enormen Aufschwungs nicht untätig verstreichen lassen: Gewarnt durch die Entwicklung nach der Ruhrbesetzung und die stärker werdende Konkurrenz alternativer Energieträger hatten sie die Zeit der kurzen Hochkonjunktur genutzt, um mit Spar- und Rationalisierungsmaßnahmen zu experimentieren. Diese wurden in der auf den Boom folgenden Rezession konsequent durchgesetzt. Die Betriebe der Montan- und Schwerindustrie wurden vergrößert und konzentriert: Fabriken und Grubenfelder wurden zusammengelegt, die Anlagen für Aufbereitung, Strom- und Drucklufterzeugung zusammengefasst, nicht *mehr* sondern *größere* Betriebe entstanden. Die Vorteile dieser Umstrukturierungen sind leicht zu benennen: Sie führten zu einer besseren Auslastung der Betriebe, machten die Verwaltung effektiver. Darüber hinaus setzte sich nun die Verwendung standardisierter Ausbauteile und Spurweiten in den Grubenbahnen durch, sodass diese flexibler eingesetzt, die Bauteile selbst wiederverwendet werden konnten. Doch die Schattenseiten dieser Entwicklung zeigten sich nicht minder schnell: Kleinzechen und Kleinbetriebe waren nicht mehr rentabel und mussten geschlossen werden. Weitere Arbeitsplätze fielen durch die Zusammenführung der Betriebe weg. Innerhalb weniger Jahre verlor fast ein Drittel der Arbeitnehmer des Ruhrbergbaus ihren Arbeitsplatz, knapp 35.000 Menschen waren schon 1926 arbeitsuchend.

Zechenportrait »Alma« → S. 109

Für die Zecheneigentümer ergaben sich dadurch weitere Möglichkeiten, Kosten zu sparen und die Produktivität zu steigern. Durch den nun entstehenden Arbeitsmarkt konnte ungelerntes Personal leichter entlassen und durch jüngere, besser ausgebildete Facharbeiter ersetzt werden. Zugleich nahmen die Beschäftigten – die Angst vor der Arbeitslosigkeit im Nacken – Lohnsenkungen und verlängerte Arbeitszeiten ohne Aufbegehren hin. Für die entlassenen Arbeiter war die Situation fatal: Die meisten waren zu alt oder schlecht ausgebildet, um rasch eine neue Anstellung zu finden und blieben auf längere Zeit arbeitslos. Jetzt zeigte sich eine folgenschwere Schwäche des Ruhrbergbaus. Durch die Konzentration auf die Kohleförderung sowie die Montan- und Schwerindustrie waren andere Industriezweige, die überschüssige Arbeitskräfte hätten auffangen können, kaum vorhanden. Dieses Defizit zeigte sich in einer historischen Wendemarke: Das erste Mal seit den 1880er Jahren gab es im Ruhrgebiet mehr Arbeiter als Arbeitsplätze.

Die beschriebenen Synergieeffekte der Betriebszusammenlegungen und Rationalisierungen, die damit verknüpfte Verjüngung der Belegschaften, die zugleich besser ausgebildet waren, sowie die Verbesserung der elektrischen Versorgungsnetze bildeten schließlich die Grundlage für den Durchbruch der Mechanisierung unter Tage. Elektrische Förderbänder ersetzten Seil- und Kettenbahnen, Elektroloks lösten Diesel- und Druckluftlokomotiven ab und elektrische Abbauhämmer und Schrämmaschinen wurden flächendeckend eingeführt. Der Anteil der Abbauhämmer und Schrämmaschinen stieg dabei besonders stark von unter zehn Prozent im Jahre 1920 auf über 80 Prozent ein Jahrzehnt später. Gleichzeitig konnte die Fördermenge trotz der Schließung von beinahe zwei Dritteln der Betriebspunkte durch eine erhöhte Förderleistung der Hauer mit den neuen technischen Verbesserungen gehalten werden.

Während all dieser Modifikationen hatte sich an der riskanten Arbeit unter Tage nichts verändert. Trotz der eingeführten Sicherheitsvorschriften und der Verbesserung der Arbeitswerkzeuge kam es immer wieder zu Unfällen durch Steinfall, Grubenbrand oder Schlagwetterexplosionen. Um mehr Sicherheit für die Kumpel unter Tage zu erreichen, wurde 1928 die nicht mehr profitable Zeche HIBERNIA zur Versuchsgrube umgebaut, die 1925 aufgrund von Lagerstättenschließungen aufgegeben worden war. Auslöser für diese Entwicklung war das Grubenunglück der Zeche MINISTER STEIN in Dortmund am 11. Februar 1925, auf der in Folge einer Schlagwetterexplosion 136 Bergleute ums Leben kamen. Forderungen nach mehr Sicherheit der Bergleute wurden lauter. 1927 wurde daher eine Versuchsgrubengesellschaft gebildet, die mit der Suche nach einer geeigneten Zeche beauftragt und mit HIBERNIA in Gelsenkirchen fündig wurde. Durch die dort bestehenden hohen Methangaswerte, die eine erhöhte Gefahr für Schlagwetterexplosionen barg, war sie als Versuchsgrube besonders geeignet. In der Versuchsgrube wurden verschiedenste Sicherheitsprobleme erforscht: Grubenbrände, Schlagwetter- und Kohlenstaubexplosionen, Seilbrüche, Steinfall oder neue Sprengstoffe. Versuchsgruben gab es zwar schon zuvor, doch war die Versuchsgrube HIBERNIA zu ihrer Zeit die größte und fortschrittlichste. Der enorme Mechanisierungsschub in der Zwischenkriegszeit wurde von einer großen Verbesserung der Arbeitssicherheit begleitet.

Zechenportrait »Hibernia« → S. 41

Neue Zeiten, alte Fehler – der Zweite Weltkrieg

Mit der Weltwirtschaftskrise und der folgenden Machtübernahme der Nationalsozialisten wurde den Entwicklungen der 1920er Jahre bald ein Ende gesetzt. Der Vierjahresplan der NS-Regierung, der das Reich schnellstmöglich »kriegsfähig« machen sollte, stoppte alle Investitionen in technische Verbesserungen unter Tage. Die Führung unter Hitler war an schnell durchführbaren, kurzfristigen Produktionssteigerungen interessiert – und diese ließen keinen Spielraum für derartige Optimierungen. Daneben lassen sich Produktionssteigerungen im Bergbau nicht so ohne Weiteres erzielen, da sich hier Investitionen erst nach mehreren Jahren auszahlen. Viel mehr offenbarte sich ein Trend, der sich bereits im Ersten Weltkrieg gezeigt hatte: Die Kohleveredelung, vor allem die Benzol-, Ammoniak- und Benzinindustrie, erhielt den Vorrang für kapitalschwere Investitionen. Den Zechenbetreibern des Ruhrgebiets wurden dagegen Investitionen in neue Maschinen noch erschwert, da die Reichsregierung die Kohlepreise einfror und damit die Gewinnmarge der Zechen reduzierte. Mit Kriegsbeginn 1939 kam ein weiteres Problem hinzu, dass ebenfalls bereits aus der Zeit 1914 bis 1918 bekannt war: Die Zechen verloren ihre Facharbeiter an die staatlich geförderte Nachbarindustrie sowie durch die Einziehung zur Wehrmacht. Dieser Arbeitskräftemangel sollte durch Kriegsversehrte und Zwangsarbeiter kompensiert werden – mit zweifelhaftem Erfolg. Gegen Ende des Krieges setzten sich fast die Hälfte aller Hauer unter Tage aus diesen Gruppierungen zusammen: Bis zu 120.000 Kriegsgefangene und Zwangsarbeiter leisteten in den Schächten des Ruhrgebiets Zwangsarbeit. Nicht an den Maschinen ausgebildet, waren die Arbeiter auch nicht dazu in der Lage, sie zu bedienen; in Konsequenz wurden einfach mehr Arbeiter benötigt, um die gleiche Menge an Kohle zu fördern. Einerseits stiegen dadurch die Kosten wieder an, andererseits verfielen mit der Zeit die angeschafften Maschinen, da diese weder benutzt noch gepflegt wurden. Die Zechen entwickelten sich technisch zurück. Daher ist für das Ende des Zweiten Weltkrieges ein niedrigerer Mechanisierungsgrad als zu dessen Beginn zu verzeichnen. Der Krieg selbst richtete an den Schächten unter Tage, im Gegensatz zu den überirdischen Betrieben, zwar nur wenige Zerstörungen an, doch der wirtschaftliche Schaden war ungleich größer.

Nach dem Ende des Zweiten Weltkrieges gelangten die Zechen des Ruhrgebiets unter die Kontrolle der von der britischen Besatzungsmacht gegründeten *North German Coal Control*. Die Alliierten beschlagnahmten und übernahmen mit ihr die Kontrolle über alle Zechen des Ruhrgebiets und kontrollierten damit die für den Aufbau wichtige Montan-

Zechenportrait
»Scholven«
→ S. 165

industrie. Die NGCC hatte zu Beginn mit drei großen Problemen zu kämpfen, die jedoch schnell bewältigt werden konnten: die Lebensmittelversorgung der Bergmänner, die Steigerung der Förderung sowie der Wiederaufbau des Verkehrssystems. Die Lebensmittelversorgung war schon wenige Jahre nach Kriegsende für die Bergmänner kein Problem mehr – Besatzungsmächte und ausländische Hilfsorganisationen konnten die Grundversorgung größtenteils sicherstellen. Durch die besondere Bedeutung, die der Kohle beim Wiederaufbau zugeschrieben wurde, erhielten die Bergmänner den Vorzug bei der Nahrungsmittelverteilung. Den Verantwortlichen war klar, dass allein gut versorgte Kumpel dazu in der Lage wären, die Kohleförderung zu steigern. Die Männer unter Tage bekamen daher mehr Nahrungsmittel als andere Bevölkerungsschichten und waren bald nach Kriegsende der bestversorgte Bevölkerungsteil des Ruhrgebiets. Die erzielte Förderungssteigerung war jedoch eher minimal. Erst durch die Wiederinstandsetzung der Zechen und die Anwerbung von mehr Arbeitskräften konnten die Abbauziffern und -raten wesentlich erhöht werden.

Mit dem Wiederaufbau der Infrastruktur ab 1947 und den verbesserten Transportmöglichkeiten entwickelte sich die Kohleindustrie zum Zugpferd des sogenannten »Wirtschaftswunders« in der Nachkriegszeit: Durch das Erstarken der Ruhrkohleindustrie konnte der Kohlenmangel gedämpft werden; waren die Engpässe erst einmal behoben, waren auch die anderen Industriezweige wieder in der Lage, ihrerseits die Produktionszahlen zu maximieren und damit den Aufbau voranzutreiben. Der erneute Aufstieg der Ruhrkohle ab 1947, federführend von der *Deutschen Kohlebergbau-Leitung* organisiert, die die NGCC ablöste und die Zechen zurück in die Hände der eigentlichen Zecheneigentümer überführte, hatte auch eine Schattenseite, vergrößerten sich doch so die altbekannten wirtschaftlichen, sozialen und infrastrukturellen Probleme. So verursachte zum Beispiel die kurzfristige Vergrößerung der Belegschaften neben dem üblichen Kostenanstieg auch einen Wohnungsmangel in den Städten, zogen Betriebe doch zahlreiche Arbeiter und deren Familien ins Ruhrgebiet. Da viele der neuen Arbeiter ungelernt waren, sank der Qualifikationsgrad der Belegschaften einmal mehr drastisch. Die Arbeiter waren zwar gut mit Lebensmitteln versorgt, doch hatte sich die Demechanisierung während des Krieges schlecht auf die Arbeitsbedingungen ausgewirkt, sodass viele Bergmänner gesundheitliche Probleme bekamen und sich die Unfallquote, teilweise auch der schlechten Ausbildung geschuldet, erhöhte. Eine Verbesserung der Verhältnisse war nicht in Sicht, da die technische Mechanisierung der Zechen stagnierte. Den Betrieben fehlte es schlicht an Geld, um diese umzusetzen. Die Ruhrkohle

»Die Frauen der Bergarbeiter«
→ S. 131

fiel aufgrund dieser Mängel im internationalen Vergleich, trotz staatlicher Förderung, hinter andere Kohle produzierende Länder wie beispielsweise die USA zurück. Das größte Problem war jedoch infrastruktureller Art und sollte sich erst einige Jahre später zeigen. Die Bundesregierung förderte die Kohleindustrie mit großen Subventionen und Zuschüssen, da sie als der wichtigste Wachstumsmotor nach dem Krieg galt. So erhielt die herrschende Kohle- und Montanindustrie des Ruhrgebiets, die während der Weltkriege bereits enorm ausgebaut wurde, einen weiteren Schub. Später wurde für diese Entwicklung der Begriff des »Wiederaufbauopfers« verwendet: Die Bundesregierung wollte schnell das Ruhrgebiet aufbauen, doch wurden dabei sämtliche Entwicklungen und Erfahrungen der vergangenen Jahrzehnte missachtet. Maßnahmen wie beispielsweise eine Zuzugsperre für Arbeitskräfte, die nicht in der Montanindustrie arbeiteten, sorgten zwar für einen Zuwachs an Facharbeitern in der Montanindustrie, verursachten aber zugleich eine Abwanderung anderer Industriezweige, da sie keine neuen Arbeiter einstellen konnten. Das Ruhrgebiet drohte auf eine monostrukturelle Pfadabhängigkeit zuzusteuern.

Die Krisen der Kohleindustrie

Bald häuften sich die Probleme. Die einheimische Kohleproduktion war nicht im Stande, den aufkommenden Energiebedarf des einsetzenden deutschen Wirtschaftswunders zu decken. Die Kohleknappheit führte zu verschiedenen Maßnahmen: In den Nächten wurden Stromsperrstunden für Privathaushalte eingeführt, Wirtschaftsunternehmen mussten ihre Produktion auf drei Viertel des eigentlichen Volumens zurückfahren, der Reisezugverkehr wurde eingeschränkt. Erst in den folgenden Jahren konnte die deutsche Kohleindustrie mit Hilfe von US-Importen und der Verlagerung der Industrie auf die heimische Braunkohle diese Krise beenden. Für die Ruhrkohle hatte die kurze Krise gegensätzliche, aber verheerende Auswirkungen: Auf der einen Seite konnten dadurch erneut beträchtliche staatliche Investitionssummen für den Kohleabbau gewonnen werden, die letztlich eine trügerische Sicherheit suggerierten. Auf der anderen Seite konnte sich, diesmal nachhaltiger als in den 1920er Jahren, ein alternativer Energieträger auf dem Markt etablieren: Das Erdöl begann die Kohle teilweise zu verdrängen. Doch vorerst führten die neuen Investitionshilfen zu einer neuen Expansionsphase der Kohle: Die Kohleindustrie erholte sich und befand sich 1956 in einem enormen Aufschwung. Die Rationalisierungs- und Mechanisierungsmaßnahmen griffen, die Produktion war ausgelastet, die Zechen nahezu schuldenfrei und es bestand trotz allem noch Bedarf an neuen Arbeitern. Die Kohleindustrie schien auf einem sicheren Weg in die Zukunft zu sein.

Umso härter wurde sie bereits ab 1958 von der beginnenden Kohlekrise getroffen. Die Zechen hatten trotz sinkender Absatzzahlen die Preise für die Kohle weiter erhöht, um an dem – wie sie erwarteten – weiterhin durch die Kohle gedeckten Energiemarkt größere Gewinne zu erzielen. Aber Importkohle aus den USA drängte ebenso wie Erdöl weiter unaufhaltsam auf den Markt. Die Zechenbetreiber, blind für die Gefahr konkurrierender Produkte, bereiteten ihre Unternehmen jedoch nicht auf die im Grunde absehbare Wende auf dem Energiemarkt vor, sondern planten stattdessen den Ausbau ihrer Betriebe. Doch das Ende des Suezkrieges und die damit verbundene Öffnung des Suezkanals ließ nun Erdöl aus dem Persischen Golf in Strömen nach Europa fließen – nicht zuletzt auch aufgrund der niedrigeren Transportkosten etablierte sich Öl mittelfristig als Hauptenergieträger. Die Entwicklung wurde dadurch verstärkt, dass die Bundesrepublik Deutschland als eines der wenigen zentralen Ölimport-Länder die Einfuhrmengen nicht beschränkt hatte. Andere wichtige Abnehmer des Öls wie Großbritannien, Frankreich und die USA begrenzten dagegen die Ölimporte, sodass Deutschland und sein Freihandel ein lohnendes Ziel der Ölkonzerne war. Daneben unterstützte die Bundesrepublik den Preiskampf der Ölkonzerne, indem sie die Mineralölsteuer für Heizöl und den Mineralölzoll aufhob. Die Industrie in Deutschland begrüßte diese Maßnahmen, da sie dadurch einen günstigen, vielseitig einsetzbaren Energieträger erhielt, und stellte schnell die Produktion auf Öl um.

Infolgedessen kam es 1958 im Ruhrbergbau zu einer ersten Entlassungswelle, einer starken Erhöhung der Feierschichten und Lohnausfällen in zweifacher Millionenhöhe. Die Gründe dafür, dass die Krise nicht schneller bekämpft wurde, waren unterschiedlicher Natur. Zu Beginn sah die Politik wenig Handlungsbedarf, da sie die Krise als eine reine Konjunkturschwäche deutete, die Notwendigkeit für staatliche Interventionen nicht gegeben schien. Dieser Meinung waren auch viele Bergbauunternehmen. Nur wenige Fachleute erkannten das wahre Ausmaß der Notlage. Daneben fehlten den Zechenbetreibern im Verlauf der Krise die organisatorischen Voraussetzungen, um eine durchsetzungsfähige Interessenvertretung gegenüber dem Staat zu bilden oder ein gemeinsames Konzept zur Rettung der Zechen aufzustellen. Von staatlicher Seite kam aufgrund der neuen Wirtschaftspolitik des *laissez-faire* wenig Hilfe – somit waren die Zechen des Ruhrgebiets mit ihren Problemen größtenteils auf sich allein gestellt. Die nun rasch realisierten Maßnahmen wie die Bildung eines Absatz- und Rationalisierungssyndikats der Ruhrgebietszechen sowie die Bereitstellung staatlicher finanzieller Zuschüsse konnten die Krise nicht stoppen: Mehr als die Hälfte der Zechen fuhren Verluste ein, 27 Ruhrzechen wurden bis Ende 1958 stillgelegt. In Gelsenkirchen schlossen bis 1963 die Zechen WILHEMINE VICTORIA, BERGMANNSGLÜCK und SCHOLVEN.

Die Arbeitslosenzahlen stiegen, viele Bergmänner verloren ihre Arbeit. Zu den arbeitslosen Bergmännern kamen die Arbeitslosen der Stahl- und Montanindustrie, die in eine starke Konjunkturkrise geriet und aufgrund des kleiner werdenden Absatzmarktes die Situation der Kohleindustrie noch weiter verschärfte. Die vormals sicheren Arbeitsplätze in beiden Industriezweigen verschwanden rasend schnell; für die vorher gutbezahlten Bergmänner bedeutete das einen finanziellen und sozialen Abstieg. Gelsenkirchen traf es besonders hart. Nachdem auch noch die modernen Großzechen GRAF BISMARCK und DAHLBUSCH ihre Tore schlossen, halbierte sich die Zahl der Bergarbeiter innerhalb von zwei Jahren bis 1967 auf 28.000. Zehntausende Arbeiter verließen Gelsenkirchen, die anderen blieben arbeits- und hoffnungslos zurück. Auf eine freie Stelle kamen acht Arbeitslose. Die Krise war dabei nicht allein auf die Bergmänner beschränkt: Grundstücke lagen brach, Stadtviertel verwaisten, die Jugendarbeitslosigkeit nahm zu. Die noch beschäftigten Bergmänner kämpften mit Protesten und Mahnwachen um ihre gefährdeten Arbeitsplätze.

Zechenportrait »Graf Bismarck« → S. 220

Indes erreichte die Mechanisierung der Ruhrzechen einen neuen Höhepunkt. Technische Verbesserungen und Rationalisierungsmaßnahmen gingen Hand in Hand und wurden trotz – oder gerade wegen – der Krise weiter verfolgt. Diese Entwicklung hatte bereits in der kurzen Hochphase in den 1950er Jahren begonnen, später sollte der Rationalisierungseffekt zum Motor technischer Neuerungen werden. Im Ruhrgebiet setzten sich ab Mitte der 1950er Jahre Schrämmaschinen und Kohlenhobel endgültig als Gewinnungsmaschinen durch. Die verwendeten Kohlenhobel schälten die Kohle automatisch aus dem Flöz, an dem mehrere Meißel, die auf einem schlittenartigen Unterbau montiert waren, mit einer Kette entlang gezogen wurden. Gleichzeitig wurde die abgebaute Kohle auf Kettenkratzförderer geladen und abtransportiert. Kohlenhobel wurden jedoch nur bei Flözen mit kleinerer Mächtigkeit eingesetzt, bei mächtigeren kamen Schrämmaschinen zum Einsatz. Die alten Schrämmaschinen wurden in dieser Zeit weiterentwickelt und schrämten und verluden die Kohle jetzt automatisch, sodass der Abbauprozess effektiver und schneller vollzogen werden konnte. Positive Auswirkungen hatte diese Entwicklung vor allem für die Zechenbesitzer: Die Produktion konnte erhöht, die Betriebskosten gesenkt werden. Da durch die Einführung dieser Maschinen weitere Arbeitsplätze eingespart wurden, verschärften sie die prekäre Situation der Bergmänner noch mehr.

Als die Probleme im Ruhrgebiet immer größere Ausmaße annahmen, führten Regierung und Vertreter der Kohleindustrie nach den Wahlen von 1966 vermehrt Gespräche. Diese »Kohlegespräche« gipfelten 1967 in einem *Drei-Phasen-Programm zur Gesundung und Anpassung des deutschen Steinkohlebergbaus.* Damit sollte die Kohleförderung auf ein Niveau gebracht werden, das stabile Absatzzahlen am Markt sicherte und weitere Zechenschließungen ausschloss. Zwar erwirkten die »Kohlegespräche« – beispielsweise mit staatlichen Lohnauszahlungen bei Feierschichten – einige Verbesserungen für die Bergmänner, die finanziellen Probleme der Zechen lösten sie indes nicht.

Einheitsgesellschaft

Schließlich entschlossen sich die Zechengesellschaften des Ruhrgebiets, eine Gesamtgesellschaft ins Leben zu rufen. Die Verhandlungen dazu begannen im Juni 1968, gegründet wurde die Gesellschaft von 22 Zechenbetrieben 1969. Mit der Unterzeichnung des »Grundvertrags« durch die meisten verbliebenen Zechengesellschaften Ende desselben Jahres besaß die Gesellschaft einen Anteil von fast 95 Prozent der Kohleproduktionsleistung des Ruhrreviers: Die *Ruhrkohle AG* (RAG) war entstanden. Die Aufgabe der RAG – die desaströse Situation des Ruhrbergbaus wieder zu verbessern – war im Grunde von Anfang an nicht zu realisieren. Der finanzielle Druck und die riesigen Kosten waren einfach zu groß, der Zustand der Zechen zu schlecht und die Absatzprobleme der Kohle zu gravierend. Dennoch erzielte die RAG Anfang der 1970er Jahre durch ein straffes Programm von Zusammenlegungen, technischen Innovationen, Rationalisierungen und der Nutzung von Synergieeffekten einige Erfolge. Die Kohlekrise wurde eingedämmt, die Bergmänner erhielten bei Verlust ihrer Jobs finanzielle Absicherungen: Mit Hilfe staatlicher Subventionen konnten schlimmere Auswirkungen für die Kohleindustrie im Ruhrgebiet verhindert werden. Die Gründung der RAG hatte die Voraussetzungen für einen kontrollierten und sozialverträglichen Rückbau der Kohleindustrie geschaffen, denn trotz aller Bemühungen wurde langsam allen Beteiligten klar, dass ein konkurrenzfähiger Kohleabbau in Deutschland nicht mehr möglich war. Die Übersee-Kohle aus den USA, Australien und vermehrt auch aus China war einfach billiger. Selbst während der Ölkrisen in den 1970er Jahren, in denen kurzzeitige Absatzsteigerungen

Zechenportrait »Westerholt« → S. 211

Abb. 42: *Bergmann in den Schachtanlagen der Zeche Consolidation/Pluto, 1970*

erzielt werden konnten, gab man sich kaum noch Illusionen hin. Mehr und mehr Zechen mussten geschlossen werden, die große Zeit der Steinkohle war vorbei.

Die technischen Verbesserungen des Kohleabbaus setzten dagegen ungemindert ihren Weg fort: Ab den 1970er Jahren wurde der hydraulische Schildausbau eingeführt. Vorher wurden die Strebe durch von den Bergmännern aufgestellte Stempel gesichert: Stützen, die das Hangende vor dem Einbrechen sicherten. Diese Arbeit wurde nun von automatischen, hydraulischen Schilden verrichtet, die einen zügigeren und effektiveren Abbau zuließen, da sie schneller bewegt werden konnten und die Abbaufläche größer war. Die neue Technik war so erfolgreich, dass innerhalb von 20 Jahren fast der komplette Abbau, jedenfalls da, wo dies möglich war, auf den Strebausbau mit Schilden umgestellt wurde. Schnell wurden die Schilde mit den Kohlenhobeln oder Schrämmaschinen verbunden, sodass die Kohle nun mit einer Maschine abgebaut und umgeladen, gleichzeitig aber auch der Streb gesichert werden konnte. In Verbindung mit den Kratzförderern war die Vollmechanisierung des Kohleabbaus abgeschlossen.

Effizienz durch Innovation: Ökonomie und Technik im Ruhrbergbau

Abb. 43:
Hydraulischer Ausbaurahmen in Flöz Präsident, 1968

Während also immer produktivere Maschinen eingeführt wurden, mussten Lösungen für die nicht mehr gebrauchten Maschinen gefunden werden. Gerade durch die zahlreichen Zechenschließungen waren viele ungebrauchte Maschinen vorhanden, die einen nicht zu unterschätzenden finanziellen Wert hatten. Die Lösung war einfach: Die Maschinen wurden in Deutschland demontiert und in andere Länder wie die Türkei, Russland und vor allem China verkauft, allesamt Länder, die einen Nachholbedarf im Kohlebergbau hatten. Doch gerade in China zeigt sich ein erschreckendes Bild. Die neue Technik zeichnet nur für einen minimalen Teil der Fördermenge verantwortlich. Ein Großteil der Zechen produziert noch mit Maschinen und nach Arbeitsweisen, die um die Wende des 19. zum 20. Jahrhundert in deutschen Bergwerken zum Einsatz kamen. Dazu kommt, dass die Hälfte der Kohleproduktion aus illegalen Bergwerken kommt, die unter noch deutlich schlechteren Bedingungen fördern und in denen selbst Kinder eingesetzt werden. Die Auswirkungen machen China zu einem Land trauriger Rekorde: Chinas unterirdisch brennende Kohlefelder sind die größten der Welt – es besteht keine Aussicht darauf, die Feuer zu löschen. Mit etwa 7.000 bis 8.000 verunglückten Bergleuten jährlich gehen fast 80 Prozent der

Todesfälle im Bergbau weltweit auf chinesische Bergwerke zurück. Und diese Zahlen sind noch vorsichtig geschätzt. Wenn auch keine offiziellen Angaben vorliegen, gehen Arbeiterorganisationen wie das *China Labour Bulletin* sogar von 20.000 Toten durch Bergwerksunfälle aus. Fast täglich gibt es Berichte über Verletzte bei Grubenunglücken. Der Begriff der »Blutkohle« für die Kohle Chinas kommt nicht von ungefähr; nicht zu vergessen die unbekannte Zahl an Kinderarbeitern in den illegalen Bergwerken. Doch nicht nur für die chinesischen Bergarbeiter bergen die schlechten Abbaubedingungen Probleme. Durch die unterirdischen Feuer sind ganze Städte bedroht, andere Städte versinken im Smog der Kohle verarbeitenden Industrie, die Korruption bei der Beobachtung der Arbeitssicherheit, dem Abteufen neuer Schächte und der Bekämpfung der illegalen Zechen ist extrem hoch. China ist bei einem Großteil der Probleme auf die Hilfe ausländischer Erfahrungen und Techniken angewiesen.

Eine Erfolgsgeschichte über die Lebenszeit der Kohle hinaus?

In Deutschland hat sich die Situation im beginnenden 21. Jahrhundert nicht nur aufgrund der Entwicklungen in China, sondern auch aufgrund der weltweit erhöhten Nachfrage nach sicherer und besserer Bergtechnik verändert. Nicht mehr die Kohle steht im Vordergrund, sondern die neu entwickelten Kohleförderungs- und Verarbeitungstechniken. Das notwendige Know-how stellt heute ein bedeutendes deutsches Exportgut dar. So betonte der damalige Staatssekretär im Ministerium für Innovation, Wissenschaft, Forschung und Technologie des Landes NRW, Michael Stückradt, in einem Festvortrag zur Verleihung des *Forschungspreises der Ruhrkohle AG* 2005, wie »außerordentlich erfolgreich [die] Bergbautechnik [...] Dienstleistungen und High-Tech Produkte weltweit« verkaufe. »Die deutschen Bergbauzulieferer halten z.B. im untertägigen Bergbau einen Weltmarktanteil von rd. 40% [...]. Der Garant, das diese stolze Bilanz auch in Zukunft erhalten bleibt, ist Exzellenz in Forschung, Entwicklung und deren Umsetzung.«[1] Das Interesse an deutscher Bergbautechnik zeigte sich zuletzt 2007, als die *Deutsche Bergbau Technik GmbH*, die sich auf die Erforschung und den Bau von Maschinen für den untertägigen Kohleabbau spezialisiert hatte, von der amerikanischen *Bucyrus International Inc.* übernommen wurde. Die Amerikaner, Weltmarktführer in der Abbautechnik über Tage, sicherten sich damit die Technik des Weltmarktführers im Strebbau unter Tage, um für eine Verlegung der Abbauorte unter Tage gerüstet zu sein. In Deutschland hört die Forschung jedoch nicht auf: 2009 wurde die *RAG Mining Solutions GmbH* gegründet, die sich eigens auf die Erforschung und den Export von Bergbautechnik und des nötigen Know-hows spezialisiert hat. Dazu kommen die vielen Montan-Zuliefererbetriebe, wie etwa die Maschinenfabrik Glückauf GmbH & Co. KG, die immer noch ihre Produktion in Gelsenkirchen haben. Diese exportieren annähernd 80 Prozent ihrer Förder- und Abbaumaschinen ins Ausland. Sie organisieren sich teilweise im *Förderverein der Bergbauzulieferindustrie e. V.,* in dem nicht nur Betriebe aus Gelsenkirchen, sondern aus dem gesamten Ruhrgebiet vertreten sind. Das Ziel des Vereins ist die langfristige Sicherung der Arbeitsplätze und eine profitable Zukunftsausrichtung der Betriebe.

Die Perspektiven für einen weiteren Bestand solcher Betriebe in Deutschland sind nur schwer vorhersehbar: Einerseits eröffnet der neue Markt in China gute Expansionsmöglichkeiten. China produziert etwa ein Viertel des weltweiten Kohlebedarfs. Bis 2020 soll die Produktion noch einmal verdoppelt werden. Die deutsche Bergbautechnik hat das als Chance erkannt, liegen doch annähernd 90 Prozent der chinesischen Kohle unter Tage; der erhöhte Nachholbedarf an Sicherheits- und Abbautechnik ist kein Geheimnis. Die Nachfrage nach deutscher Bergbautechnik scheint gesichert. Andererseits ist der von der Bundesregierung festgelegte Ausstieg aus der Steinkohleförderung für das Jahr 2018 terminiert. Im Moment profitieren die Betriebe, die die Bergbautechnik weiterentwickeln und exportieren, noch von den deutschen Standorten. Diese gelten bereits als die sichersten und technisch fortschrittlichsten Bergwerke weltweit, bieten den Entwicklern aber auch die Möglichkeit, neue Techniken unter realen Bedingungen zu testen. Mit der Schließung der letzten beiden Steinkohlebergwerke – Anthrazit in Ibbenbüren und Prosper in Bottrop – fällt diese Möglichkeit ab 2018 weg. Welche Auswirkungen dies haben wird, ist nicht abzusehen – doch der Standortvorteil scheint verspielt. Zum jetzigen Zeitpunkt hat die Kohletechnik in Deutschland die Kohle selbst überlebt. Es ist der Export deutschen Bergbau-Know-hows, der die Geschichte der Kohle erst einmal fortschreibt. Ob diese Erfolgsgeschichte jedoch nach dem geplanten Kohleausstieg der Bundesrepublik 2018 und trotz der größer werdenden Konkurrenz fortgesetzt wird, wird sich zeigen müssen.

Henning Bovenkerk studiert Geschichte und Germanistik im sechsten Bachelorsemester an der WWU Münster.

Wie ein Bergwerk Wurzeln schlägt.
Die Zeche Wilhelmine Victoria
» *Christina Nünning*

1856	Abteufen von Schacht 1
1861	Förderbeginn
1870	Arbeiter-Wohnungsbau in Heßler setzt ein
1871	620 Einwohner in Heßler
1876	Schacht 2 geht in Betrieb
1890	2.794 Einwohner in Heßler
1892	Schacht 3 geht in Betrieb
1900	Schacht 4 geht in Betrieb
1926	Höchste Förderung mit 842.187 t
1955	Höchste Belegschaft mit 2.988 Beschäftigten
1960	Stilllegung
1985	Abbruch des Gerüsts von Schacht 4 und Translozierung von Schachtgerüst 1 in das Westfälische Industriemuseum Dortmund für Schacht 2 von Zeche ZOLLERN 2/4
1992	Ausbau der KAUE zum Veranstaltungszentrum für Konzerte, Kabarett und Kleinkunst

Gruss aus Gelsenkirchen-Hessler – ein phrasenhafter Postkartenspruch, der sich auf der Rückseite dieser einfachen Ansichtskarte vermuten lässt. Die Vorderseite zeigt dem Adressaten jener schlichten Grußformel eine Schwarz-Weiß-Fotografie – dem ersten Anschein nach wenig spektakulär. Mit einer zierlichen, in schwarzen Druckbuchstaben verfassten Aufschrift, entlang der oberen Kante der Karte, gibt sie dem Empfänger das Motiv der Abbildung preis: *Zeche Wilhelmine-Victoria Schacht II u. III.* Die Fotografie zeigt uns einen Teil des äußeren Erscheinungsbildes jenes Bergwerks. In die rechte obere Kartenecke drängt sich eine weitere, etwas größere, ebenfalls in Druckschrift verfasste Zeichenfolge: *Gelsenkirchen-Hessler* – der Standort der Zeche. Die Abbildung wird in das 20. Jahrhundert datiert, ungefähr in das Jahr 1920, in dem auf WILHEL-

Abb. 44:
Schachtanlage 2/3 der Zeche Wilhelmine Victoria, um 1920

MINE VICTORIA 532.939 Tonnen Kohle zu Tage gefördert wurden. Möglich machten dies zwei Doppelschachtanlagen, deren markante Fördertürme die Silhouette Gelsenkirchens prägten. Eine dieser Anlagen zeigt unsere Fotografie, die Fördertürme und Schlote ragen selbstbewusst in den Himmel. Jenes Bergwerk hat das Bild Heßlers und seine Entwicklung von der Bauernschaft zum Industriedorf und schließlich zum Stadtteil Gelsenkirchens von 1856 an, dem Teufbeginn von Schacht 1, bis zu seiner Stilllegung 1960 bestimmt. Tauchen wir für einen kurzen Moment in das Treiben, den Alltag bergmännischer Schwerarbeit in Heßler ein, dem geographischen Zentrum des Ruhrreviers, und lauschen den Geschichten, die WILHELMINE in ihren Schächten und Türmen für uns bereithält. Blicken wir dafür zunächst auf die Zeche selbst.

Wie eine Insel liegt das Feld der WILHELMINE VICTORIA südlich des Rhein-Herne-Kanals, umgeben von bedeutsamen Schachtanlagen, wie die der Zechen CONSOLIDATION, GRAF BISMARCK oder NORDSTERN. Das Zechengelände von WILHELMINE VICTORIA 1/4 erstreckt sich von der Haldenstraße im Norden bis zur Wilhelminenstraße im Süden. Parallel zur Wilhelminenstraße verläuft der Damm der Zechenbahn, die die beiden Schachtanlagen 1/4 und 2/3 verbindet. Entlang der Zechenmauer erreichen wir das Eingangstor des Bergwerks. Ein asphaltierter Fahrweg führt uns über das Gelände zu den Übertageanlagen der Zeche WILHELMINE VICTORIA: Fördertürme, Fördermaschinenhaus, Zechenverwaltungsgebäude, Waschkaue, Schlote und Lüfter ragen vor uns in die

Höhe. An der Straßenfront ist ein weiterer, im Vergleich eher niedriger Bau zu erkennen: die Markenkontrolle. Dort befindet sich der Eingang in die Zeche, ein Eisentor, das nie geschlossen ist. Durch jenes gelangen wir in einen Durchgang, links von uns eine Stempeluhr, rechts ein Schalter. Name und Nummer verschaffen uns eine Marke vom Markenkontrolleur – der Schichtbetrieb läuft rund um die Uhr. Mit dieser bahnen wir uns einen Weg heraus, vorbei an der Fördermaschine und dem Gerüst von Schacht 4 in Richtung Hauptgebäude. Hinter der Tür erwartet uns ein langer Gang, an dessen Seiten links und rechts Räume abzweigen, die Diensträume der Grubenverwaltung: Lohnhalle, Steigerstuben, Betriebszimmer. Wir bewegen uns auf direktem Weg in die Weißkaue, legen unsere Alltagskleidung ab, um sie in der Schwarzkaue gegen Arbeitskleidung einzutauschen. Über eine Eisentreppe erreichen wir die Lampenstube, dort können wir unsere Marke einlösen und erhalten im Gegenzug eine Lampe – unser Licht für die Arbeit unter Tage. Durch einen überdachten Übergang gelangen wir zu Schacht 1 und steigen von der sogenannten Hängebank in einen Korb, der uns schließlich in die schwarze, feuchtwarme Tiefe bringt – 927 Meter durch Grundwassergebiete, Schwimm-

Abb. 45:
Fördergerüste der Schächte 1/4 mit Betriebsgebäuden und Aufbereitung, 1960

Abb. 46:
(rechte Seite)
*Schichtwechsel
auf Wilhelmine
Victoria 1/4, 1954*

sand, Mergelschichten, Sandstein, Schiefer und Kohlenflöze. Der Schacht gleicht einem Stamm, dessen Wurzeln – die Stollen – sich verzweigen, »[…] einbohren in die Schichten, wo Kohle ist«.[1] Der deutsche Schriftsteller Heinrich Hauser bediente sich eben jener Analogie von Bergwerk und Baum in seinem Werk *Schwarzes Revier* zur Versinnbildlichung der unterirdischen Anlage eines Bergwerks. Er erklärt damit treffend, wie fest WILHELMINE VICTORIA in Heßler verankert war – ebenso wie die Wurzeln eines großen Baumes. Aber wie genau machte sich jene Verwurzelung bemerkbar? Was lässt sich über das Arbeiten, das Wohnen, das Leben der Bergmänner um und auf WILHELMINE erzählen?

Über 100 Jahre lang haben die Wilhelminer mit Schlägel, Eisen und Keilhaue, später auch mit Drucklufthämmern, aus ihrer Zeche Kohle geschöpft. »Wenn ich mittags nach Hause kam von der Morgenschicht, ist mir der Löffel aus der Hand gefallen. So fertig war man«, schildert Jürgen Sander die immense körperliche Belastung unter Tage im Zeitzeugengespräch. »[Man] brauchte zwei, drei Stunden, um sich zu regenerieren.«[2] In der Umgangssprache hat sich für diese bergmännische Schwerarbeit der Begriff »Maloche« eingebürgert. Der *Geschichtskreis Wilhelmine Victoria*, der 1986 das erste Mal zusammentraf, definiert diese Arbeit auf der Zeche nicht nur als körperliche Anstrengung, die mit dem Verlassen des Bergwerks beendet war, sondern als ein Element, das weit mehr umfasste und beeinflussen konnte. Sie sei als ein ausschlaggebender Faktor zu betrachten, der andere Lebensbereiche, wie die Freizeit und das Wohnen der Bergmänner, entscheidend geprägt hat. WILHELMINE, so konkretisiert der Geschichtskreis weiter, bestimmte die Struktur der Bevölkerung und den Rhythmus des Alltags, ja des Lebens. Drei, vier Generationen von Bergleuten – zumeist aus den Arbeiterkolonien und dem Dorf Heßler – haben hier etwa 50 Millionen Tonnen Kohle aus der Tiefe zu Tage befördert und in dieser Zeit Gelsenkirchen und insbesondere den Stadtteil Heßler tiefgreifend verändert. Nirgendwo sonst, das betont der Heimatbund Gelsenkirchen in seiner *Kleinen Chronik einer großen Stadt*, »hat die wirtschaftliche Entwicklung allen anderen Lebensgebieten so sinnfällig ihren Stempel aufgedrückt wie gerade hier [in Gelsenkirchen]«.[3]

Maßgeblich für diese Entwicklung ist das Kohlevorkommen. Um die Mitte des 19. Jahrhunderts herrschte in dieser Emscherniederung jedoch noch lautlose Stille. Blicken wir an den Anfang der Geschichte von WILHELMINE VICTORIA zurück, in das Jahr 1854, als die Zeche ihre Wurzeln zu schlagen begann. In diesem und im folgenden Jahr wurden auf Grundstücken von Heßleraner Bauern die ersten Schürfbohrungen durchgeführt. Dann, im Januar 1856, dem offiziellen Gründungsjahr von WILHEL-

Die Zeche Wilhelmine Victoria

mine Victoria, begannen etwa zehn Schachtbauer mit dem Abteufen von Schacht 1. Mit Hammer und Meißelbohrer trieben sie Bohrlöcher ins Gestein, sprengten und förderten das zertrümmerte Gefels mit Seil und Kübel schachtaufwärts. 1860 konnte schließlich die erste Kohle für den Eigenbedarf der Zeche gefördert werden. Drei Jahre später setzte die regelmäßige Förderung ein. In diesem Jahr wurden fast 50.000 Tonnen Kohle gewonnen. Bis zur Jahrhundertwende kam es zur Abteufung von drei weiteren Schächten. Sie erhöhten die jährliche Fördermenge auf etwa 700.000 Tonnen. Wilhelmine Victoria zählte damit zu den ersten Zechen, die in der Emscherzone abgeteuft wurden, und so auch zu den ältesten Schachtanlagen Gelsenkirchens. Doch wer bewältigte diese Fördermengen und die Arbeit auf der Schachtanalage? Und wie entwickelte sich das Dorf Heßler in dieser Zeit?

In Heßler, so schreibt die *Gelsenkirchener Allgemeine Zeitung* am 6. August 1939, »lebte der fleißige Landmann auf seiner Scholle […]«.[4] Aber auch hier, so heißt es weiter, hielt die Industrie Einzug. Einer der Hauptgründer von Wilhelmine war der Zechengewerke Karl Schulz Senior, Fabrikant und Kaufmann in Essen und Eigentümer der sieben Felder. Er setzte mit seinen Mitbegründern auf dem Felde der Mutung den ersten Spatenstich und legte damit symbolisch den Grundstein für die Entwicklung Heßlers von einer bäuerlichen Gemeinde zum Industriedorf. Die Bindung zum Dorf Heßler blieb dennoch bestehen: Ein großer Teil der ersten Bergmänner auf Wilhelmine Victoria waren Landwirte und Söhne aus dem Bauernstand. Das Stammbuch der Belegschaft verzeichnet für ein einzelnes Bauerngeschlecht Heßlers mit vier und mehr Familienmitgliedern für einen Zeitraum von 94 Jahren nicht selten 100 bis hin zu fast 300 Dienstjahre. Die Einwohner des ehemaligen Dorfes bildeten somit den Kern der Beschäftigten. Sie waren Ausdruck der tiefen Verwurzelung der Bevölkerung Heßlers mit ihrer Wilhelmine. Der *Gelsenkirchener Anzeiger* titelte 1956 treffend: »Wilhelmine Victoria. Vom Ödland zum Familienpütt.«[5] Georg Werner, bis zu ihrer Schließung auf der Zeche beschäftigt, veranschaulicht im Zeitzeugengespräch die Bedeutung des Begriffs: »Familienpütt, da war der Opa, die Söhne, die waren ja nun alle auf Zeche. So, und da ist ein Fußballverein, […] Gesangverein und was da alle war. […] Dat war so, gerade Wilhelmine, das war hier ein Familienpütt.«[6] Diese enge Verbindung zwischen Arbeitsplatz und Stadtteil zeigte sich auch im Bau der Zechenkolonien.

Das Abteufen des ersten Schachts und die Vor- und Ausrichtung unter Tage beanspruchte nur einen relativ kleinen Stamm an Arbeitern, 1858 zählte die Belegschaft 92 Männer. Untergebracht wurden sie in einigen »leichten Gebäuden«, vermutlich einfache Holzhütten, wenn

Abb. 47:
Schachtanlage 1/4 der Zeche Wilhelmine Victoria, 1939

sie nicht bereits auf einem der Höfe oder Kotten in der Nähe wohnten. Die Aufnahme der Produktion ließ 1863 die Anzahl der Beschäftigten jedoch rasch auf 325 Männer ansteigen. Vermutlich in Reaktion auf diesen Zuwachs fiel ein Jahr nach Förderbeginn im jährlichen Geschäftsbericht zum ersten Mal das Stichwort Arbeiterwohnungen. Jürgen Sander schlussfolgert einfach, aber treffend, dass dort, in Heßler, wo die Zechen abgeteuft wurden, vorher nichts, also keine Unterkünfte, die eine größere Zahl an Arbeitern hätten unterbringen können, gewesen sei und daher Kolonien errichtet werden mussten. Der Heimatbund Gelsenkirchen hebt dazu passend hervor: »Hier [in Gelsenkirchen, C. N.] wurde die Zeche […] Kern einer neuen Siedlung.«[7]

Eine der ältesten erhaltenen Arbeitersiedlungen in Gelsenkirchen ist der Klapheckenhof, einstmals auch als Alte Kolonie bekannt. Die zu WILHELMINE gehörende, mittlerweile denkmalgeschützte Zechenkolonie ist mit ihren Wohnstätten, die sich äußerlich kaum voneinander unterscheiden, immer noch eine attraktive Wohngegend Heßlers. Insgesamt besaß Heßler drei Arbeiterkolonien: Die ersten aus Ziegelstein errichteten Zechenhäuser waren vermutlich vier Gebäude an der ehemaligen Ecke Haldenstraße/Heßlerstraße, 1872 wurden sie durch neun Häuser der sogenannten Kolonie I ergänzt; nördlich von Schacht 2 entstand ebenfalls in den 1870er Jahren die Siedlung Klapheckenhof, drei Reihen mit je zehn eng beieinander stehenden Häusern; am Ende der 1880er Jahre errichtete die Gewerkschaft Wilhelmine Victoria auf der südlichen Seite der Zeche am Grawenhof einen weiteren Straßenzug, die sogenannte Neue Kolo-

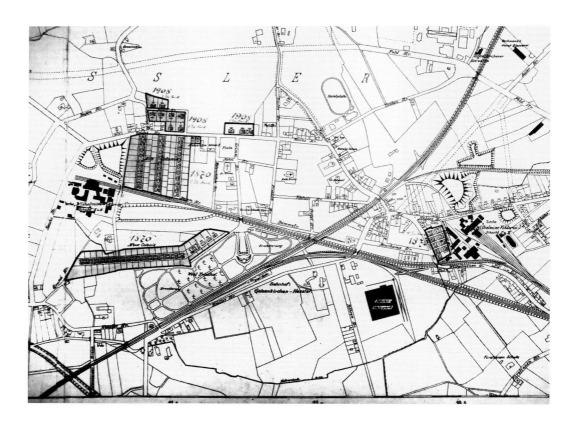

Abb. 48:
Anlagen der Siedlungen der Zeche Wilhelmine Victoria. Ausschnitt aus dem Übersichtsplan der Stadt Gelsenkirchen, 1912

Zechenportrait
»Bergmannsglück«
→ S. 154

nie.⁸ Um die Jahrhundertwende gehörten zur WILHELMINE insgesamt 345 Arbeiterwohnungen in Kolonien. Der steile Bevölkerungsanstieg von 620 auf beinahe 3.000 Einwohner in etwa 20 Jahren, vor allem ausgelöst durch den Arbeiterbedarf nach der Zechengründung, machte diese Wohnungen auch notwendig. In den Arbeiterkolonien von WILHELMINE kamen die Bergmänner zusammen mit ihren Familien unter, insgesamt knapp über 2.000 Personen.⁹ Bei den Hauptmietern handelte es sich um den Kern der Stammbelegschaft – wiederum ein Zeichen der festen Verwurzelung der Zeche in Heßler. Diese enge Verbindung von Arbeitsplatz und Wohnort, von Schachtanlage und Kolonie wird ebenso räumlich deutlich, denn Heßler war mit seinen Arbeitersiedlungen um 1900 durch die Schachtanlagen WILHELMINES sowohl im Osten als auch im Westen von Industrie eingefasst. Den Arbeitsplatz erreichten die meisten Bergmänner daher innerhalb weniger Minuten zu Fuß. Auch in der Koppelung von Arbeits- und Mietvertrag für die zecheneigenen Häuser spiegelt sich die Bindung oder in diesem Fall vielmehr Abhängigkeit wider: Wer die Zeche verließ oder eine Kündigung erhielt, der war verpflichtet, seine Wohnung zu räumen.¹⁰ Doch wie sah es in einer solchen Arbeiterwohnung in Heßler aus, wie lebten die Familien dort und welche Bedeutung hatte die Zeche für sie?

Eine Wohnung im Klapheckenhof war Teil eines eineinhalbstöckigen Zechenhauses mit dem damals üblichen Kreuzgrundriss. Durch zwei Eingänge auf beiden Seiten besaß jede der vier Wohnungen einen eigenen

Abb. 49: *Feierlichkeiten zum 100-jährigen Bestehen der Zeche Wilhelmine Victoria, 1956*

Abb. 50:
(rechte Seite)
Demontage des Fördergerüstes von Schacht 1 der Zeche Wilhelmine Victoria, 1986

»Die Frauen der Bergarbeiter«
→ S. 131

Zugang. Innen fanden sich auf 65 Quadratmetern meist vier Räume, zwei im Erdgeschoss und zwei unter dem Dach. Häufig gab es zwei Schlafzimmer, eine Stube und eine Küche – dort richtete man sich ein. Die Wohnküche war oft der einzige beheizte Raum: »Hier wurde gekocht und gegessen, hier hielten sich die Familienmitglieder, Untermieter und Besucher tagsüber auf.«[11] Wasserleitungen waren nur in wenigen Kolonien in die Wohnungen gelegt. Zapfstellen auf den Straßen wurden so zu wichtigen Treffpunkten der Koloniebewohner. Ebenso wie fließendes Wasser fehlte eine Kanalisation; lediglich eine Abflussrinne und die Straßengräben dienten als »Auffangbecken«. Jedes Zechenhaus verfügte über ein Stück Garten zur Grundversorgung mit Gemüse und für die Kleintierhaltung – 50 bis 100 Meter lang, so Sander im Interview. Oftmals fand sich in diesem auch eine Laube, die als – wahrscheinlich einziger – Rückzugsort oder auch gesellige Sammelstätte dienen konnte. Sander führt weiter aus: »Später, in den 50er Jahren, da wurden neue Kolonien gebaut. Da[s] waren dann dreieinhalb Zimmer, mit Bad, elektrisch alle[s], Heizung. Dat war natürlich super […]. Aber manch einer hat noch dann diese alte Zechenkolonie […] vermisst.«[12] Das Miteinander und vor allem das Miteinander-Reden in und zwischen den Bergarbeiterfamilien gestaltete sich, so erklärt der *Geschichtskreis Wilhelmine Victoria*, durch die gemeinsame Arbeit auf der Zeche wesentlich einfacher. Trotz der ärmlichen Wohnverhältnisse und der ebenso schlechten hygienischen Zustände scheint die enge Bindung zu WILHELMINE – zumindest für den Kern der Belegschaft in den Arbeitersiedlungen – beinah 100 Jahre lang nicht durchbrochen worden zu sein.

Der über die Zeche hergestellte Zusammenhang und vielleicht auch Zusammenhalt der Bergarbeiter wurde scheinbar auch in den Wohnbereich übernommen. Auch Sander und Werner unterstreichen das besondere Zusammengehörigkeitsgefühl und die Belebung des Austausches durch und innerhalb der Zechenkolonien. Dies sei zum Teil sogar bis heute spürbar. Nach Schichtende legte der Wilhelminer seine Arbeitskluft ab, befreite sich von Schmutz und Schweiß, streifte die Straßenkleidung über und verließ die Markenkontrolle, doch WILHELMINE blieb vor allem für die Koloniebewohner weiterhin präsent. Erst die Stilllegung im Jahre 1960 trennte die räumliche »Einheit« von Arbeiten und Wohnen endgültig, das Jahr 1985 löste schließlich auch die Zeche vom Stadtteil Heßler, ruhten doch von nun an auch die bis dahin als Außenschächte benachbarter Zechen betriebenen Victoria-Schächte. Über 100 Jahre bestimmte WILHELMINE einen wesentlichen Teil der Geschichte des Ortes, mit der wir nun zumindest Bekanntschaft geschlossen haben. Jene Geschichte scheint jedoch noch lange nicht abgeschlossen, denn auch

Die Zeche Wilhelmine Victoria

wenn WILHELMINE VICTORIA heute keine Kohle mehr zu Tage fördert, Gewerbe- und Wohnsiedlungen sich über dem ehemaligen Zechengelände ausbreiten, die Fördergerüste abgerissen oder transloziert wurden, bleibt sie im Stadtteil Heßler präsent: 1992 ist die einstige Waschkaue zum Veranstaltungszentrum für Konzerte, Kabarett und Kleinkunst umgebaut worden – frei nach dem Motto »Unter Tage geht hier niemand mehr – aber unter Menschen«.

Christina Nünning studiert Germanistik und Geschichte im sechsten Bachelorsemester an der WWU Münster.

Eine Zeche, drei Gesichter – zwischen Gewinnmaximierung, schnellen Autos und Ruderalvegetation.
Die Zeche Alma
» *Felix Gräfenberg*

1870	Abteufen von Schacht 1 auf dem Feld Alma der Zeche Neu-Uerdingen
1871	Konsolidierung der Felder Neu-Uerdingen, Uerdingen und Alma zu Alma, Förderbeginn
1873	Umbenennung der Zeche Neu-Uerdingen in Alma
1878	Konsolidierung zu Ver. Rheinelbe & Alma
1897	Inbetriebnahme der Kokerei Alma
1913	Höchste Fördermenge mit 1.191.070 t
1919	Stilllegung der Kokerei Alma
1922	Höchste Belegschaft mit 4.330 Beschäftigten
1928	Inbetriebnahme der Großkokerei Alma
1930	Verfüllung Schacht 2
1931	Stilllegung, Schächte bleiben offen, Abgabe der Anlage Alma (1/5, 3 und 4) an Pluto
1963	Stilllegung der Großkokerei Alma

Während einer Zugfahrt durch Gelsenkirchen ist links und rechts der Bahntrasse heutzutage eigentlich immer etwas zu sehen: Kleingartenvereine, Wohnsiedlungen, Lagerhallen, Werkstätten und natürlich die Überbleibsel einer aussterbenden Industriekultur. All das entspricht den gängigen Vorstellungen von einer Stadt im Herzen des Potts. Nur in unmittelbarer Nähe des Hauptbahnhofs, gegenüber dem ehemaligen Erzbunker des *Schalker Vereins*, scheint etwas zu fehlen. Auf der riesigen Fläche südlich der Bahngleise gibt es nichts als Bäume, Büsche und Gestrüpp, ein ungezähmtes Wuchern. Wie konnte mitten in Gelsenkirchen so eine wilde Vegetation gedeihen? Um diese Frage zu beantworten, lohnt es sich, etwas auszuholen. Denn erst eine Reise durch rund eineinhalb Jahrhunderte wird die Antwort bringen.

Alles nahm in der Mitte des 19. Jahrhunderts seinen Anfang. Die Eisenbahnstrecke, von der aus heute die ›Wildnis‹ zu sehen ist, war erst wenige Jahre alt. Sie verband seit den späten 1840er Jahren Köln und Minden, das Rheinland über die Weser mit den großen deutschen Seehäfen. Das fragliche Stück Land war, wenn auch nicht mehr wirklich Wildnis, so doch ein für das heutige Empfinden urtümliches Flurstück im agrarisch geprägten Ückendorf. Ein Jahr nachdem die Köln-Mindener Eisenbahn fertig gestellt war, begann die französische *Société des mines et fonderies du Rhin Détillieux et Cie.* mit der Mutung in unmittelbarer Nachbarschaft zu den Gleisen. Der Standort war gut gewählt, erleichterte doch der direkte Anschluss an die Eisenbahn den Transport von Bau- und Arbeitsmaterialien sowie den Vertrieb der Kohle. Als letzte von insgesamt vier Feldern der Zeche NEU-UERDINGEN wurden 1854 die Felder Agatha und Namur gemutet. Ersteres erhielt aber bald einen neuen Namen. Damals wurde es zur Mode, Flurstücke und neue Siedlungen nach Kriegsschauplätzen zu benennen. Und es hat ganz den Anschein, als folgte auch die franzö-

Abb. 51:
Gleisanlage vor Zeche Alma 1, 1873

sische Investorengesellschaft diesem Trend: Denn kurz nachdem die im Krimkrieg (1853–1856) auf Seiten des Osmanischen Reichs kämpfenden französischen und britischen Streitkräfte an der Alma, einem Fluss auf der Krim, einen Sieg über die russischen Truppen errungen hatten, wurde aus der Mutung Agatha die Mutung Alma.

Aber den vier Feldern, die Mitte der 1850er an die französische Bergbaugesellschaft vergeben wurden, war in ihrer ursprünglichen Form kein langes Dasein vergönnt. So wurde bereits 1858/60 das Feld Namur geteilt. Während der Ostteil an die Zeche Pluto im benachbarten Wanne überging, wurde der südwestliche Part dem Feld Alma zugeschlagen. Die Zechenherren waren nun zunehmend daran interessiert, möglichst große Grubenfelder zu erschließen, damit sich ihre hohen Investitionen in den Schachtbau auch auszahlten. Daher wurden die verbleibenden drei Felder Alma, Neu-Uerdingen und Uerdingen 1871 zum Feld Alma konsolidiert. So wundert es kaum, dass 1873 die Zeche Neu-Uerdingen umbenannt wurde und den bereits seit 1865 gebräuchlichen Namen Alma erhielt.

Die Schwierigkeiten bei der Wasserhaltung, mit denen sich die französische Gesellschaft beim Abteufen der ersten Rheinelbe-Schächte konfrontiert sah, stellten sich auf dem Feld Alma der Zeche Neu-Uerdingen im Jahr 1870 nicht ein. Schon im Folgejahr konnte mit der Förderung begonnen werden. Wenig später folgte das Abteufen eines zweiten Schachts. Der Betrieb lief störungsfrei, die Kohle erwies sich als qualitativ hochwertig und der direkte Anschluss an die Köln-Mindener Eisenbahn ermöglichte einen aufwandsarmen Vertrieb. 1874 wurde zudem die Kray-Wanner Eisenbahn in Betrieb genommen. Das über Tage liegende Betriebsgelände war nun keilförmig von zwei Bahnlinien eingeschlossen und damit ideal an das Schienennetz angebunden. Kein Wunder, dass die Zeche Alma schnell in das Blickfeld von Kapitalgesellschaften und finanzkräftigen Privatpersonen geriet. Friedrich Grillo war es schließlich, der das nötige Kapital hinter sich brachte. 1873 gründete er die *Gelsenkirchener Bergwerks-AG* und kaufte in einem Zug mit den Geldern der *Disconto-Gesellschaft zu Berlin* die Zechen Rheinelbe und Alma. Die Vorteile einer Konsolidierung beider Zechen wurden indes schnell offensichtlich und so dauerte es nicht lange, bis aus den Plänen Realität wurde: Schon im Herbst 1877 wurden die Formalia zur Vereinigung beider Zechen geklärt; zu Beginn des neuen Jahres nahm die Zeche Vereinigte Rheinelbe & Alma ihren Betrieb auf. Bereits nach kurzer Zeit sollte sich die Wirkung dieser Maßnahme bemerkbar machen, förderte sie doch in neun der folgenden ersten elf Jahre so viel Kohle wie keine andere Zeche im Ruhrgebiet. Entsprechend positiv fiel dann 1893, anläss-

Zechenportrait »Rheinelbe« → S. 52

lich des 25-jährigen Jubiläums der *Gelsenkirchener Bergwerks-AG*, auch das Resümee aus:

> »Die technischen Vortheile des bergbaulichen Großbetriebes liegen auf der Hand, sie ermöglichen eine größere Sicherheit, billigere Selbstkosten und die Vertheilung des bergbaulichen Risicos auf eine größere Zahl von Schächten, sie verbürgen damit die Continuität des Betriebs trotz einzelner Unterbrechungen und geben den betreffenden Werthen einen stabilen Charakter.«[1]

Der wirtschaftliche Aufschwung der Gründerzeit zeigte sich auch an der VEREINIGTEN RHEINELBE & ALMA und so nahmen die Dinge ihren Lauf: Die bestehenden Schächte wurden tiefer-, drei weitere abgeteuft. Schließlich wurde die Kokerei ALMA in Betrieb genommen. Als absoluter Glücksfall sollten sich aber die Entwicklungen erweisen, die sich nördlich der Trasse der Köln-Mindener Eisenbahn vollzogen. Bereits 1872, ein Jahr vor der *Gelsenkirchener Bergwerks-AG*, wurde die *Schalker Gruben- und Hüttenverein AG* gegründet, die im Volksmund rasch nur noch *Schalker Verein* hieß. Da sich das ursprünglich für den Hüttenbetrieb vorgesehene

Abb. 52:
Hochöfen und Bahngleise des Schalker Vereins, 1950

Gelände in Schalke als unbrauchbar herausstellte, zog es diesen nach Bulmke und Hüllen und damit gerade an die Orte, die von Ückendorf und dem Betriebsgelände der Zeche ALMA allein durch die Köln-Mindener Eisenbahn abgetrennt waren. Es versteht sich von selbst, dass sich auch der *Schalker Verein* in unmittelbarer Nähe zur Bahntrasse niederließ. Schnell wuchsen gegenüber den Fördertürmen der Zeche ALMA die Hochöfen des *Schalker Vereins* aus dem Boden. Obwohl Friedrich Grillo sowohl bei diesem als auch bei der *Gelsenkirchener Bergwerks-AG* seine Hände im Spiel hatte und obwohl die Kokerei von ALMA nur einen Steinwurf von den Hochöfen entfernt war, kam es nicht direkt zu einer engen Kooperation zwischen den beiden Unternehmen. Zwar wurde seit der Inbetriebnahme der Kokerei ALMA 1897 eine Seilbahn betrieben, die die Kokskohle auf die andere Seite der Bahngleise brachte, aber der *Schalker Verein* verließ sich in erster Linie auf die Förderung der Zeche PLUTO aus dem benachbarten Wanne.

Neue Bewegung brachten schließlich August Thyssen und Hugo Stinnes in die Sache. Sie erkannten den Vorteil einer Verbindung von Stahl- und Kohleindustrie. So kam es 1906 zur Bildung einer Interessengemeinschaft von *Schalker Verein* und der *Gelsenkirchener Bergwerks-AG*. Nur ein Jahr später ging Ersterer in Letzterer auf. Mit von der Partie war auch der *Aachener Hütten-Aktienverein*, der das Schicksal des *Schalker Vereins* teilte. Erleichtert wurde dieser Prozess dadurch, dass die Verzahnung, die auf der Ebene der Betriebsabläufe geschaffen werden sollte, auf der persönlichen Ebene des Managements bereits vorhanden war: So war Adolph Kirdorf, der den *Aachener Hütten-Aktienverein* leitete, der Bruder von Emil Kirdorf, seinerseits Generaldirektor der *Gelsenkirchener Bergwerks-AG*, und unterhielt gleichzeitig gute Kontakte zu August Thyssen, der wiederum den Posten des Aufsichtsratsvorsitzenden beim *Schalker Verein* besetzte. Auch wenn die ganze Geschichte ein wenig nach Klüngel und Vetternwirtschaft riecht, resultierten aus dem Verbund handfeste wirtschaftliche Vorteile. Im *Schalker Verein* besaß gerade die Zeche ALMA nun einen dauerhaften Abnehmer ihrer Produkte. In der Folge des Ersten Weltkrieges entstanden weitere Verflechtungen, die Verbundwirtschaft wurde vorangetrieben, Synergieeffekte stellten sich ein. Den Höhepunkt stellte die Gründung der *Vereinigten Stahlwerke AG* 1926 dar: Als Europas größter und weltweit zweitgrößter Stahlkonzern entstand, war die *Gelsenkirchener Bergwerks-AG* mittendrin.

Zechenportrait »Rheinelbe« → S. 52

Auf den ersten Blick mag die Schließung der Kokerei 1919 einen Knick in der Geschichte der Anlage ALMA dargestellt haben. Einst Zeichen höchstmöglicher Modernität, erwies es sich in den 1920er Jahren als zunehmend unwirtschaftlich, jede Zeche mit einer eigenen Kokerei

Die Zeche Alma | 113

ausgestattet zu haben. Eine zentrale Großkokerei sollte an die Stelle der vielen kleinen treten. Bei der Suche nach einem geeigneten Standort stieß die Unternehmensleitung bald auf die stillgelegte Kokerei ALMA, deren Lage sich als günstig erwies: Die Lieferung von Koks an den *Schalker Verein* sowie weitere Kooperationen waren aufgrund der Nähe einfach und kostengünstig zu bewältigen. Zudem war auch der Hafen am Rhein-Herne-Kanal durch die eigene Werksbahn zu erreichen, so dass ein reibungsloser Versand erleichtert wurde. So wurde 1926 das Projekt direkt in Angriff genommen. Mit der Gründung der *Vereinigten Stahlwerke AG* wechselte die Zeche wieder auf die Überholspur zurück. Selbstverständlich sollte auch die äußere Gestalt die Größe des Projekts angemessen repräsentieren. Die Architekten Fritz Schupp und Martin Kremmer, die auch für die Gestaltung der 2001 durch die UNESCO zum Weltkulturerbe erklärten Zeche ZOLLVEREIN verantwortlich zeichneten, erhielten den Auftrag zur Betreuung des Großprojekts. Ihr im Stile des Backstein-Expressionismus erbautes Verwaltungsgebäude steht mittlerweile unter Denkmalschutz. Wie der Neubau nach außen *state of the art* war, entsprach auch das Innere dem neuesten Stand der Technik: Insgesamt 126 Koppers-Verbundöfen in zwei Batterien von jeweils 63 Öfen ermöglichten es, den gesamten Kokskohleentfall der Schachtanlagen ALMA und PLUTO zu verarbeiten, also sämtliche zur Koksherstellung geeigneten Kohlen beider Zechen tatsächlich zu verkoken. Mit der 1928 erfolgten Eröffnung der Großkokerei konnten die abgewirtschafteten Kokereien von RHEINELBE und PLUTO geschlossen werden. Einmal in Betrieb genommen, erzeugte die Kokerei ALMA nicht nur 2.000 Tonnen Koks täglich, sondern unterhielt auch eine Nebengewinnungsanlage, die unter anderem die Gasversorgung sowohl des *Schalker Vereins* als auch der Städte Gelsenkirchen und Wattenscheid übernahm, was zuvor von der Kokerei RHEINELBE gewährleistet worden war.

Doch nur drei Jahre nach der Inbetriebnahme der Großkokerei war die Zeche ALMA Geschichte. Diesmal fiel ALMA endgültig der Rationalisierung zum Opfer: Die Zeche VEREINIGTE RHEINELBE & ALMA wurde in Folge der Kohlekrise der 1920er Jahre und im Rahmen der mit ihr einhergehenden Technisierungs- und Konsolidierungswelle geschlossen, die Kohlefelder an benachbarte Zechen verteilt. So fielen die verbleibenden vier Schächte – Schachtanlage 2 war bereits 1930 verfüllt worden – an die benachbarte Zeche PLUTO. Nur noch die Großkokerei hielt den Namen in Erinnerung. 1945 erfolgte erneut eine Umstrukturierung: Die Alma-Schächte wechselten von PLUTO zur Zeche HOLLAND, die bereits seit der Schließung von VEREINIGTE RHEINELBE & ALMA die Rheinelbe-Schächte betrieb. Für kurze Zeit lebte sogar der Name Alma wieder auf: Seit 1957

Zechenportrait »Nordstern« → S. 263

»Effizienz durch Innovation« → S. 73

Felix Gräfenberg

hieß die Zeche HOLLAND/RHEINELBE-ALMA. Die Kohlekrise der 1960er Jahre forderte weitere Rationalisierungsmaßnahmen. 1963 musste die Großkokerei schließen. Nach und nach wurden die ehemaligen Alma-Schächte verfüllt. Mit der Übernahme der Zeche BONIFACIUS und der damit verbundenen Rückbenennung 1966 zu HOLLAND beziehungsweise Umbenennung zu HOLLAND/BONIFACIUS verschwand der Zechenname Alma endgültig. 1974 ging Alma 5 als letzter noch betriebener Schacht der ehemals fünf Alma-Schächte wie das gesamte Baufeld von HOLLAND an die vielleicht bekannteste Zeche des Ruhrgebiets über: an die Zeche ZOLLVEREIN. Bis zum endgültigen Ende der Schachtanlage ALMA sollten ihre Schächte von insgesamt fünf unterschiedlichen Zechen betrieben worden sein.

Zechenportrait »Graf Bismarck« → S. 220

Während ALMA – oder das, was von ihr als industrieller Großbetrieb noch übrig war, – im Sterben lag, brachte die RAG neues Leben auf das Gelände. Ein Paradox? Keinesfalls, handelte es sich bei dieser RAG doch nicht um die *Ruhrkohle AG*, sondern um die *Rheinische Altwagen-Gemeinschaft*, später *Rheinische Autorenn-Gemeinschaft*. Anton Brenner, Gründer der RAG, errichtete auf dem Betriebsgelände der stillgelegten Großkokerei das *Motodrom Gelsenkirchen*, das bald nur noch »Almaring« genannt werden sollte. Von Anfang an mit dabei war derÜckendorfer Schrotthändler Heinz Klanka. Der Lokalmatador, der einst sogar die deutschen Speedway-Meisterschaften gewinnen konnte, erinnerte sich noch 2011 gern an die Zeit zurück:

> »Der Streckengründer Anton Brenner hat immer gesagt, dass der Rennsport der Sport des ›Kleinen Mannes‹ ist. So was ist ein Traum für Autobegeisterte. Den hat er dann auch verwirklicht. Das war für uns kleine Leute erschwinglich. Die Autos haben wir größtenteils selbst zusammengebaut. Für mich als Altmetallhändler war dies finanziell und zeitlich etwas einfacher als für Fahrer mit anderen Berufen. Berühmtheiten fuhren auf dem Almaring nicht. Das waren alles nur kleine Leute. Die haben einfach nur ihren Spaß gehabt, das war ja auch Sinn der Sache.«[2]

Besonders die vergleichsweise laxen Sicherheitsvorschriften rund um das eigene Gefährt machten den Sport für jedermann möglich. Neben funktionstüchtigen Bremsen waren nur Hosenträgergurte und ein Stromkreisunterbrecher, der die Brandgefahr bei Unfällen verringert, vorgeschrieben. Ein Führerschein hingegen war für die Rennteilnahme nicht nötig. Unter diesen Bedingungen entwickelte sich vor der einmaligen Kulisse der Hochöfen des *Schalker Vereins* und den verbleibenden Fördertürmen

Abb. 53: *Schacht 3 der Zeche Alma nach der Stilllegung, k. A.*

Abb. 54:
Altwagenrennen auf dem Almaring, 1978

der Schachtanlage ALMA das »motorsportliche Epizentrum zwischen Rhein und Ruhr«.³ Mit der Zeit lockte die Schotterpiste auch Amateurrennfahrer aus dem benachbarten Ausland an, besonders Niederländer und Belgier waren oft und gern gesehene Gäste. Gerade die anspruchsvolle Streckenführung mit der Haarnadelkurve machte den Almaring für die sonst nur ovale Rennstrecken gewohnten Fahrer zu etwas Einzigartigem. Mit der Asphaltierung 1977 etablierte sich der Almaring in der europäischen Speedwayszene. Die mittlerweile zweimal im Monat stattfindenden Rennen erwiesen sich zudem als echter Publikumsmagnet. Die besondere Atmosphäre und der gewisse Nervenkitzel stellten für beide Seiten eine willkommene Abwechslung zum Alltagstrott dar. Doch mit der steigenden Beliebtheit des Events nahm auch die Lärmbelästigung für die Anwohner zu. Besonders betroffen war die sonst eher ruhige Almastraße, durch die nun jeden zweiten Sonntag ein nicht abreißen wollender Strom an Motorsportbegeisterten floss. 1984, fünf Jahre nachdem auch der letzte Alma-Schacht verfüllt war, fand schließlich das letzte Rennen statt; danach blieb wohl auch wegen der Ruhestörung die Genehmigung für weitere Speedwayrennen aus.

Abb. 55:
Ehrenrunde beim Altwagenrennen, 1978

Mit der Stilllegung des Almarings begann die bis heute letzte Episode des Gebiets südlich der Bahntrasse gegenüber dem *Schalker Verein*. Nach mehr als 130 Jahren regen Betriebs herrschte 1984 erstmals Stillstand. Niemand fühlte sich für das nun brachliegende Gelände verantwortlich. Und so kam es, wie es kommen musste. Gewundert haben dürfte sich über die nun einsetzende ›Entwicklung‹ allerdings keiner: Als Folge fehlender Pflege und Instandhaltung des Geländes verwahrloste es zusehends. Überall schoss Gestrüpp aus dem Boden; auch vor dem denkmalgeschützten Verwaltungsgebäude machte der Zahn der Zeit nicht halt. Erst nach zehn Jahren der Verwahrlosung fand ein Umdenken statt: Der *Kommunalverband Ruhrgebiet* rief 1994 einen städtebaulichen Ideenwettbewerb aus, an dem sich 36 Studenten aus Essen und Dortmund in insgesamt sieben Teams beteiligten. Die Konzeptionen des »Alma-Parks«, wie das Naherholungsgebiet heißen sollte, reichten von Kulturzentrum mit Amphitheater über einen Sportplatz bis hin zu einer Mountain-Bike-Piste. Allen gemeinsam war die Berücksichtigung der Ruderalvegetation, wie die Flora auf Schuttplätzen genannt wird. So war auch der stellvertretende Leiter des Planungsamts, Karl-Wilhelm von Plettenberg, nach der Präsentation von den »überzeugenden Lösungsvorschlägen« eingenommen.[4] Es wurde sogar ein Sieger gekürt: die Mountain-Bike-Piste. Danach aber passierte zunächst einmal: nichts. Zum Jahreswechsel 1995/96 wurde die Alma-Brache offiziell in den Grünzug D des Emscher-Landschaftspark integriert, wie es schon bei den Vorgaben des Ideenwettbewerbs angedacht war. Der Bebauungsplan von 1985, der eine gewerbliche Nutzung des Gebiets vorsah, wurde dadurch aufgehoben. 1997 unterzeichneten dann Vertreter vom *Bund für Naturschutz und Umwelt Deutschland* (BUND) und der *Internationalen Bauausstellung Emscher Park* (IBA) einen Patenschaftsvertrag zur Pflege des Alma-Geländes, um das »ökologische, ästhetische und industriekulturelle Potential der Fläche zu bewahren, zu entwickeln und gleichzeitig bislang unzulängliche Freiraumpotentiale zu erschließen«.[5] Heute führt der Emscher-Park-Radweg durch das Gelände; Almaring-Nostalgiker können zwischen Bäumen, Sträuchern und alten Reifen über die Rennstrecke spazieren und an diesem ›Lost Place‹ die Erinnerungen an alte Zeiten aufleben lassen.

> *Felix Gräfenberg* studiert Geschichte im zweiten Mastersemester an der WWU Münster.

Das Revier steht still oder der Bergarbeiterstreik von 1889.
Die Zeche Ewald
» *Lea Löcken*

1872	Teufbeginn von Schacht 1 in Herten
1875	Förderbeginn in Herten
1895	Teufbeginn der Schachtanlage 3/4 in Resse
1897	Förderbeginn auf Schachtanlage 3/4
1950	Größte Belegschaft mit 6.176 Beschäftigten
1972	Übernahme des Schachtes Graf Bismarck 10 als Emschermulde 1, Nutzung zur Bewetterung, später auch für Seilfahrt und Materialtransport
1990	Verbund mit Schlägel & Eisen, maximale Jahresförderung mit 4.329.853 t
1996	Aufgabe von Schacht 3
1997	Verbund mit Hugo, größtes Bergwerk im Ruhrrevier
2000	Stilllegung

Auf der schwarzen Liste

Dem, der auf der Liste steht,
Hilft kein Bitten und Gebet;
Mögen Weib und Kind verhungern,
Er muss durch die Lande lungern
Ohne Arbeit, ohne Geld,
Weil es so dem Herrn gefällt.

Schon an die dreißig hat er angeklopft
Der Zechen, aber Arbeit nicht gefunden,
Doch Hohn und Spott vollauf hat es getropft
Und böse Worte, um ihn zu verwunden

Verlor'ne Müh', wohin er ging und kam
Rings im Revier bei seinen Wanderungen,
Die rohe Macht kennt weder Zucht noch Scham
Und hält ihn fest vom Sperrnetz umschlungen.

So muß er, wie ein Lump, von Schacht zu Schacht
Wie ein verfremter durch die Lande irren
Und wird dabei noch ständig überwacht
Von Argusaugen dienstbefliss'ner Sbirren.

Denn nicht allein das Prozentregiment
Hält seine Geißel über ihn geschwungen,
Er wird schikaniert ohne End!
Von allem, was dem Geldsack beigesprungen.

Kein schofler Los – als Bergmann jetzt zu sein,
Und kein Geschick so jämmerlich und trübe,
Zum Bagno-Sträfling fehlen ihm allein
Die Ketten nur noch und die Peitschenhiebe.

Dieses Gedicht des Bergmanns und Arbeiterdichters Heinrich Kämpchen gibt eine treffende Beschreibung der Situation vieler Bergarbeiter nach dem großen Streik von 1889. Denn mit Hilfe der sogenannten »schwarzen Listen« verhinderten die Unternehmer, dass diejenigen, die sie als »Rädelsführer« ausgemacht hatten, andernorts wieder Lohn und Brot

Abb. 56:
Abteuftürme von Schacht 3/4 der Zeche Ewald, um 1895

Die Zeche Ewald | 121

im Bergbau fanden. Zeitweise standen über 4.000 Namen auf solchen Listen – auf der des Amtes Linden/Dahlhausen auch der von Kämpchen selbst. Doch wie kam es überhaupt zum bis dahin größten Massenstreik im Deutschen Reich? Am Anfang stand das *Allgemeine Berggesetz für die preußischen Staaten* von 1865, mit dem der Bergbau von staatswirtschaftlicher in privatwirtschaftliche Hand überging. Die Bergarbeiter gerieten so in die Abhängigkeit der Unternehmer. Und diese wussten ihre Macht gehörig auszunutzen: Sie verlängerten die Schichtzeiten, ließen die Arbeiter Überschichten fahren und senkten die Löhne. Der zuvor privilegierte Beruf des Bergmanns verlor immer mehr an Ansehen – der Bergmann wurde zum gewöhnlichen Lohnarbeiter.

Der Streik von 1889 erfasste auch die Zeche EWALD in Herten, die rund anderthalb Jahrzehnte zuvor mit der Kohleförderung begonnen hatte. Die Zeche selbst geht auf einen Zusammenschluss dreier Gewerke, also Anteilseigner an Bergbauunternehmungen, Anfang der 1870er Jahre zurück – Wilhelm Hagedorn, Hugo Honigmann und Ewald Hilger. Von letzterem erhielt die Zeche ihren Namen. Nachdem 1872 mit den Abteufarbeiten für Schacht 1 (Hilger) in Herten begonnen wurde, setzte nur drei Jahre später die Förderung ein. Dennoch gestalteten sich die Anfangsjahre wenig erfolgreich, mangelte es doch an ausgebildeten Fachkräften. Als der schwere Beginn überstanden war, konnten kontinuierlich steigende Fördermengen erzielt werden. Schon Ende der 1880er Jahre beschäftigte das Bergwerk rund 900 Bergleute, die im Jahr mehr als 250.000 Tonnen Kohle zu Tage brachten. Dann kam der Streik. Da dieser das gesamte Ruhrgebiet erfasste, ist es nicht leicht, die Entwicklungen an einer Zeche allein nachzuzeichnen. Für die Zeche EWALD jedoch haben wir die Stimme eines Bergmanns, der die Behandlung durch die »Zechenherren« eindrücklich beschreibt: »[...] haarsträubende Lohnräuberei infolge rigoroser Geldstrafen; [...] eine krankhafte Neigung zu Menschenschinderei; [...] Beamte vergriffen sich auch tätlich an den Arbeitern, mißhandelten sie in der Grube und in dem Büro mit dem Meterstock oder einem Gummischlauch; [...] die Kameraden wurden bei der Arbeit wie Schulbuben geprügelt.«[1] Der Sozialdemokrat Otto Hue, der mehr und mehr zum Sprecher der Bergarbeiter wurde, resümierte: »Wer nicht willig folgte, der wurde so oder so gemaßregelt.«[2] Denn der Werksherr forderte nicht nur während der Schicht Unterwürfigkeit, sondern auch außerhalb des Betriebes. Nicht selten wurde sogar vorgeschrieben, welche Zeitung man zu lesen habe, welche Wirtshäuser besucht, ja sogar ob und wann geheiratet werden durfte. Wer sich widersetzte, wurde entlassen. Die Bergarbeiter wagten kaum, sich dagegen aufzulehnen, denn wessen Name einmal auf einer schwarzen Liste auftauchte, für den war es nahezu unmöglich, wieder Arbeit im Bergbau zu finden.

Begehrten sie auch nicht auf, so bedeutete dies keineswegs, dass es nicht in ihnen gärte. Doch wie sollten sich einzelne Bergarbeiter gegen die unmenschlichen Arbeitsbedingungen zur Wehr setzen? Es fehlte schlichtweg an einer betriebsübergreifenden Organisation. Zwar ging aus dem ersten Bergarbeiterstreik von 1872 das Bewusstsein gemeinsamer Interessen hervor, der Versuch einer gewerkschaftlichen Organisation scheiterte jedoch. Das lag vor allem an dem 1878 verabschiedeten Sozialistengesetz, das jegliche Zusammenschlüsse gewerkschaftlicher Natur verbot. Doch sozialdemokratisch geprägte Bergarbeiter setzten ihre Bemühungen fort und kämpften für eine gewerkschaftliche Organisation der Bergarbeiter. Sie versuchten unter größten Schwierigkeiten, in Knappschaften und freien Knappenvereinen ihre Anschauungen durchzusetzen. Im Frühjahr 1889 wurde schließlich zu einem allgemeinen Delegiertentag nach Dorstfeld bei Dortmund eingeladen, um organisatorische Fragen zu klären – denn endlich sollte ein deutscher Bergarbeiterverband gegründet werden. Gelsenkirchen war durch die Abgesandten Jacob Brosdam, Ferdinand Dieckmann und Heinrich Panter vertreten – allesamt ehemalige oder nach aktive Bergmänner und der preußischen Polizei, die auch über sie genau Buch führte, als Agitatoren bereits bestens bekannt. Bis zu diesem Zeitpunkt gab es jedoch noch keine Anzeichen für einen Streik: Die sozialdemokratischen Bergarbeiterführer leiteten die Versammlungen mit ruhiger Hand. Alles schien auf eine friedliche Entwicklung hinauszulaufen – doch hatte sich bei den Bergarbeitern durch die jahrelange Unterdrückung ein »Berg von Ingrimm und Haß angesammelt«.[3]

Auf den folgenden Versammlungen forderten die Bergarbeiter, vereint gegen Ausbeutung, Unterdrückung und persönliche Erniedrigung der Unternehmer vorzugehen: Lohnerhöhungen um 15 Prozent zählten ebenso zu ihrem Forderungskatalog wie achtstündige Schichten – einschließlich der Ein- und Ausfahrt – oder die Verbesserung der allgemeinen Arbeitsabläufe und -bedingungen. Sie bemühten sich auch um eine Milderung des Strafenkatalogs, der schon bei geringsten Vergehen drastische Strafen vorsah. Auf der Zeche EWALD, so belegt es ein Strafenzettel vom März 1889, wurde beispielsweise ein Mann mit einer Geldstrafe belegt, weil er »gegen Einrichtungen geschimpft« habe, zwei Arbeiter, »weil sie sich gehauen haben« und ein weiterer, weil »er auf der Fahrt großen Lärm gemacht« habe.[4] Doch die Zechenherren zeigten keinerlei Entgegenkommen. Sie beharrten vielmehr auf ihrem ›Herr-im-Hause-Standpunkt‹ – einer ihrer Wortführer war der Hardliner Emil Kirdorf, Vorstandsvorsitzender der *Gelsenkirchener Bergwerks-AG*. Als ihre Ant-

Zechenportrait »Rheinelbe« → S. 52

worten ausblieben, brachte dies das Fass zum überlaufen und »der größte Streiksturm, den die Welt bis dahin erlebte, brach mit elementarer Gewalt los«.[5]

Nachdem es auf der Zeche PRÄSIDENT in Bochum schon am 23. April zu kurzfristigen Ausständen kam, legten am 2. und 3. Mai fast gleichzeitig Schlepper und Pferdejungen mehrerer Zechen Gelsenkirchens ihre Arbeit nieder. Schon am nächstfolgenden Tag kam es zum ersten Mal zu gewalttätigen Auseinandersetzungen mit der Polizei, als auf der Zeche HIBERNIA 80 Schlepper, die zuvor lautstark Lohnerhöhungen einforderten, fristlos entlassen wurden. Zwar hatte sich bis zum Abend die Lage wieder beruhigt, trotzdem traf schon bald eine Kompanie Soldaten in Gelsenkirchen ein, um auf den umliegenden Zechen für Ruhe und Ordnung zu sorgen. Am 6. Mai legte dann auch die Belegschaft auf der Zeche EWALD ihre Arbeit nieder. Obgleich es keinen Anlass zum bewaffneten Einschreiten gab, tauchten auch dort Soldaten auf. Die Behörden griffen hart durch und ließen brutal gegen die Streikenden vorgehen. Das Militär setzte im Gelsenkirchener Revier auch Schusswaffen ein, es gab Tote und Verletzte.

Nach dem geradezu provozierenden Auftreten der Behörden und dem Niederschießen ihrer Kameraden erreichte die Wut der Bergleute ihren Höhepunkt. Im Gelsenkirchener Revier wurde auf allen Zechen gestreikt, die Streikbeteiligung lag bei nahezu 100 Prozent – 11.700 Bergleute befanden sich im Ausstand. Auf den Zechen herrscht völlige Ruhe. Fast jeden Abend versammelten sich die Streikenden unter freiem Himmel, um über ihre Forderungen und das weitere Vorgehen zu beraten. Auch wenn aufgrund mangelnder gewerkschaftlicher Organisation teils widersprüchliche Beschlüsse erarbeitet wurden, bekamen sie das Problem der Koordination immer besser in den Griff. In Gelsenkirchen wählten die Belegschaften beispielsweise je drei Vertreter, die dann jeweils mit den Verwaltungen verhandelten. Außerdem gelang es auf einer Bochumer Delegiertenversammlung, ein erstes ortsübergreifendes zentrales Streikkomitee zu bestimmen. Bergleute aus Gelsenkirchen nahmen führende Stellungen in der Streikbewegung ein. So berichtete der Ückendorfer Sozialdemokrat Ferdinand Dieckmann noch im gleichen Jahr als Abgesandter der Ruhrbergarbeiter beim Gründungskongress der *Sozialistischen Internationale* in Paris unter dem Beifall der Delegierten vom Streik im Ruhrgebiet.

Zwar gewannen sozialdemokratische Bergarbeiterführer immer größeren Einfluss auf Ablauf und Organisation des Streiks, doch wurde dieser keineswegs allein von Sozialdemokraten initiiert, wie heute oft vermutet wird. Aber die Erfahrung des Streiks, die viele Bergleute dazu

Abb. 57: *Polizeibeamte während eines Streiks Gelsenkirchener Bergleute, 1905*

brachte, sich intensiver mit ihrer sozialen und ökonomischen Situation auseinanderzusetzen, führte sie näher an die sozialistische Arbeiterbewegung heran. Dass sich die Bergarbeiter trotz des unverhältnismäßigen Vorgehens noch mit dem Staat verbunden fühlten, zeigt ihr Beschluss, eine Audienz beim Kaiser zu beantragen. Dafür ausgewählt wurden die Bergarbeiterführer Ludwig Schröder, Friedrich Bunte und August Siegel. Letzterer, zwischenzeitlich zum Hauer aufgestiegen, musste aufgrund seiner sozialdemokratischen Haltung immer wieder die Zeche wechseln. Die harte Arbeit unter Tage war ihm wohlvertraut. In einem Bericht erzählt er, dass vierzig Schichten pro Monat nichts Besonderes waren. Als er einmal in einem Monat fünfundvierzig Schichten fuhr, kannte ihn seine kleine Tochter schon bald nicht mehr wieder. Als sie ihren Vater sonntags im Bett liegen sah, fragte sie erstaunt: »Mama, ist das unser Papa?«[6]

Die Audienz wurde schon am 14. Mai gewährt. Als die drei Delegierten am Schloss zu Berlin ankamen, wurden sie direkt in Empfang genommen, erhielten jedoch strengste Anweisungen: »Die ganze Sache darf nur zehn Minuten dauern, und während dieser Zeit muß auch der Kaiser sprechen. Sprechen Sie laut und deutlich, Seine Majestät hören schwer. Einer von ihnen darf nur sprechen. Und vergessen Sie nicht Seine Majestät anzureden mit Euer Gnaden.«[7] Dass nur einer das Wort ergreifen durfte, war ihnen schon zuvor bekannt, sodass sie in weiser Voraussicht Schröder zum Sprecher bestimmt hatten. Als der Kaiser den Saal betrat, nahm er vor den drei Bergleuten Stellung, die sich vor ihm verneigten. »Ich war äußerst erstaunt«, beschreibt Siegel den so gewonnenen Eindruck vom Staatsoberhaupt, denn »so hatte ich mir den Landesvater ›von Gottes Gnaden‹ nicht vorgestellt. Sein schwarzgelbes eingefallenes Gesicht mit dem finsteren gebietenden Blick war zu vergleichen mit dem Gesicht eines Mannes, der tags zuvor dem Wein übermäßig zugesprochen hatte.«[8] Nach einer kurzen, höflichen Begrüßung trug Schröder die Bitten tausender streikender Bergleute vor. Der Kaiser erwiderte, er habe schon gestern eine Prüfung dieser Forderungen angeordnet. Doch die Bergarbeiter hätten den Werksführern großen Schaden zugefügt. Wären Ihre Ansprüche gerechtfertigt, könne er darüber hinwegsehen. Und damit endete auch schon seine Replik auf das Vorbringen Schröders. Statt sich intensiver mit den Punkten auseinanderzusetzen, steigerte er sich stattdessen in einen gegen die Sozialdemokraten gerichteten Wutausbruch hinein.

Die Audienz beim Kaiser brachte den Bergarbeitern offenbar nicht den erhofften Erfolg. Trotzdem kam es zu einem ersten Austausch mit der Arbeitgeberseite. Um den Streik zu beenden, wurde im »Berliner Protokoll« folgender Kompromiss vereinbart: Die Werksführer sicherten den Arbeitern eine achtstündige Schicht ausschließlich Seilfahrt, eine angemessene Lohnerhöhung und – im Falle der Wiederaufnahme der Arbeit – keine Folgen für die zuvor erfolgte Niederlegung zu. Erleichtert über das Abkommen nahmen die Bergarbeiter die Arbeit am 21. Mai in Gelsenkirchen wieder auf. Wie wenig sie sich indes auf die Zusagen der Zechenbeamten verlassen konnten, zeigte sich in den kommenden Tagen, denn die Abmachungen aus dem Berliner Protokoll wurden von diesen einfach ignoriert. Als erneute Verhandlungen mit dem Streikkomitee scheiterten, sollte der Streik am 24. Mai wieder aufgenommen werden.

»Die Frauen der Bergarbeiter«
→ S. 131

Zechenportrait »Rheinelbe«
→ S. 52

Doch die Familien der Bergarbeiter waren durch die ausbleibenden Lohnzahlungen während des Streiks in große Versorgungsschwierigkeiten geraten. Dies erkennend, verstärkten die Zechenleitungen den Druck auf ihre Belegschaften. Sie waren sich nun sicher, die Oberhand zu behalten. In einer Stellungnahme Emil Kirdorfs hieß es entsprechend deutlich: »Jeder Arbeiter, der bis Mittwoch, den 29. des Monats, nicht wieder angefahren ist, wird als abgekehrt betrachtet und gehört nicht mehr zur Belegschaft.«[9] So fuhren denn auch Ende Mai die meisten Arbeiter wieder ein, der Streik war beendet. Alle Streikführer kamen in Haft oder landeten auf den »schwarzen Listen«. Dort finden sich auch zahlreiche Namen einfacher Bergleute, die sich am Streik beteiligt hatten. Das gege-

Abb. 58: *Haupttor der Zeche Ewald, um 1944*

bene Versprechen, dass bei freiwilliger Arbeitsaufnahme das Fernbleiben während des Streiks für die einzelnen Arbeiter keine Folgen haben würde, entpuppte sich als leere Worthülse – zahlreiche Bergarbeiter landeten auf der Straße.

Der Streik war zwar vorüber, nicht aber der Kampf der Bergleute um eine gewerkschaftliche Organisation. Noch am 18. August versammelten sich auf einem Delegiertentag in Dorstfeld rund 200 Abgesandte als Vertreter von 44 Knappenvereinen und 66 Zechen. Sie gründeten noch am selben Tag den *Verband zur Wahrung und Förderung bergmännischer Interessen in Rheinland und Westfalen*, kurz: *Alter Verband*. Als etwas verspätete Reaktion auf die Organisation vornehmlich sozialdemokratisch orientierter Bergleute gründete sich 1894 in Essen eine eigene Richtungsgewerkschaft katholischer Bergleute, der *Gewerkverein christlicher Bergarbeiter* für den Oberbergamtsbezirk Dortmund. Maßgeblicher Initiator und erster Vorsitzender des Vereins war August Brust (1862–1924), einer der Pioniere des christlichen Gewerkschaftswesens, der später in Buer Redakteur einer zentrumsnahen Zeitung wurde und den politischen Katholizismus auch zwischen 1904 und 1918 im preußischen Abgeordnetenhaus vertrat.

Bis zum Ersten Weltkrieg erhoben sich die Bergleute des Ruhrgebiets noch in zwei großen Streiks – 1905 und 1912 – gegen die Zechengesellschaften und protestierten gegen ihre Arbeitsbedingungen. Da sie aber

Abb. 59: *Parkplatz vor dem Zechengelände der Zeche Ewald, um 1960*

Abb. 60:
Blick über das Zechengelände von Ewald 3/4 in Resse, 1967

gewerkschaftlich zersplittert waren, fehlte ihnen die Durchschlagskraft. Die Arbeitsniederlegungen von 1912 erfolgten sogar gegen den ausdrücklichen Willen der christlichen Gewerkschaft. Zwar brachte die Weimarer Republik in den 1920er Jahren einige sozialpolitische Fortschritte, eine Einheitsgewerkschaft, die die politische Spaltung der Arbeiter überwand, entstand aber nicht – obwohl sie von Vertretern aller Seiten immer wieder diskutiert wurde. Erst nach dem Zweiten Weltkrieg gründete sich 1946 mit dem Industrieverband Bergbau, aus dem wenig später die *Industriegewerkschaft Bergbau* (IG Bergbau) hervorgehen sollte, eine richtungsübergreifende Gewerkschaft. Die *IG Bergbau* und ihre Nachfolger

Abb. 61: Schacht 3/4 der Zeche Ewald Anfang des 20. Jahrhunderts, 1909

IG Bergbau und Energie (ab 1960) sowie *IG Bergbau, Chemie und Energie* (ab 1997) übernahmen durch die Neuregelung der Montanmitbestimmung seit den frühen 1950er Jahren beträchtliche Verantwortung innerhalb der Bergbaugesellschaften. Die sozialverträgliche Ausgestaltung des Strukturwandels, der den schrittweisen Ausstieg aus dem Ruhrbergbau bedeutete, gehörte seit den 1960er Jahren zu den größten historischen Herausforderungen, denen sich die Bergbaugewerkschaft zu stellen hatte. Nicht zuletzt ihrem Einsatz ist es zu verdanken, dass auch die Bergleute von EWALD/HUGO nicht ›ins Bergfreie‹ fielen, als ihre Zeche im Jahr 2000 nach über 125 Jahren Kohleförderung schließen musste.

Lea Löcken studiert Geschichte und Germanistik im zweiten Bachelorsemester an der WWU Münster.

Die Frauen der Bergarbeiter – mehr als Kinder, Küche, Kolonie
»» *Johanna Zirwes*

»*Von der Schule her war für mich ›Geschichte‹ Napoleon oder Dreißigjähriger Krieg, trocken und langweilig. Aber das hier betrifft mich ja selbst, das ist ja meine eigene Geschichte.*«[1]

Der Bergbau. Maloche auf dem Pütt, das ist Knochenarbeit, Schweiß und Kohlenstaub, klare Hierarchien und ein bisweilen grober Umgangston. Eine Männerdomäne wie sie – wortwörtlich – im Buche steht. Aber ging es dort tatsächlich so *männlich* zu, wie uns die Literatur darüber wissen machen will? Ob in Bergarbeiterromanen, Gedichten von schreibenden Hauern oder in wissenschaftlichen Texten – Frauen tauchen zwar auf, spielen jedoch bestenfalls eine untergeordnete Rolle. So finden sie lediglich Beachtung als Hüterin des Familiensegens oder moralisches Rückgrat des Mannes – Rollen, die ihnen angeblich naturgemäß am besten liegen – und werden in einem einfachen Unterkapitel abgehandelt. Das Gros der Bergbauporträts scheint uns genau das vermitteln zu wollen, wenn sie nicht sogar gänzlich auf die weiblichen Schicksale im vermeintlichen Hintergrund verzichten. In diesem Buch ist das – zumindest auf den ersten Blick – nicht anders.

Möchte man eine Geschichte über die Frau eines Bergmanns schreiben, so ist es nahezu unmöglich, an den großzügig bedienten Geschlechterklischees, wie »Die Frau gehört ins Haus« oder »Eine Frau hat nicht außerhalb des Hauses zu arbeiten«, vorbeizukommen. Und wie es wohl bei allen Klischees so ist, ein Fünkchen Wahrheit ist mindestens immer mit im Spiel. Denn woher sollten diese Vorstellungen sonst letztendlich kommen? Schauen wir uns also zunächst das ›typische‹ Leben einer Bergmannsfrau an. Was waren ihre Aufgaben in einer Bergarbeiterstadt wie Gelsenkirchen, wie sah ihr Alltag aus? War ihre Rolle innerhalb der Bergarbeiterkolonie und der Gesellschaft tatsächlich so nebensächlich, dass ihr Schicksal allenfalls eine Fußnote in den zahlreichen Bergbaugeschichten wert war? Gab es vielleicht sogar Momente, in denen sie ihrem ›unsichtbaren‹ Schicksal entrinnen konnten? Fragen wie diese, die sich mit dem Leben der Frauen beschäftigen, widmeten sich die Geschichtswissenschaften im Allgemeinen relativ spät – erst recht in einem so männlich geprägten Terrain wie dem Bergbau. Erst mit der in den 1970er Jahren aufkommenden Frauengeschichte sollte, nachdem die bisherige männlich dominierte Geschichtsschreibung Frauen und ihre spezifischen Handlungs- und Erfahrungsräume ausgeklammert hatte, der Versuch unternommen werden, die Geschichte auch unter Berücksichtigung ihrer ›weiblichen Seite‹ neu zu bewerten.

Erschwert wird das Verfassen einer Geschichte über Leben und Alltag von Bergmannsfrauen allerdings durch eine mangelhafte Überlieferungslage. Quellen zu Lebenserfahrungen von Bergarbeiterfrauen, so berichtet es beispielsweise auch die Sozialhistorikerin Jutta de Jong, sind eher spärlich gesät. Dies hatte zur Folge, dass die meisten Erkenntnisse auf dem Weg der »Oral History« erlangt werden mussten. Neben den vielen Vorteilen einer Berichterstattung von Zeitzeuginnen, wie dem Einblick in die individuelle Wahrnehmung eines historischen Ereignisses und der Möglichkeit diverser Perspektivwechsel, hat diese Methode jedoch einen ganz offensichtlichen Haken: Die Recherchearbeit hängt unmittelbar mit der Lebensdauer der interviewten Menschen zusammen. Für weiter zurückliegende Zeitepisoden wie die Geschehnisse vor dem Ersten Weltkrieg muss mit dem wenigen vorhandenen Quellenmaterial vorliebgenommen werden. Aber wenn es auch nicht viel ist – Erwähnung finden die Frauen dennoch. Und mag dies oftmals auch nur indirekt in Nebensätzen von Zeitungsartikeln, einem Vers über das Leben in einer Bergbaukolonie oder Briefen geschehen.

Betrachten wir das Frauenleben in einer Bergarbeiterkolonie im Wandel der Zeit, so markieren die 1950er Jahre einen Wendepunkt. Als sich in diesen Jahren die Produktions- allmählich zu einer Konsumgesellschaft wandelte, erfuhr auch das Bergarbeiterleben einen qualitativen Sprung: »Früher ging's ums Überleben, heute geht es um den Lebensstandard,« brachte es eine der von Jutta de Jong interviewten Bergarbeiterfrauen aus Herten auf den Punkt.[2] Unsere Beschreibung des alltäglichen Lebens einer Bergmannsfrau wird sich daher sowohl den Veränderungen als auch den Kontinuitäten widmen.

Der Alltag einer Bergmannsfrau

Zu einer Bergarbeiterfrau wird eine Frau, sobald sie einen Bergarbeiter geheiratet hat. So simpel das klingen mag, ist es doch von entscheidender Bedeutung, dass die Frauen über das wahrgenommen wurden, was ihre Ehemänner darstellten. Diese schufteten unter Tage, die Frauen über Tage. Gesellschaftlich anerkannt wurde jedoch lediglich die Arbeit des Mannes, nach der seiner Frau fragte zumeist niemand. Einen Ausweg aus diesem Leben, ja aus dem Revier gab es nur selten. Dass die Tochter eines Bergmanns auch wieder einen Kumpel heiraten würde, war so gut wie sicher.

Wie aber verbrachte eine Bergmannsfrau nun ihren Alltag? Bis zur eigenen Eheschließung hatte eine junge Frau entweder die Möglichkeit, ihrer Mutter im Haushalt zur Hand oder aber als Dienst- oder Kindermädchen beim Lehrer oder Steiger »in Stellung« zu gehen – und somit den familiären Haushalt finanziell zu unterstützen. Nach der Heirat war die Frau einzig und allein für den eigenen Haushalt zuständig und somit für alles, was der Existenzsicherung der Familie und dem Erhalt der Erwerbsarbeitskraft des Mannes diente. Die ›klassischen‹ Aufgaben umfassten dabei Kochen, Waschen, Putzen und die Erziehung der Kinder. Aber auch die Pflege des Nutzgartens und der eventuell vorhandenen Nutztiere, die Instandhaltung des Hauses, nicht zu vergessen die Außenvertretung der Familie bei Ämtern oder Behörden sowie die Verwaltung des Geldes zählten dazu. Gerade Letzteres stellte nicht selten ein schwieriges Unterfangen dar, denn der Lohn des Bergmanns reichte oft nicht aus, um die gesamte Familie ernähren zu können. Durch Streiks, Verzögerungen bei der Lohnzahlung, etwaigen Krankheiten und dem immerwährenden Risiko vorzeitiger Arbeitsunfähigkeit des Mannes war der bergmännische Haushalt zusätzlichen Schwankungen unterworfen. Auch Kinderreichtum bedrohte den bescheidenen ›Wohlstand‹ einer Familie. Den Haushalt zu führen, bedeutete demnach viel mehr, als nur für das Wohlergehen aller Familienmitglieder zu sorgen. Es ging ums reine Überleben. Um dies gewährleisten zu können, sahen sich die Frauen oftmals dazu gezwungen, durch zusätzliche Arbeit – beispielsweise der Versorgung von Schlafgängern oder durch in Heimarbeit hergestellte Hand- und Näharbeiten – das Einkommen der Familie zu vergrößern. Wie diese vielfältige Arbeit öffentlich wahrgenommen wurde, zeigt sich in einer nur auf dem ersten Blick einer Eloge gleichenden Rede aus dem Jahr 1950:

> »Alles haben die Frauen daran gesetzt, um dem Manne, der […] *Tag für Tag zu seiner schweren Arbeit anfährt, im hausfraulich umhegten und betreuten Bezirk eine wahre Heimat und Stätte der Erholung zu geben und die Kinder zu tüchtigen Menschen heranzuziehen. Und dabei fanden sie immer auch ein Augenblickchen Zeit, um des Mannes Steckenpferd zu pflegen, seine Täubchen zu betreuen, Hühner, Kaninchen, Fische zu hegen, ohne Murren sein Vereinsblättchen zu bezahlen*

Die Frauen der Bergarbeiter | 133

*und den von gar zu anregender Züchterversammlung Heimkehrenden richtig in sein Bett zu versorgen. Auch soll es unter ihnen viele geben, die des Mannes Arbeitsplatz ganz genau kennen, […] obwohl sie selbst nie unter Tage gewesen sind; echte innere Anteilnahme an seinen Berichten war ihnen der Wegweiser dorthin.«*³

Zwar werden die diversen Tätigkeitsfelder einer Bergarbeiterfrau fast mit einem romantischen Beiklang aufgezählt, doch findet mit keiner Silbe Erwähnung, wie anstrengend und auslaugend ihre Arbeit tatsächlich war.

Eine Bergmannsfrau musste sich vollkommen nach der Arbeit des Mannes richten, ganz gleich, zu welcher Zeit dieser seine Schicht in der Zeche begann. Es galt fortwährend Flexibilität zu beweisen und die Arbeit selbst bei einem ständig wechselnden Tagesrhythmus mit der nötigen Sorgfalt zu verrichten. Wenn ihr Mann auch zur Nachtschicht einfuhr, so mussten die Kinder dennoch morgens in die Schule. Die Versorgung von Garten und Vieh und alle anderen Verpflichtungen ließen sich ebenfalls nicht verschieben. Viel Freizeit kannte die Bergmannsfrau jedenfalls nicht. Wenn ihr Mann am Wochenende frei hatte, musste sie sich um die Wäsche kümmern. Denn der Sonntag war der einzige Tag in der Woche, an dem es möglich war, das Grubenzeug, das ein Bergarbeiter nicht nur selber finanzieren, sondern auch Instand halten musste, zu reinigen und auszubessern.

Saubere und weiße Wäsche – ohnehin ein empfindlicher Punkt für eine jede Bergmannsfrau. Ja, es scheint sogar, dass besonders in der schmutzigen kohlschwarzen Arbeitsrealität eines Bergarbeiters umso mehr Wert darauf gelegt wurde, dass die Wäsche blütenweiß war. Schon der Fotograf Chargesheimer, der 1958 mit Heinrich Böll zusammen seine Bildreportage *Im Ruhrgebiet* veröffentlichte, dokumentierte diese spezielle Herausforderung mit seiner Kamera: Von schwarzen Rußwolken umgehen, sind im Hintergrund die Kohlenschächte zu sehen, im Vordergrund dagegen hängt Wäsche auf einer Leine, weiß leuchtend vor Sauberkeit.⁴ Damit nicht alles vergebens war, musste genauestens auf Wind und Wetter Acht gegeben werden, nicht dass der Ruß durch ein einzelnes verzagtes Lüftchen aus der falschen Richtung das mühsame Tagwerk zunichtemachte. Denn Waschen war körperliche Schwerstarbeit. So kam eine Untersuchung des Max-Planck-Instituts für Arbeitsphysiologie zu dem Ergebnis, dass das Wäschewaschen von Hand der Arbeit eines Kumpels unter Tage in nichts nachstehe, sei doch der Kalorienverbrauch der gleiche. Neben der enormen körperlichen Belastung barg das Waschen von Hand in einem großen Waschbottich aber auch ein oft unterschätztes Gesundheitsrisiko. So geschahen des Öfteren Haushaltsunfälle, bei denen

»Stadtlandschaft«
→ S. 17

Abb. 62: *Waschmaschine mit Wassermotor, Wringer und Zinkwannen am Hintereingang eines Hauses in einer Gelsenkirchener Bergarbeiterkolonie, um 1950*

Kinder sich an der heißen Lauge verbrühten, in manchen Fällen sogar zu Tode kamen. Dass die Reinigung des Grubenzeugs ebenfalls zu Hause erledigt werden musste, hat neben der Tatsache, dass dies zusätzliche Arbeit bedeutete, auch noch einen arbeitspolitischen Aspekt, denn so wurde die Hausfrau bewusst als unbezahlte Arbeitskraft in den Produktionsprozess der Zeche einkalkuliert.

Täglich kümmern musste sich die Bergmannsfrau auch um die Pflege des Nutzgartens. Wer keinen eigenen Garten hatte, musste ein Stück Land pachten. Das zusätzliche Anbauen von Lebensmitteln war zur Ernährung der Familie unverzichtbar. Da der Lohn des Mannes oftmals nicht aus-

Abb. 63:
Frauen in der Kleingartenanlage Haus Goor vor Zeche Consolidation 1/6, um 1962

reichte, um über die Runden zu kommen, musste gespart und gestreckt werden, was das Zeug hielt. Das Anbauen von Obst und Gemüse sowie die Haltung von Nutztieren bedeutete eine willkommene Aufbesserung der Mahlzeiten. Alles wurde selbst verarbeitet und eingemacht. Auch das Fleisch wurde in Eigenarbeit verwurstet. Die Schlachtung war allerdings Männersache und wurde nur selten von der Hausfrau durchgeführt.

Um zusätzlich Geld zu verdienen, vermieteten Bergarbeiterfamilien nicht selten Zimmer an Schlafgänger. So wurden Personen bezeichnet, die gegen Bezahlung ein Bett nur für einige Stunden am Tag mieteten, während es vom Eigentümer nicht selbst benötigt wurde. Auf Grund des Schichtdienstes der Bergarbeiter stellte es kein Problem dar, einen oder gar zwei Schlafgänger zu beherbergen, während der Ehemann unter Tage malochte. Dieses Kost- und Schlafgängertum war insbesondere ein Phänomen der Zeit vor dem Ersten Weltkrieg, in der Wohnraum im Zuge der industriellen Erschließung des Ruhrgebiets und der darauf folgenden Zuwanderungswelle von Arbeitern besonders knapp war. Andere Gründe für den Mangel an Wohnraum waren während und unmittelbar nach dem Ersten Weltkrieg auch der kriegsbedingte Heirats- und Familienboom, Kriegsheimkehrer sowie Arbeitssuchende und Flüchtlinge aus den Grenzgebieten, die ins Ruhrgebiet kamen, um neben Arbeit auch eine Wohnung zu finden. Erhofften sich die Behörden zunächst noch pietätlos, der Wohnungsmangel würde sich über kurz oder lang durch die Anzahl gefallener Soldaten von selbst regulieren, offenbarte sich ihr Ansatz schon bald als ebenso ahnungslose wie fatale Fehlkalkulation: Denn, darauf hatte der *Westfälische Verein zur Förderung des Kleinwohnungswesens* in Münster schon 1916 hingewiesen, die »im Krieg gefallenen Soldaten« brachten keineswegs »eine Entlastung des Wohnungsmarktes der Nachkriegsjahre mit sich […], weil deren Familien in der Regel in den Wohnungen wohnen blieben«.[5] So war lange Zeit keine Verbesserung auf dem Wohnungsmarkt in Sicht. Die Wohnungsnot war jedoch nicht die einzige Ursache für einen ledigen Arbeiter, sich bei einem Kumpel einzumieten. Auch der familiäre Anschluss, die Essensversorgung sowie das Waschen und Ausbessern seiner Wäsche waren nicht zu verachten. Für die Frau eines Bergarbeiters bedeutete dies natürlich nicht nur zusätzliche Arbeit, das Leben insgesamt gestaltete sich noch etwas komplizierter, musste sie sich doch nun den Schichten mehrerer Arbeiter anpassen.

Nach dem Krieg wurde das Phänomen der Schlafgänger vom Untermietwesen abgelöst. Zum einen erweiterten sich die Kernfamilien – miteinander verwandte Familien lebten nun unter einem Dach –, zum anderen entstanden Mehrfamilienhaushalte. Die Familien schlossen sich wegen der stark ansteigenden Lebenshaltungskosten der Inflationsjahre zusammen. Familien vermieteten entweder an eine andere Familie oder an mehrere Einzelpersonen. Für die Bergarbeiterfamilie bedeutete das Teilen des Wohnraums eine zusätzliche Belastung. Lebten zehn bis zwanzig Personen unter einem Dach zusammen, stand es um die Hygiene zumeist eher schlecht. Und so viele konnten es durchaus sein, hat es doch den Anschein, dass insbesondere kinderreiche Familien vielen zusätzlichen Personen Wohnraum vermieteten. Es dauerte nicht lange, bis die Medizin ihr Augenmerk auf diese Konstellation richtete; regelmäßig wurde von neuen Krankheitsfällen berichtet. Auch gingen oftmals Beschwerden wegen Verwahrlosung und Verletzung der Sittlichkeit durch ebenjene Zustände der »Überbewohnung« bei der Polizei ein. Neben den mangelnden Hygienestandards stellte die Vermietung des ohnehin schon knapp bemessenen Wohnraums – in der Regel besaß eine achtköpfige Familie maximal eine Drei-Zimmer-Wohnung – für die Frau des Bergmanns eine zusätzliche Herausforderung dar, war doch sie allein für die Organisation des Haushalts zuständig.

Neben der Vermietung von Schlafplätzen und Wohnraum hatte eine Bergarbeiterfrau kaum eine Möglichkeit, die finanzielle Situation der Familie aufzubessern. Und sie sollte es auch gar nicht! Selbst im von Armut geprägten Arbeitermilieu galt es als ein ›Privileg‹ der Ehefrau, nicht außerhäuslich erwerbstätig sein zu müssen. Auch die Männer hielten an der klassischen Rollenverteilung fest und waren meist wenig erfreut, wenn ihre Frauen eine Stelle antraten. Im Raum Gelsenkirchen wäre es ohnehin nicht einfach gewesen, einen Arbeitsplatz zu finden, da typische ›Frauenarbeitsplätze‹ kaum vorhanden waren. Vor der industriellen Kohleförderung gab es in dieser Gegend nichts außer einigen Höfen. Mit der Ausweitung der Industrie zogen Arbeitssuchende mit ihren Familien in die entstehenden Bergbausiedlungen. Da die gesamte Gegend jedoch lediglich auf den Bergbau und die expandierende Montanindustrie ausgerichtet war, entstand ein Überschuss an männlich-dominierten Arbeitsplätzen, der mitunter eigentümliche Folgen nach sich zog: So wird sogar davon berichtet, dass Frauen aus dem Ruhrgebiet in den 1950er Jahren an den Niederrhein ›auswanderten‹, um Arbeit in der dort stark vertretenen Textilindustrie zu finden, deren Image so weiblich war wie das des Bergbaus männlich. In ländlichen Gegenden gab es sonst noch die Möglichkeit, bei einem benachbarten Bauern gegen Geld oder Lebensmittel beim Bestellen der Felder zu helfen.

Zechenportraits »Bergmannsglück« → S. 154 und »Wilhelmine Victoria« → S. 97

Das Leben jenseits des Alltags

Doch besondere Ereignisse erfordern besondere Handlungen. Und in der Tat gab es immer wieder Situationen, in denen die Bergarbeiterfrau über ihre normale Rolle hinauswachsen konnte (und musste). Während der großen Bergarbeiterstreiks, die die Jahre 1889, 1905 und 1912 im Ruhrgebiet nachhaltig prägten, waren die Ehefrauen nämlich selbst dazu gezwungen, im Arbeitskampf Stellung zu beziehen. Schon wegen ihrer Verantwortung gegenüber ihren Familien konnte ihnen der Ausgang solcher Arbeitsniederlegungen nicht gleich sein. In der öffentlichen Wahrnehmung spielten die Frauen dabei meist eine eher untergeordnete Rolle, lediglich in vereinzelten Nebensätzen tauchen sie als Beteiligte auf. Warum es für sie aber eine Notwendigkeit darstellte, auch selbst aktiv zu werden, erklärte die während eben jener Streikperioden führende Funk-

Zechenportrait »Ewald« → S. 120

tionärin der proletarischen Frauenbewegung, Clara Zetkin, wie folgt: »Die Arbeiterfrau fühlte zuerst und am härtesten die Opfer, welche jeder Ausstand den Arbeitern auferlegt. Keine Arbeit, kein Geld im Haus, aber dabei weiter wirtschaften, gerade so viel hungrige Mägen füllen wie sonst, hieß es für sie.«[6] In Ihren Worten wird sowohl die Angst der Frauen vor einem möglichen Streik offenbar wie auch, warum diese eher dazu tendierten, beschwichtigend auf ihre Männer einzuwirken. Dem Elend sollte schnellstmöglich Einhalt geboten werden. Jedoch gab es auch Frauen, die ihre Männer regelrecht anstachelten und vollends hinter den Forderungen der Arbeiter standen. Kein Wunder, dass sie ein lebhaftes Interesse an der Arbeitspolitik der Zecheneigner hatten, waren sie doch von der Erwerbsarbeit ihrer Männer vollkommen abhängig. Immer dicht an der Armutsgrenze, waren sie vom Konflikt zwischen Kapital und Arbeit mindestens genauso getroffen wie die Kumpel selbst. Ihre Bereitschaft, hinter einem Streik zu stehen, war auch abhängig von den Jahreszeiten. Im Winter war gut streiken, zehrte die Familie in den kalten Monaten doch sowieso größtenteils von ihren gehamsterten Vorräten. Im Mai dagegen waren diese meist schon aufgebraucht, der Nutzgarten verlangte von Neuem ungeteilte Aufmerksamkeit, damit die Familie genug zu essen hatte und um vielleicht schon für den nächsten Winter Vorräte anzusammeln. Alles andere als bloße ›Heimchen am Herd‹ hatten die Bergarbeiterfrauen ein großes Interesse an der Verbesserung der Arbeitsumstände ihrer Männer, profitierten sie doch auch unmittelbar selbst davon, wie zum Beispiel durch die geforderte Familienmitversicherung. Womit sie allerdings nicht rechnen konnten, war eine Verbesserung der eigenen Arbeitsumstände. Ihre eigene ›16-oder-mehr-Stunden-Schicht‹ blieb ihnen nicht erspart.

Die zweite Situation, in der Frauen eine herausragende Rolle einnahmen, waren Kriegszeiten. Vor allem im Ersten Weltkrieg musste die Arbeitskraft der vielen Einberufenen ersetzt werden. Invalide und Untaugliche konnten diesen Aderlass nicht ausgleichen. Also mussten die Frauen kurzerhand die Arbeit der Männer verrichten. Auch im Bergbau wurde das »industrielle Reserveheer« eingesetzt,[7] wenn auch möglichst nur über Tage. Ida Martin, Bergmannstochter, berichtet über die Arbeit ihrer Mutter auf der Zeche BERGMANNSGLÜCK in Buer-Hassel im Jahr 1915: »Außer in den Gruben haben die Frauen praktisch überall die Arbeit der Männer gemacht. Der Koks, der glühend aus den Öfen kam, wurde von den Frauen mit großen Gabeln auf Loren geladen, die dann in bereitstehende Waggons gekippt wurden.«[8] Als der Krieg vorbei war, kehrten die Männer in die Heimat zurück in Erwartung, wieder ihre gewohnte Arbeit verrichten zu können. Aufgrund der neuen Selbstständigkeit, die die Frauen durch ihre Stippvisite in das Arbeitsle-

Abb. 64:
Erster Weltkrieg: Arbeiterinnen auf der Zeche Bergmannsglück, 1916

ben der Männer erlebten, fürchteten die Kriegsheimkehrer ebenso um ihre Arbeitsplätze wie um ihre gesellschaftliche Rolle als Ernährer der Familie. Wie sehr sich die Bergarbeiter über die ungewohnte Situation empörten, wurde beispielsweise auf einer 1917 abgehaltenen Mitgliederversammlung des *Gewerkvereins christlicher Bergarbeiter*, Zahlstelle Hassel, deutlich: »Wahrscheinlich«, so einer der entrüsteten Bergarbeiter, »würden die Unternehmer nach dem Kriege als billige Arbeitskräfte auch gern die Frauen behalten. Das muß abgeschafft werden, denn die Frau gehört ins Haus.«[9] Zuvor war bei dieser Versammlung lebhaft über das Kriegshilfsdienstgesetz diskutiert worden, stellten sich die Bergleute nach dem Krieg doch auf schwere Kämpfe gegen die Lohndrückerei der Unternehmer ein. In den Worten des Bergmanns schwingt ebenso die Auffassung über feste und nicht veränderbare Geschlechterrollen mit wie die Angst der Kriegsheimkehrer um ihre Arbeitsplätze. Zudem wird deutlich, dass Frauenarbeit schlechter bezahlt wurde und dass diese Tatsache kein Geheimnis war, sondern sogar Männer um die Abwertung ihrer eigenen Arbeit fürchten ließ. Frauenarbeit als Mechanismus des Lohndrückens scheint ein bekanntes Phänomen gewesen zu sein. Genau dies erkannten wohl auch die Frauen, denn sie wehrten sich zunächst gegen die drohende Entlassung nach dem Ende des Krieges – bis November 1919 sollten alle Stellen wieder durch Männer besetzt sein.

Abb. 65:
Erster Weltkrieg: Arbeiterinnen der Kokerei Westerholt, 1916

Die Zechen BERGMANNSGLÜCK und WESTERHOLT beschäftigten allerdings bis Oktober 1919 noch 280 Frauen.

Im Zweiten Weltkrieg verhielt es sich mit dem Arbeitseinsatz der Frauen anders. Auf Grund der herausragenden Rolle der Mutter im nationalsozialistischem Deutschland als Garantin für das – wie es so hieß – Fortbestehen der »arischen Rasse« sollten deutsche Frauen möglichst nicht als Arbeitskraftersatz verbraucht werden. Besetzt wurden die vakanten Arbeitsplätze meist mit Zwangsarbeitern und Kriegsgefangenen sowie über die Zurückstellung deutscher Facharbeiter vom Militär. Wenn diese nicht ausreichten, griff man auf die Arbeitskraft ausländischer Frauen zurück.

Zechenportrait »Scholven« → S. 165

Weitere einschneidende Ereignisse, die das Leben einer Bergarbeiterfamilie erschwerten, ja sogar in ihrer Existenz bedrohten, waren Grubenunglücke. Eine Bergarbeiterfrau fürchtete eigentlich zu jeder Zeit, dass ihr Mann irgendwann einmal nicht mehr lebend von der Schicht zurückkommen könnte. Der Tod des Mannes war in gleich mehrerer Hinsicht existenzbedrohend für die Familie. Nicht nur war die Witwenrente deutlich niedriger als der volle Lohn eines Bergarbeiters, der auch schon kaum ausreichte. Die Familie konnte zudem dazu gezwungen sein, die Zechenwohnung zu verlassen, was bedeutete, völlig auf sich allein gestellt zu sein und auch keine Möglichkeit mehr zu haben, den finanziel-

Abb. 66: *Zweiter Weltkrieg: Arbeiterin des Schalker Vereins an einer Drehbank, 1943*

Abb. 67: *Schlagwetterexplosion auf Zeche Dahlbusch am 3. August 1955: Geretteter Bergmann in den Armen seiner Frau*

len Engpass durch Selbsterwirtschaftung von Lebensmitteln auszugleichen, da das verbliebene Geld nicht für eine neue vergleichbare Wohnung mit Nutzgarten ausreiche. Aber nicht nur der Tod des Mannes stellte eine Bedrohung dar. Auch im Krankheitsfall konnte es eng werden mit der Versorgung. Zwar gab es bei Krankheit oder Verletzungen eine Ausgleichszahlung, allerdings war diese so gering, dass je nach Länge der Arbeitsunfähigkeit die Familie in große Schwierigkeiten geriet.

Auch wirtschaftliche Schwankungen konnten eine unberechenbare Gefährdung für die Familie bedeuten, wie beispielsweise die Weltwirtschaftskrise 1929, welcher viele Arbeitsplätze zum Opfer fielen. Hier musste besonderer Erfindungs- und Ideenreichtum an den Tag gelegt werden. Durch sparsamstes Umgehen mit dem, was vorhanden war, durch Aufteilen, Einteilen und Strecken von Lebensmitteln, wurde der Krise entgegengewirkt. Gerade bei der Nahrungszubereitung galt die Devise ›aus nichts etwas machen‹. Die Männer wurden üblicherweise bei der Rationsverteilung bevorzugt, insbesondere bei Fleisch, schon allein um ihre Arbeitskraft zu erhalten.

Für ein kleines bisschen Luxus

Nach dem Zweiten Weltkrieg sollte sich die Lebenssituation in den Zechenkolonien allmählich ändern. Durch den Wirtschaftsboom ging es den Bergarbeiterfamilien rasch verhältnismäßig gut. Der frühere Nutzgarten wurde zu einem Ort der Freizeit und Entspannung, der tägliche Kampf um Lebensmittel durch einen wöchentlichen Einkauf im Supermarkt abgelöst. Durch die Erfindung von Waschmaschine und Geschirrspüler wurde die Arbeit der Hausfrauen um ein Vielfaches erleichtert und zugleich weniger zeitintensiv. Zudem wurde das Grubenzeug des Mannes nun zentral im Zechenbetrieb gereinigt. Auch die Anzahl kinderreicher Familien nahm ab, da beispielsweise durch die Antibabypille Familienzuwachs planbarer wurde. Durch diese vielfältigen Entlastungen und die Entstehung von leichtindustriellen Arbeitsplätzen auch in den Montanregionen war es nun auch den Frauen möglich, Arbeit zu finden und in Teilzeitjobs das Einkommen der Familie aufzubessern. Die Hauptmotivation stellte die Sicherung, wenn nicht Anhebung des Lebensstandards dar. Der Konsum fand auch in den Bergarbeiterhaushalt Einzug, die Haushalte leisteten sich teure und wuchtige Möbel – Stichwort ›Gelsenkirchener Barock‹ – und einige sogar Luxusgegenstände wie einen Fernseher.

Zugleich war die Zunahme der Erwerbstätigkeit von Frauen aber auch eine Absicherung im Falle der Arbeitsunfähigkeit des Mannes und im

Abb. 68: *Frauen in der Gelsenkirchener Bahnhofsstraße, 1962*

Zuge der Bergbaukrise eine existenzsichernde Alternative. Die Verwaltung des Familienbudgets blieb meist in der Hand der Frauen. Zwar boten die neuen Entwicklungen eine Verbesserung der Lebensumstände der Bergarbeiterfamilie und vor allem für die Frau eine Entlastung in ihren zahlreichen Aufgaben. Die klassische Rollenverteilung jedoch blieb bestehen, die Haushaltsführung die Sache der Frauen. Nach wie vor war das Leben der Frauen, ja der ganzen Familie, von der Arbeit und der Erwerbsfähigkeit der Männer abhängig. Jedoch schienen sie diesen Umstand nicht in Frage zu stellen. So stellten sie ihr Handeln oft unter die Devise: »Geh mal hin, das kann deinem Mann nützen.« Ihre Abhängigkeit schien ihnen normal zu sein. Obwohl die gängige Literatur über den Bergbau hauptsächlich von den Geschehnissen unter Tage, der schweißtreibenden Arbeit der Männer, den gewerkschaftspolitischen Bewegungen, kurzum, von allem rund um den Arbeitsplatz des Bergarbeiters handelt, so war es doch die Frau des Bergmanns, die dafür Sorge trug, dass die Arbeitsfähigkeit des Mannes garantiert war. Erst durch ihren Einsatz innerhalb der Familie konnte der ›Betrieb‹ aufrecht erhalten werden. Wahrgenommen wurde die Bergmannsfrau jedoch lediglich als Randfigur des Bergbaus. Allerdings, das wusste schon Bertolt Brecht, kann auch eine Nebenrolle essentiell für das Gelingen eines Stückes sein, in unserem Falle für den Fortlauf des Bergwerksbetriebs: Je größer die Qualität bei der Besetzung der Nebenrolle, desto besser auch die Inszenierung.

Die Bergarbeiterfrau Käthe Bechmann (*1931) aus Gelsenkirchen-Horst erlebte die eben beschriebene Übergangszeit zwischen Überlebenskampf und Konsumgesellschaft am eigenen Leib. Sie kam aus einer kinderreichen Bergarbeiterfamilie und fand als unverheiratete junge Frau als Serviererin und später als »Büffethilfe« eine Anstellung, um die Familie finanziell zu unterstützen bis sie selber heiraten würde. 1958 ehelichte sie schließlich einen Bergmann, der auf der Zeche NORDSTERN arbeitete, und zog mit ihm in eine 45 Quadratmeter große Zwei-Zimmer-Zechenwohnung. Arbeiten musste sie weiterhin, damit das Geld reichte – vor allem nach der Geburt ihres ersten Sohnes (*1961). Sie berichtet, dass ihre fortwährende Arbeitstätigkeit – seitdem sie Mutter geworden war schließlich nur noch an den Wochenenden – unüblich und keinesfalls selbstverständlich war. Nur durch die Zustimmung ihres Mannes war es ihr möglich, arbeiten gehen zu können. Für die Familie aber war es unverzichtbar – »[…] und wenn's nur die halbe Miete war«.[10] Sie bekam nur noch einen zweiten Sohn (*1973). Der früher in Arbeiterfamilien häufig anzutreffende, in ihrer eigenen Kindheit erlebte Kinderreichtum blieb aus. Pünktlich zur Geburt des zweiten Kindes zogen sie in eine größere Wohnung – das altbekannte Problem des Platzmangels betraf sie nicht.

Abb. 69: Schaufensterwerbung für moderne Waschmaschinen in Gelsenkirchen, 1960

Zwar musste Käthe Bechmann weiterhin zusätzlich neben ihrer Hausfrauentätigkeit arbeiten, jedoch erfuhr sie ihre Arbeitstätigkeit auch als Garant für persönlichen Freiraum, als etwas, das sie »ganz für sich allein machen« konnte.[11] Käthe Bechmann erlebte zwar in ihrer Kindheit noch die harten Lebensbedingungen einer Bergarbeiterfamilie und musste auch vor allem in den ersten Jahren ihrer Ehe noch extrem haushalten, jedoch fand auch in ihrer Familie ein gewisser Luxus Einzug, sodass sie neben Haus, Kind und Beruf noch Zeit für ihre eigene Freizeitgestaltung fand.

Überspitzt gesagt, müssen die 1950er Jahre doch rosige Zeiten für eine Arbeiterfrau gewesen sein. Erfindungen wie Spülmaschine und Wäschetrockner erlaubten ein Quäntchen an Bequemlichkeit und Luxus. Das Geld reichte aus und so sollte man meinen, dass frau ein Leben (fast) ohne Kummer und Sorgen im Reigen ihrer Familie führen und ihre Erfüllung als Hausfrau und Mutter finden konnte. Ging sie dennoch außer Haus arbeiten, so war es lediglich, um einen Zuverdienst zum Gehalt des Mannes beizusteuern, mit dem weitere Luxusgegenstände wie Radio und Fernseher oder vielleicht sogar ein Kurzurlaub finanziert werden sollten. Aber ließen sich die Frauen auf Dauer diesen nur nebensächlichen Status als Zuverdienerinnen gefallen?

Schauen wir einmal über den Tellerrand der Welt des Bergbaus hinaus, so zeigt sich schnell, dass sich die einst eng gesteckten Grenzen auf dem Arbeitsmarkt zu weiten begannen und sich so Räume ergaben für die Selbstbehauptung der Frauen in der Arbeitswelt. Je mehr technische Neuerungen den Hausfrauenalltag erleichterten, je höher der Lebensstandard in den 1950er Jahren stieg, desto mehr wuchs auch der Anteil der erwerbstätigen Frauen. Aber wie sah ihr Alltag dort aus? Konnten sie so einfach ihre Küchen verlassen und auf dem Arbeitsmarkt Fuß fassen? Das traditionelle Bild des Mannes als Ernährer der Familie, die klassische Hausfrauenehe, herrschte in weiten Kreisen noch vor. Ein Zuerwerb der Frau war seitens der Männer häufig gar nicht erwünscht. Er wurde nur dann toleriert, wenn er denn wirklich für das Überleben der Familie notwendig war oder aber gezielt für den Erwerb bestimmter Luxusgüter einkalkuliert wurde. ›Leben‹ statt ›Überleben‹ hieß ab sofort die Devise.

Aber war der Arbeitsmarkt überhaupt auf Frauen vorbereitet? Im Ruhrgebiet der Nachkriegszeit war diesbezüglich einiges im Fluss. Die Historikerin Yong-Sook Jung spricht für diese Periode gar von einer Feminisierung des männlich dominierten Arbeitsmarktes. Zuvor machte der Mangel an ›weiblichen‹ Arbeitsplätzen die Emanzipation der Frau auf dem Arbeitsmarkt praktisch unmöglich: Während 1925 noch jede dritte Frau im Bereich der Haushaltsdienstleistungen, wie zum Beispiel bei einer gutgestellten Familie »in Stellung«, beschäftigt war, so war es bis 1950 nicht mal mehr jede fünfte. Besonders viele Arbeitsplätze wurden bis 1960 in den Bereichen Einzelhandel, Reinigung und Hygiene geschaffen – nicht selten auch als Reaktion auf die steigende Konsumkraft in der Arbeiterschicht. Nachdem ab 1950 vermehrt neue Industrien erschlossen wurden, die speziell weibliche Arbeitskräfte ansprachen, ist von 1950 bis 1959 ein Zuwachs an Arbeitnehmerinnen von 20 Prozent zu verzeichnen. Geschlechtsunabhängig sind es hingegen lediglich 16 Prozent. Besonders einschneidend wirkte sich die Kohlekrise ab 1958 auf die Arbeitsmarktentwicklung aus, wurden doch in deren Folge viele ›männliche‹ Arbeitsplätze abgebaut. Die Anzahl der Ruhrbergleute sank von 55,2 auf 24,7 Prozent der Arbeitspopulation. Diese einschneidende Entwicklung löste soziale und politische Diskussionen aus, die auf eine strukturelle Reform des Industriesektors hinauslaufen sollte. Die Konzentration auf eine einzige Industriesparte innerhalb der Region, den Montansektor, wurde als Problem erkannt. Im Zuge dieser Überlegungen wurden weitere alternative Industrien angesiedelt, die wiederum vor allem auf Frauen zugeschnittene Arbeitsplätze schufen. Zunächst war die vorherrschende Branche die Textil- und Bekleidungsindustrie, die nicht zuletzt aufgrund der geringen Löhne in der Region toleriert und deswegen auch nicht als Konkurrenz empfunden wurde. Angestellte verdienten dort etwa halb so viel wie Bergleute. Doch schon in den 1960ern Jahren erfuhr die deutsche Textilindustrie eine radikale Umstrukturierung, da sie mit den Produkten der Niedriglohnländer nicht konkurrieren konnte. An ihre Stelle trat schließlich die Elektroindustrie, die neben den niedrigen Löhnen auch die Zuschreibung als ›typisch weiblich‹ mit der Bekleidungsindustrie gemein hatte.

Zechenportrait »Graf Bismarck« → S. 220

Im Gegensatz zur gesamten Bundesrepublik blieb die weibliche Arbeitstätigkeit im Ruhrgebiet allerdings trotz der Umbrüche noch immer unter dem Durchschnitt. Die dennoch zu verzeichnende regionale Zunahme ist auf die Deindustrialisierung zurückzuführen, da Frauen vor allem im Bereich der Dienstleistungen angestellt wurden. Bis 1980 verlor das Ruhrgebiet mehr als ein Viertel seiner Arbeitsplätze in der Industrie. Problematisch war insbesondere die hohe Abhängigkeit des Dienstleistungsgewerbes von der Schwerindustrie, beispielsweise der Transport und Vertrieb von Kohle und Stahl – beides Branchen, die im steten Niedergang begriffen waren. Die weibliche Unterbeschäftigung in der Nachkriegszeit ist dagegen laut Yong-Sook Jung auch auf die damals noch ungenügende Ausbildung der Frauen zurückzuführen. Vor allem im Ruhrgebiet waren diesbezüglich erhebliche geschlechterspezifische Unterschiede zu verzeichnen. Viele der gar nicht bis schlecht ausgebildeten Frauen stammten aus der Generation, die in den 1940ern aufgewachsen war. Sie hatten zumeist nur begrenzte Chancen, auf eine weiterführende Schule zu gehen oder gar eine Ausbildung zu absolvieren. Dies hatte gleich mehrere Gründe: Oftmals waren diese ungleichen Chancen nicht nur den traditionellen Vorurteilen der Eltern geschuldet, sondern waren zugleich auch rein finanzieller Natur. Aufgrund des Kinderreichtums war zumeist – wenn überhaupt – allein Geld vorhanden, um einem einzigen Kind eine bessere Ausbildung zu ermöglichen. Der Glückliche war dann in der Regel der älteste Sohn der Familie – der Stammhalter.

Abb. 70:
Bewohner einer Gelsenkirchener Siedlung, um 1960

Die Bildungsreformen der 1960er beziehungsweise 1970er Jahre versuchten, mit solchen Gegebenheiten Schluss zu machen. Und tatsächlich waren die Frauen die Hauptbegünstigten dieser Reformen, die unter dem Slogan »Gleiche Chancen« populär gemacht wurden. Bis zu ein Drittel der Mädchen besuchte infolgedessen weiterführende Schulen und schloss die Realschule oder das Gymnasium ab. In der zweiten Hälfte der 1970er Jahre war kaum mehr ein geschlechtsspezifischer Unterschied bei Schülern an den weiterführenden Schulen zu erkennen. Im Bereich der höheren Bildung, an Universitäten und Fachhochschulen, sah das allerdings noch immer anders auch. Hier profitierten nur wenige Arbeitertöchter von der Bildungsreform. Am Hochschulstandort Ruhrgebiet waren im nationalen Vergleich überproportional Männer eingeschrieben. Das kann zum einen daher rühren, dass die häufig technisch orientierten Studiengänge weniger Frauen anzogen. Zum anderen blieben mangelnde finanzielle Mittel und Vorurteile der Eltern weiter virulent – ebenso wie Anreiseschwierigkeiten einen großen Stolperstein für viele Frauen darstellten. Typisch weiblich war wiederum der zweite Bildungsweg. Ende der 1980er Jahre besuchten fast 45 Prozent der Frauen im Ruhrgebiet eine Abendschule. Doch auch wenn sich die Ausbildungsmöglichkeiten für Frauen deutlich verbessert hatten, im realen Kampf um (gut bezahlte) Arbeitsplätze hat es ihnen nur bedingt geholfen. Als exemplarisches Beispiel für den Kampf der Frauen um Gleichberechtigung auf dem Arbeitsmarkt soll hier der Fall der »Heinze-Frauen« aus Gelsenkirchen vorgestellt werden.

Die »Heinze-Frauen« waren 29 Mitarbeiterinnen des Gelsenkirchener Foto-Unternehmens *Heinze*, die Ende der 1970er Jahre die Aufmerksamkeit der Öffentlichkeit erregten, als sie mit der Forderung, bei gleicher Arbeit den gleichen Lohn wie ihre männlichen Kollegen zu erhalten, vor das Bundesarbeitsgericht in Kassel zogen. Denn noch 1979 erhielten Arbeiterinnen in der Bundesrepublik einen um durchschnittlich 27,4 Prozent niedrigeren Lohn als ihre männlichen Kollegen. In der Abteilung Filmentwicklung bei *Heinze* waren zu dieser Zeit 16 Männer und 53 Frauen beschäftigt. Die Männer waren erst ein Jahr zuvor eingestellt worden, als das Unternehmen die Nachtarbeit einführte, welche für Frauen damals noch verboten war. Alle Angestellten waren in der Lohngruppe I eingestuft. Die Frauen erhielten jedoch geringere Zuschläge auf ihren Stundenlohn als die Männer. Ihr Zuschlag lag zwischen zwölf Pfennig und 1,40 DM, viele bekamen aber auch gar keine Zulage. Die Männer derselben Abteilung erhielten hingegen mindestens 1,50 DM. Zulagen für Nachtarbeit gab es ohnehin noch zusätzlich obendrauf. Begründet wurden diese Unterschiede im Stundenlohn damit, dass für einen Tarif von 6,– DM die Stunde kein arbeitsuchender Mann eine entsprechende Stelle annehmen würde. Auf den Lohnunterschied sind die Frauen übrigens erst zufällig aufmerksam geworden, als ein Mitarbeiter seinen Lohnstreifen an seinem Arbeitsplatz vergessen hatte. Die Ungerechtigkeit in der Lohnzahlung galt zwar schon zuvor bei vielen als ein offenes Geheimnis, aber ein ›offizielles‹ Beweisstück hatten die Mitarbeiterinnen bis dahin noch nicht in ihren Händen. Die 29 Frauen, die sich schließlich an den Betriebsrat wandten, um gleichen Lohn einzufordern, wurden unter anderem durch den Betriebsratsvorsitzenden Bodo Murach unterstützt. Nachdem sie bei der Geschäftsführung mehrmals auf taube Ohren gestoßen waren, klagten sie schließlich in erster Instanz vor dem Gelsenkirchener Arbeitsgericht und forderten rückwirkend die gleichen Zuschläge wie ihre männlichen Kollegen unter Berufung auf Artikel 3 des Grundgesetzes. Unterstützt wurden sie vor Gericht von der *IG Druck und Papier*. Solidarität im Betrieb sowie innerhalb ihrer Familien war den »Heinze-Frauen« besonders wichtig. Nachdem auch die Öffentlichkeit auf die aufbegehrenden Arbeiterinnen aufmerksam wurde, freuten sie sich über die durchweg positive Berichterstattung in den Medien sowie die deutschlandweiten betrieblichen Solidaritätsbekundungen: »Wir lernten, wie Solidarität im Zusammenwirken von vielen wächst.«[12] Je näher der 10. Mai 1979, der Tag, an dem der erste Prozess stattfand, heranrückte, umso bewusster wurde den Frauen, dass es eben nicht nur um sie ging, sondern um das grundsätzliche Recht aller Frauen auf Lohngleichheit. »Das kann doch nicht drin sein, dass die Frauen den gleichen Lohn bekommen wie die Männer, das war noch nie gewesen!«[13] Derlei Reden galt es zu bekämpfen. Ein Kampf, der letztlich von Erfolg gekrönt wurde: Das Gericht gab den Frauen mit der Begründung Recht, dass ein Schutzgesetz, das Frauen den Nachtdienst verbiete, nicht gegen sie ausgelegt werden könne. Doch selbst mit einer Niederlage, so waren sich alle 29 Betroffenen einig, wäre der Kampf nicht umsonst geführt worden, haben sie doch anderen Frauen Mut gemacht, ebenso für ihr Recht auf Gleichbehandlung einzustehen. Der Sieg währte jedoch nicht lange. Ihr Arbeitgeber legte umgehend Berufung ein. Auch im Betrieb wurde weiter mit harten Bandagen und allerlei Tricksereien gekämpft: So führte die Firmenleitung neue Unterschiede in der Behandlung von Frauen und Männern ein und schikanierte einzelne. Es folgte eine Verhandlung vor dem Landesarbeitsgericht in Hamm, das zu Gunsten des Arbeitgebers urteilen sollte, so dass sich die Frauen schließlich dazu entschlossen, mit ihrer Klage vor das Bundesarbeitsgericht in Kassel zu ziehen, das ihnen – was lange währt, wird endlich gut – 1981 Recht gab.

Der Kampf der »Heinze-Frauen« um Gleichberechtigung am Arbeitsplatz war zweifelsohne ein mühsamer. Letztlich erstritten sie sich jedoch, vermutlich auch dem enormen medialen Interesse geschuldet, ihr Recht auf gleichen Lohn für gleiche Arbeit. Die Diskussion um weibliche Arbeit und deren Stigma als Charakteristikum für den Niedriglohnsektor ebbte allerdings schnell wieder ab. Bis heute verdienen Frauen in gleichen Positionen im Schnitt bis zu 25 Prozent weniger als Männer. Die Geschichte der Arbeitnehmerinnen aus Gelsenkirchen zeigt allerdings, dass es auch anders ginge.

Die Entwicklungen der 1950er Jahre, die Bildungsreformen, die Industriekrise sowie die damit einhergehenden strukturellen Veränderungen zeichnen ein Bild, das von der langsamen aber sicheren Emanzipierung der Frauen im außerhäuslichen Bereich erzählt. Unser Paradebeispiel der selbstbewussten Gelsenkirchener Arbeitnehmerinnen bestätigt dieses Bild. Die Rolle der unqualifizierten Zuverdienerin scheint *passé*. Frauen haben in Sachen Schulbildung und beruflicher Qualifizierung mit den Männern gleichgezogen. Mit gleichen Bildungschancen ist jedoch noch lange nicht gesichert, dass auch in Berufswahl und -chancen Gleichheit bestünde. Viele Frauen, die in den 1970er Jahren eine berufliche Ausbildung abschlossen, richteten sich jedoch immer noch entweder nach den Wünschen ihrer Männer oder wurden eben das, was gerade ›gebraucht‹ wurde beziehungsweise günstig zu erreichen schien. Zwar können Frauen und Männer heute die gleichen Berufe erlernen oder die gleichen Fächer studieren, die geschlechtsspezifischen Entscheidungsmuster im Bereich der Lebensführung sind jedoch noch nicht vollständig durchbrochen. Bis zur individuellen Lebensplanung mit allem, was dazu gehört, scheint es ein langer Weg zu sein. Die Entwicklung von der Überlebenskünstlerin über die Luxusgarantin hin zur selbstsicheren Verfechterin ihrer Rechte vor dem Arbeitsgericht spricht jedoch Bände von einer zwar langsamen, aber stetigen Entwicklung in Richtung Gleichheit und Fairness auf dem Arbeitsmarkt.

Johanna Zirwes studiert Geschichte und Philosophie im vierten Bachelorsemester an der WWU Münster.

Leben von, mit und neben der Zeche. *Zeche und Kolonie Bergmannsglück*
» *Lisa-Marie Pohl*

1872	Gründung der Bohrgesellschaft Bergmannsglück
1903	Abteufung von Schacht 1
1903–1908	1. Bauphase: Errichtung der Kleinen bzw. Alten Kolonie
1904	Abteufung von Schacht 2
1905–1910	2. Bauphase: Erweiterung der Kleinen Kolonie
1907	Förderbeginn
1910–1917	3. Bauphase: Errichtung der Großen Kolonie am Valentinshof
1917–1922	4. Bauphase: Ausbau des Verbindungsstücks zwischen Alter und Großer Kolonie
1925	Höchste Belegschaft mit 4.495 Beschäftigten
1940	Höchste Fördermenge mit 1.195.698 t Kohle
1945	Schwere Kriegsschäden, längere Zeit keine Förderung
1960	Verbund zu Bergmannsglück/Westerholt
1961	Stilllegung der Zeche Bergmannsglück, nur noch eingeschränkter Betrieb als Außenschachtanlage

Gelsenkirchen-Buer. Wir bewegen uns auf der Mühlenstraße Richtung Norden, stadtauswärts, vorbei an einem Radsportgeschäft und einem Supermarkt, chaotisches Treiben auf der dicht befahrenen Straße. Die S-Bahnlinie, die Buer von Buer-Nord und Hassel trennt, wirkt wie eine scharfe Grenze, die Unterführung wie ein Tor. Wir treten hindurch, lassen die Hektik hinter uns und stehen plötzlich in einer ruhigen Wohnsiedlung: viele alte Doppelhaushälften aus dem frühen 20. Jahrhundert, Reihenhäuser – manche noch grau, andere renoviert in hellen Farben, doch dies keineswegs einheitlich; offenbar konnten sich die Eigentümer der aneinander grenzenden Gebäude nicht auf einen Anstrich einigen. Vorgärten, Bürgersteige und breite Straßen sind zu sehen, rechts und links hochgewachsene Bäume, Grünflächen. Auf einer steht unauffällig eine Lore, die an den Ursprung der Siedlung erinnert. Wir hören Kinderstimmen, eine ganze Gruppe, Kleinkinder in einem Bollerwagen, aber auch ältere, die hinterherlaufen oder den Wagen ziehen. Wir folgen ihnen die Niefeldstraße herunter, sie gehen zurück in ihren Kindergarten. Eine Tafel verrät: Bei dem denkmalgeschützten Gebäude handelt es sich um die einstige *Königlich-preußische Kleinkinderschule*. Wir wundern uns, fragen, was dort vorher war, welche Geschichte uns dieses Stadtviertel eigentlich erzählen kann, das dem Ortsunkundigen so wenig von sich verrät. Nicht einmal ein Schild kündigt beim Betreten den Namen der Siedlung an: Bergmannsglück. Begeben wir uns auf Spurensuche.

Abb. 71:
Die Arndtstraße in der Kolonie Bergmannsglück, 1920

Wir befinden uns in der »Alten Kolonie«, nicht weit entfernt von der ehemaligen Schachtanlage BERGMANNSGLÜCK, die den Bau dieser Zechensiedlung veranlasste und ihr den Namen gab. Bergmannsglück hieß bereits die Bohrgesellschaft, die im Norden Buers 1872 Mutungsbohrungen durchgeführt hat – mit Erfolg. Die Rechte am Abbau der Kohle gingen 1880 an den Industriellen August Thyssen. 1902 wurden diese jedoch vom preußischen Staat aufgekauft – BERGMANNSGLÜCK wurde so zu einer der ersten Staatszechen. Der preußische Staat wollte sich so seinen Einfluss auf die weitere Entwicklung des Steinkohlebergbaus sichern, der gerade in der Vestischen Zone hohe Investitionen erforderte, die die Privatun-

Zechenportrait »Westerholt«
→ S. 211

Abb. 72:
Zeche Bergmannsglück, 1914

ternehmen scheuten. Zudem war im europäischen Rüstungswettlauf des frühen 20. Jahrhunderts, insbesondere im Rahmen der Marinerüstung, die das Deutsche Reich mit seinen weitreichenden Flottenbauprogrammen betrieb, ein ungehinderter Zugriff auf günstige Kohle unerlässlich.

Da die preußische Staatsverwaltung für die Zechen zahlreiche Bergarbeiter benötigte, wurde es auch notwendig, diesen und deren Familien ausreichend Wohnraum zu verschaffen. So begannen schon 1902 die ersten Planungen für Beamtenhäuser und eine Arbeitersiedlung – schließlich war die Umgebung der entstehenden Zeche agrarisch geprägtes, dünnbesiedeltes Bauernland. Zu gleicher Zeit war dem preußischen Herrenhaus bereits klar, dass die ansässige Bevölkerung nicht ausreichen würde, um die zukünftige Arbeiterschaft der Zeche zu bilden. Es mussten also Arbeiter angeworben und untergebracht werden. So wurde beschlossen, dass »bei der Ansiedlung großer Arbeitermassen […] notwendige Staatsmittel« bereitzustellen seien.[1] Zur Verwaltung der »königlichen Steinkohlenbergwerke im Vest Recklinghausen« gründete 1903 das preußische Ministerium für Handel und Gewerbe eine Bergwerksdirektion mit Sitz zunächst in Dortmund, dann in Recklinghausen. Diese plante auch den Bau der Arbeitersiedlungen und schrieb dafür Baumeisterstellen aus, auf die sich der Ingenieur Heinrich Müller (1873–1953) erfolgreich bewarb. Ab 1906 arbeitete Müller am Bau der Tagesanlagen der Zechen BERGMANNSGLÜCK, SCHOLVEN und WESTERHOLT sowie an der Errichtung der jeweiligen Bergmannssiedlungen im Norden von Buer. Damit prägte er das Bild ganzer Stadtteile und ließ sich dafür auch durch das Gedankengut der Gartenstadt-Bewegung, die auf den Engländer Sir Ebenezer Howard zurückgeht, inspirieren: »Beim Bau der Werkssiedlungen war ich stets darauf bedacht,« so ist in Müllers Aufzeichnungen zu lesen, »die Landschaft in ihrer Ursprünglichkeit nach Möglichkeit zu erhalten, Baum und Strauch zu schonen, aber auch neu anzupflanzen. So weit es ging, die alten Flurnamen in den Straßennamen fortleben zu lassen.«[2] Er erkannte im Garten eine Brücke zum Frieden und zur Ruhe; zugleich schätzte er die Verbundenheit mit Pflanzen und Tieren, weshalb jede Wohnung einen kleinen Stall und einen Garten mit Obstbäumen erhalten hat. Zudem standen Müller und andere Stadtreformer trostlosen Massenunterkünften und eintönigen Wohnzügen, wie sie in der Vergan-

Abb. 73: *Gelsenkirchen-Hassel, um 1958*

genheit schnell und planlos aus dem Boden geschossen waren, ablehnend gegenüber. Diesen barackenähnlichen Reihenhäusern mangelte es meist an sanitären Einrichtungen, Wasserversorgung oder Gärten. Die Arbeiter und ihre Familien fühlten sich wie Vieh eingepfercht. Die daraus entstehende Unzufriedenheit war eine der Ursachen für die hohe Fluktuation der Arbeitskräfte auf den Zechen. Die staatliche Bergwerksdirektion erkannte dieses Problem und versuchte, diesem durch den Bau möglichst idealer Siedlungen entgegen zu wirken: Durch höhere Wohnattraktivität sollte eine Stammbelegschaft gesichert werden. Gleichzeitig stellten die Häuser ein Druckmittel der Bergwerksdirektion gegen die Arbeiter dar. Schließlich durften diese die Häuser zwar beziehen – in ihren Besitz gingen sie indes nicht über. So hatte die Bergwerksdirektion beispielsweise im Falle eines Streiks die Möglichkeit, mit »Rauswurf« im doppelten Sinne zu drohen.

Mit der sorgfältigen Anlage der Siedlung wurde der Gartenbau-Ingenieur Konrad Bartels betraut. Die neue Kolonie sollte den Raum zwischen Mühlen- und Dorstener Straße umfassen. Im Süden wurde sie von der im Kreissegment errichteten Gräffstraße, die sich an der Bahnlinie orientiert, begrenzt, im Norden von der alten Uhlenbrockallee. Diese erhielt ein neues Rondell, welches einen Kontrapunkt zur südlichen Gräffstraße bildet. Dort wurden die Bergwerksinspektion, die Wohnhäuser der hohen Beamten und die Direktorenvilla gebaut. Das selbstbewusste Auftreten der Bergwerksdirektion, die von der fortschrittlichen Konzeption des Ensembles von Siedlung und Zeche überzeugt war, zeigte sich auch in diesen repräsentativen Bauten. Das Gebäude der Bergwerksdirektion griff die Idee der barocken Stadtplanung auf. Es ist im Stil einer zweiflügligen Schlossanlage, mit einem Ehrenhof und Freitreppe, errichtet worden. Das königliche Wappen trug sie im Giebel. Insgesamt entstand ein palastähnlicher Eindruck mit hohem repräsentativem Gewicht. Auf der graden Achse der Uhlenbrockstraße reihen sich die Wohnhäuser der Beamten in der Abfolge ihrer Stellung im Bergwerk. Die Hierarchie der Arbeit bestimmte demnach auch das Leben jenseits der Zeche. Diesen Eindruck bestätigt der Park, der die Beamtenwohnhäuser von den Arbeiterhäusern trennt, die sich südlich hinter der Velsenstraße befinden. Hier wohnten Steiger, Meister und Arbeiter mit ihren Familien – ebenfalls gestaffelt nach ihrer Stellung innerhalb des Zechenbetriebs – und das selbstverständlich in deutlich kleineren Dimensionen.

Wegen der räumlichen Nähe zur Gemeinde Buer wurde anfangs vom Bau gemeinnütziger Gebäude wie Wirtshäusern, Lebensmittelgeschäften, Versammlungsräumen und Kirchen abgesehen. Dennoch entstanden in der Kolonie nicht nur Wohnhäuser. Denn schon bei der Planung der

Abb. 74: *Straße in der Kolonie Bergmannsglück, k. A.*

Kolonie Bergmannsglück wurde an die Regelung der Gemeinde-, Kirchen- und Schulverhältnisse gedacht. Am 23. November 1903 handelten Vertreter von Kirche und Kommune mit dem Vertreter der königlichen Bergwerksdirektion, Landrat Graf von Merveldt, einen Vertrag aus, in dem sich der Bergfiskus unter anderem dazu verpflichtete, »[d]ie zur ordnungsgemässigen Beschulung der Kinder der Koloniebewohner erforderlichen Schulen nebst zugehörigen Nebenanlangen und Spielplätzen auf eigene Kost herzustellen, einzurichten und zu unterhalten«.³

Warum aber hatte der preußische Staat ein Interesse daran, Schulen und Kleinkinderschulen zu bauen? Da das Gehalt der Bergmänner oft nicht ausreichte, mussten auch die Frauen in den Arbeiterfamilien zum Lebensunterhalt beitragen. In Konsequenz konnten sie sich nur eingeschränkt um ihre oftmals vielen Kinder kümmern – die Verwahrlosung von Kindern in den Industriestädten galt als ernstzunehmendes Problem. So befürchteten viele wie der Landrat Graf von Merveldt, die Kinder könnten die »Unsittlichkeit« ihrer Eltern übernehmen. Er hielt die Lebensgewohnheiten der Bergarbeiter, wie etwa das Kost- und Quartiergängerwesen, für fremd und verwerflich. Auch viele Bürger distanzierten sich von den in ihren Augen unordentlichen und schmuddeligen Arbeiterfamilien. Die Sittlichkeit sollte gewahrt und gesteigert werden, indem den Arbeiterkindern in der Schule Ordnung und Reinlichkeit eingeprägt wurde – dies

»Die Frauen der Bergarbeiter« → S. 131

Zeche und Kolonie Bergmannsglück | 159

sollte besonders für die Mädchen, die zukünftigen Arbeiterfrauen, gelten. Neben dieser sozialpräventiven Funktion spielte auch der Aspekt der schon oben genannten Belegschaftssicherung eine bedeutende Rolle. Zum einen sollte die Zeche von den dann hinreichend gebildeten Heranwachsenden profitieren, indem sie als qualifizierte Arbeitskräfte Einstellung finden sollten. Angesichts der geltenden Schulpflicht steigerte eine nahe gelegene Schule zum anderen den Lebensstandard der Koloniebewohner. Dies führte zu mehr Zufriedenheit. Der Bau solcher Verwahrungs- und Bildungseinrichtungen konnte ebenfalls ein Anreiz für Arbeiter sein, auf der Zeche zu arbeiten und mit der Familie dort zu leben. Folglich sollen diese Einrichtungen das Bild einer Musterzeche und -siedlung stärken.

So kam es, dass das Baubüro der Berginspektion seit 1903/04 eine Kleinkinderschule für die Siedlung Bergmannsglück plante, die uns schon oben begegnet ist. Daneben entstanden eine katholische Volksschule, eine Hauswirtschaftsschule für Bergarbeitertöchter und eine Werksbücherei. Die Kleinkinderschule wurde schließlich 1911/12 an der Niefeldstraße unter der Leitung des »Bauwerkmeisters« Heinrich Müller, der bereits den Bau der Kolonie geleitet hatte, errichtet.

Auch die Kleinkinderschule entsprach dem Gesamtbild der Siedlung, folgte doch auch sie den Idealen der Gartenstadtbewegung – die beste-

Abb. 75: Brennenkampstraße in der Kolonie Hassel, 1920

hende Natur sollte erhalten bleiben. Dies steht auch in Verbindung mit der reformpädagogischen Bewegung, welche im frühen 20. Jahrhundert der Industriestadt kritisch gegenüberstand und schon beim Kleinkind ein Bewusstsein für den Wert von Natur und Landschaft entwickeln wollte. Als erste Kindergärtnerin hatte Wilhelmine Müller – vermutlich die Tochter des Baumeisters Heinrich Müller, dessen bauliche Ideen sie sozusagen in der pädagogischen Praxis umsetzen konnte – über 40 Jahre hinweg den Posten inne (von 1912 bis 1952) und betreute – angefangen bei den Jahrgängen 1908/09 bis hin zur Nachkriegsgeneration 1948/49 – viele Kinder der Siedlung.

Der Kindergarten trug zwar in den Anfangsjahren den Namen »Kinderbewahrschule« oder »Kleinkinderschule«, doch wurden dort die Kinder keineswegs unterrichtet – dies war durch einen Erlass des Ministeriums für geistliche Angelegenheiten ausdrücklich verboten. Dabei deutet die Bezeichnung »Kinderbewahrschule« auf die ursprüngliche Funktion des Kindergartens hin: Mütter konnten ihre Kinder dort zur »Verwahrung« abgeben, falls sie selbst arbeiten mussten. Bei der Eröffnung des Kindergartens hatten die Kindergärtnerinnen bereits 250 Kinder zu betreuen.

Anders als in den ersten Planungen vorgesehen, entstand auch recht schnell seitens der katholischen Bergmannsglücker der Wunsch nach einer eigenen Kirche. Die später tatsächlich gebaute Kirche betonte ihre Nähe zur Zeche BERGMANNSGLÜCK. Die ersten Überlegungen für einen Kirchenbau begannen bereits in den 1930er Jahren. Sie mussten jedoch auf Grund des Zweiten Weltkrieges und seiner Folgen aufgeschoben werden, galt es doch zunächst in der Nachkriegszeit die vielen schweren Kriegsschäden zu beseitigen. Die Zeche, einige Häuser der Siedlung, aber auch mehrere Gebäude in Buer waren schwer beschädigt. Daher wurden die Planungen erst Anfang der 1950er Jahre wieder aufgenommen, sodass am 4. Oktober 1953 die Grundsteinlegung mit einer Feierstunde begangen werden konnte. Wie sehr sich die Gemeinde der Zeche BERGMANNSGLÜCK verbunden fühlte, zeigt sich bei genauerer Betrachtung derselben: Der Grundstein enthielt eine Grubenlampe, ein Stück Kohle und die Festschrift zum 50-jährigen Bestehen der Zeche und Siedlung Bergmannsglück. Ein jeder dieser Gegenstände hatte symbolischen Charakter. Die Grubenlampe – unverzichtbar für die Arbeit unter Tage. Für jeden Bergmann steht eine mit seiner persönlichen Nummer gekennzeichnete Grubenlampe in der Lampenstube, ohne die er seine Schicht nicht beginnt. Sie spendet Licht in der Dunkelheit und bewahrt vor mancher Gefahr. Das Stück Kohle wiederum steht für den Ursprung der Kirche in der Siedlung Bergmannsglück. Denn ohne die Kohle hätte

Abb. 76:
Christus-König-Kirche in der Sydowstraße, 1958

es keinen Kohlebergbau gegeben, keine Zechen, keine Arbeiter, keinen Koloniebau, deren Bewohner sich für eine Kirche hätten einsetzen können. Die Festschrift verweist auf die bestehenden Traditionen, hatte doch die Bergwerksdirektion 50 Jahre zuvor die Siedlung für ihre Arbeiter erbaut. Und sie ließ es sich nicht nehmen, bei der Festlichkeit Präsenz zu zeigen, eröffnete doch die Bergkapelle die Feierstunde der Grundsteinlegung. Außerdem war, laut *Buerschem Anzeiger* vom 5. Oktober 1953, eine »starke Abordnung [... der] Zechenverwaltung der Schachtanlage Bergmannsglück, angeführt von Bergwerksdirektor [...] Vogt erschienen und gab so der lebendigen Beziehung zwischen Arbeit und Gotteslob treffend Ausdruck«.[4]

Hatte man zu diesem Zeitpunkt schon an die Stilllegung der Zeche BERGMANNSGLÜCK gedacht? Oder hatte man geglaubt, noch bis in alle Ewigkeit Kohle zu fördern? Das Gegenteil zeigte sich schon in den frühen 1960er Jahren. Infolge der sich zuspitzenden Kohlekrise trat sie in Verbund mit der Zeche WESTERHOLT. Bereits ein Jahr später wurde die Förderung auf der Zeche BERGMANNSGLÜCK eingestellt – sie stand nunmehr lediglich als Außenschachtanlage zur Verfügung. Die Feierstunden des 50-jährigen Bestehens der Zeche und den Bau der Kirche scheint dies zu überschatten. Ein möglicher Rückgang der Bevölkerung im Falle einer Werksschließung und die Konsequenzen für die öffentlichen Gebäude

Zechenportrait »Westerholt«
→ S. 211

Abb. 77:
Schacht 1/2 der Zeche Bergmannsglück, um 1925

blieben anscheinend unberücksichtigt, obwohl zahlreiche Beispiele von Stilllegungen zeigten, dass mit dem Verlust des Arbeitsplatzes der Wohnort nicht selten mit aufgegeben wurde, um an einem anderen Ort eine neue Erwerbsquelle zu finden. Regelrechte Geisterstädte blieben zurück.

Aber in Bergmannsglück ist das anders. Die Siedlung hat die Zeche überdauert. Damals wurde das in den 1970er Jahren entstandene Jugendheim neben der Kirche zum Mittelpunkt der Bergmannsglücker. Heute sind es Straßenfeste und Siedlervereine, die neuen Zusammenhalt stiften. Die Siedlung versucht, ein Eigenleben zu entwickeln – dabei wird die Erinnerung an die Zeche sorgfältig gepflegt. So erinnert auch die Lore, die uns am Anfang auf einer Grünfläche begegnet ist, an die Ursprünge der Zechenkolonie. Doch stellt sich die Frage, ob die Siedlung – Häuser und Bewohner – heute noch eine geschlossene Einheit darstellen. Rufen wir uns die unterschiedlich gestrichenen Häuser in Erinnerung, die uns beim Betreten der Siedlung aufgefallen sind. Sie resultieren aus dem Kauf und Verkauf von Immobilien, die keiner einheitlichen Gesellschaft mehr gehören, und – ganz banal – aus mangelnder Absprache. Dass das so nicht sein muss, zeigen zahlreiche Gelsenkirchener Zechensiedlungen mit ihren Erhaltungssatzungen. Auf diese Weise wird die äußere Einheit der Siedlung bewahrt. Wie aber sieht es mit der inneren Einheit, den Bewohnern der Siedlung Bergmannsglück aus? Wer wohnt heute in den ehemaligen Arbeiter- oder Steigerhäusern, wer in den Häusern, die für höhere Beamte vorbehalten waren? Unbestritten ist, dass ein nachhaltiger demographischer Wandel stattgefunden hat – dessen konkrete Auswirkungen auf die Kolonie Bergmannsglück sind aber noch nicht vermessen. Aber auch in einer veränderten Stadtgesellschaft wird die Siedlung eine Zukunft haben.

Lisa-Marie Pohl studiert Geschichte und Latein im vierten Bachelorsemester an der WWU Münster.

Kriegsrelevante Tagesanlagen.
Die Zeche Scholven
» *Benjamin Rudolf*

1908	Abteufen der Schächte 1 und 2
1911	Förderbeginn Schacht 1, Schacht 2 Wetterschacht
1913	Inbetriebnahme der Kokerei
1929	Übernahme der Zeche Zweckel (Gladbeck)
1930	Inbetriebnahme des Mitteldruckkraftwerks
1935	Kohleförderung für die gegründete *Hydrierwerke Scholven AG*
1943	Höchste Förderung mit 1,2 Millionen t bei 5.290 Beschäftigten
1944	Schwere Kriegsschäden
1960	Stilllegung der Kokerei
1963	Stilllegung der Zeche Scholven
1965	Wiederinbetriebnahme der Kokerei
1991	Endgültige Stilllegung der Kokerei

184 Luftangriffe, 55.035 Sprengbomben, 663.491 Brandbomben und 3.092 Tote. Von 317.568 Einwohnern im Jahre 1939 lebten sechs Jahre später lediglich 150.034 noch in der Stadt. Es fehlten nicht nur die Ver-

Abb. 78: *Abteuftürme der Zeche Scholven, 1908*

Abb. 79: Gelsenkirchen nach Fliegerangriffen im Zweiten Weltkrieg, 1945

folgten und Ermordeten sowie die über 13.000 Kriegstoten, sondern auch diejenigen, die evakuiert worden waren. Nicht zuletzt wegen der Kinderlandverschickung schrumpfte der Kinderanteil an der Bevölkerung von 31 auf 18 Prozent. So liest sich die traurige Bilanz Gelsenkirchens nach dem Zweiten Weltkrieg. Für die Stadt wurden die drittmeisten Bombendetonationen im Ruhrgebiet gezählt – gleich hinter Essen und Duisburg. Wie diese beiden Städte war auch Gelsenkirchen aufgrund der dort ansässigen Schwerindustrie und ihrer Bedeutung für den Krieg ein primäres Angriffsziel der Alliierten.

Die starke Fluktuation der Einwohnerzahl Gelsenkirchens zwischen 1939 und 1946 ist typisch für das Ruhrgebiet der Kriegszeit. Zum einen wurde das gesamte Wehrpotenzial der Bevölkerung ausgeschöpft, zum

Abb. 80:
Durch Bomben zerstörtes Stadtbild Gelsenkirchens, 1945

anderen waren viele Menschen auf der Flucht, war doch hier die Gefahr von Bombenangriffen am größten. Doch schon im ersten Nachkriegsjahr kehrten 45.000 Menschen in ihre alte Heimat zurück. Dort fanden sie eine Spur der Verwüstung: Gelsenkirchen lag in Schutt und Asche (Abb. 79 und 80). Von Fabriken, Schulen, Kirchen und Wohnhäusern stand meist – wenn überhaupt – nur mehr die Außenfassade. Insbesondere den Stadtteil Scholven hatte es schwer getroffen, stand doch hier eine Zeche mit kriegswichtigen Tagesanlagen: die Zeche SCHOLVEN.

Nach der Übernahme der *Bergwerks-AG Recklinghausen* (BAG) durch den preußischen Staat 1908 als Zeche BERLIN gemeinsam mit den Zechen POTSDAM und WESTERHOLT gegründet, wurden die ersten beiden bereits nach zwei Jahren in SCHOLVEN und ZWECKEL umbenannt.

Zechenportrait
»Westerholt«
→ S. 211

Zechenportrait und »Hibernia«
→ S. 41

Mit der Übernahme der Staatszechen durch die *Hibernia AG* im Jahr 1927 erfolgte schließlich auch die Zusammenlegung mit dem benachbarten Grubenfeld Zweckel. Ab 1929 wurde dann auch die dort lagernde Kohle

Abb. 81:
Zeche Scholven 1/2, im Vordergrund die Baustelle der Kokerei, 1928

Zechenportrait »Wilhelmine Victoria«
→ S. 97

auf SCHOLVEN gefördert. Schon zu Anfang wurde mithilfe eines eigenen Stromgenerators nicht nur der eigene Grubenbetrieb gesichert, sondern auch das öffentliche Netz mit Strom gespeist. Bis Mitte der 1930er Jahre erfolgte der Ausbau des Kraftwerks zum Großkraftwerk – mit Europas höchstem Schornstein. Nach dem Krieg, ja selbst noch nach dem Aus der Kohleförderung 1963, wandelte es sich zu einem der größten Kraftwerksstandorte in Europa. Ebenso rasant wie das Unternehmen wuchs auch die Siedlung Scholven. Auch hier war die Zeche das Fundament für einen ganzen Stadtteil. Während des Krieges war jedoch nicht das Kraftwerk der Zeche das primäre Ziel der alliierten Bomben, sondern die benachbarten Hydrierwerke. Aber warum waren sie so bedeutsam?

In Hydrierwerken wird aus Kohle flüssiger Kraftstoff erzeugt: Benzin, Dieselkraftstoff, Heizöl, Kerosin und Schweröl. Denn Kohle wie Mineralöle bestehen aus chemischen Kohlenwasserstoffverbindungen; im Gegensatz zum Kohlenwasserstoffanteil in der Kohle ist in Mineralölen jedoch mehr Wasserstoff enthalten. Es war also notwendig, die Kohle mit Wasserstoff anzureichern und sie dadurch zu verflüssigen. Dieser

Vorgang – den Wasserstoffgehalt des Ausgangsstoffs zu erhöhen – wird Hydrierung genannt.

Für die Kohleverflüssigung hatten sich zu Beginn der ersten Hälfte des 20. Jahrhunderts zwei Verfahrensweisen als gangbar etabliert: die direkte Hydrierung im sogenannten Bergius-Pier-Verfahren sowie die indirekte Hydrierung über die Fischer-Tropsch-Synthese. Bei der direkten Kohleverflüssigung wird leichtflüchtige getrocknete Kohle in der Kohle-Aufbereitung zermahlen, mit Katalysatoren und Wasserstoff auf etwa 410 Grad Celsius erhitzt und unter einen Druck von circa 300 Bar gesetzt. Während die Kohle so in der Kohlekammer mit gasförmigem oder flüssigem Kohlenwasserstoff angereichert wird, wird sie zeitgleich von schweren Rückständen wie Asphalt und Kohlenresten getrennt. Die entstehende Flüssigkeit kann dann wie Erdöl in Benzin, Dieselkraftstoff, Mittelöl und Schweröl zerlegt werden. Das Mittelöl wird danach in der Gasphase-Hydrierung aufhydriert und danach destilliert. »Für eine Tonne Autobenzin werden im direkten Einsatz etwa 2 Tonnen Kohle benötigt, für Energie und Wasserstoff weitere 5 Tonnen.«[1] Das Verfahren basiert auf Erkenntnissen des deutschen Chemikers Friedrich Bergius, der bereits 1914 Patente auf sein Kohleverflüssigungsverfahren erhielt und als Urvater des Hydrierverfahrens gilt. In den Hydrierwerken in Scholven kam eben jenes Bergius-Pier-Verfahren zum Einsatz.

Der Standort Scholven bot sich für die Errichtung eines Hydrierwerks an, da die dortigen Steinkohlevorräte – vor allem Gasflammkohle – unbehandelt für das Hydrierverfahren genutzt werden konnten. Während Braunkohle vorher getrocknet werden musste, waren Anthrazit, Fett- und Magerkohle aufgrund ihrer geringen Reaktionsfähigkeit mit anderen Elementen ungeeignet. Aber die Steinkohleförderung war bedeutend höher als die Braunkohleförderung, die Anlagekosten niedriger als bei Braunkohlehydrierwerken. Aufgrund der spezifischen Eigenschaften der Aromaten enthielt das aus Gasflammkohle gewonnene Benzin zudem eine gute Klopffestigkeit, die zum einen unkontrollierte Selbstentzündungen verhinderte, zum anderen eine höhere Motorleistung ermöglichte. Die Oktanzahl von 66 bis 68 (ohne jeden Zusatz) konnte bei entsprechender technischer Behandlung – allerdings mit Einbußen im Ertrag – sogar noch weiter gesteigert werden. Das zeitgleich aus Braunkohle hergestellte Leunabenzin hatte dagegen bei einfachster Ausführung gerade mal eine Klopffestigkeit von 55 bis 60 Oktan, das Flugbenzin von 65 Oktan.

Großversuchen mit Steinkohle kam daher eine immer wichtigere Rolle zu. Die *IG Farben* bemühte sich schon seit 1927, den westdeutschen Steinkohlenbergbau für das Hydrierverfahren zu interessieren. Letztendlich blieb allein ein Interessent übrig: die staatliche *Bergwerksgesellschaft*

Hibernia AG. Da auf ihren Anlagen in Gelsenkirchen zunehmend minderwertige Kohlensorten oder schlecht absetzbare hochflüchtige Gasflammkohlen anfielen, diese jedoch zur Hydrierung bestens geeignet waren, die minderwertige Kohle zudem zur Erzeugung von Wasserstoff und Energie genutzt werden konnte, ist der wenige Jahre später gefasste Beschluss für das Hydrierwerk leicht nachzuvollziehen: »Am 16. Juli 1935 wurde von der Bergwerksgesellschaft Hibernia A.G. nach sorgfältigen Vorplanungen der Bau einer Anlage zur Steinkohlenverflüssigung beschlossen und die Hydrierwerk Scholven Aktiengesellschaft gegründet.«[2] Auch das bis 1933/34 genutzte Stickstoffwerk, an dem die *Hibernia AG* beteiligt war, konnte so sinnvoll genutzt werden. Durch umfangreiche vorbereitende Ausbauten der Nebenanlagen konnte das Hydrierwerk schon nach neunmonatiger Bauzeit angefahren werden. Am 7. Juli 1936 wurde dann das weltweit erste Steinkohlebenzin aus einer großtechnischen Anlage präsentiert – ein Meilenstein in der Treibstoffsynthese. Bereits drei Monate später, im Oktober 1936, erreichte das Werk die vorläufige jährliche Vollproduktion zur Erzeugung von 125.000 Tonnen Autobenzin und 12.000 Tonnen Treibgas bei einer Verarbeitungskapazität von 250.000 Tonnen Steinkohle. Ein am 23. Dezember 1936 mit dem Deutschen Reich unterzeichneter Vertrag garantierte die Abnahme. Aufgrund der Kriegspläne wurde die Produktion von Autobenzin schließlich auf Flugbenzin umgestellt, woraufhin die Ausbeute angesichts des höheren Aufwands von 188.000 Tonnen im Jahr 1939 auf 174.000 Tonnen im Folgejahr sank. Allerdings konnte zugleich die Oktanzahl durch Zusätze, wie beispielsweise Spiritus, auf 75 bis 85 erhöht werden. 1942 gelang schließlich sogar die Herstellung von Hochleistungsflugbenzin mit einer Klopffestigkeit von 82 Oktan – und das ohne jeglichen Zusatz. Gewiss war die Errichtung der Hydrierwerke eine technische Pionierleistung, wirtschaftlich war die Kohlehydrierung indes zu keinem Zeitpunkt. Der ursprüngliche Plan der IG *Farben*, mit dem Hydrierverfahren auf mittlere Sicht synthetisches Benzin zu Weltmarktpreisen anbieten zu können, war also gescheitert.

Doch es gab andere, maßgebliche Gründe, aus denen in dieses aufwändige Verfahren investiert wurde. Auch wenn in Folge der NS-Wirtschaftspolitik die heimische Ölförderung spürbar anstieg – die ertragreichsten Erdölquellen lagen lange Zeit zwischen Elbe und Weser; noch 1938 konnten große neue Lagerstätten nahe Reitbrook bei Hamburg und bei Heide in Schleswig-Holstein erschlossen werden –, blieb das Deutsche Reich auf Ölimporte angewiesen. Genau diese Abhängigkeit sollte durch die Kohlehydrierung untergraben werden, insbesondere da die aggressive Politik des NS-Regimes dieses mehr und mehr isolierte. Im

Abb. 82:
Tarnnetze über den Gleisen des Hydrierwerkes Scholven zum Schutz vor Fliegerangriffen, 1942

lange geplanten Kriegsfalle würden die deutschen Truppen schnell auf dem Trockenen sitzen. Folglich wurde die Unabhängigkeit von ausländischen Bezugsquellen fest im Vierjahresplan verankert – und hier kamen nun die Steinkohleverflüssigung und damit auch die Zeche SCHOLVEN mit ihren Hydrierwerken an exponierter Stelle ins Spiel. Gegen Bedenken aus Teilen der Industrie wurde der Bau der Hydrierwerke durchgesetzt. Bereits 1939 zeigten die Maßnahmen des Vierjahresplans Wirkung. Die Hydrierwerke in Leuna, Böhlen, Magdeburg und Scholven und die Synthesewerke Oberhausen, Castrop-Rauxel, Moers, Dortmund, Bergkamen, Wanne-Eickel und Schwarzheide produzierten mehr als eine Million Tonnen synthetischen Treibstoff. Die bedeutendsten Werke standen in Leuna und Scholven. Weitere Hydrierwerke in Wesseling, Lützkendorf, Zeitz, Pölitz und nicht zuletzt auch die Gelsenberg-Werke in Horst standen kurz davor, in Produktion gehen zu können; in Brüx und Blechhammer war mit dem Bau neuer Großanlagen begonnen worden. Auch in Scholven war eine zweite Anlage in Planung. Welche enorme Bedeutung den Werken zukommen sollte, wird nicht nur durch den raschen Ausbau, sondern auch durch die Tatsache deutlich, dass ein beachtlicher Teil des Treibstoffbedarfs der Wehrmacht zu diesem Zeitpunkt tatsächlich durch die Hydrierwerke gedeckt wurde. So wurden sie beispielsweise zum einzigen Lieferanten brauchbaren Flugbenzins. Doch für Hitler war die Weiterentwicklung der Syntheseindustrie nur eine vorübergehende Lösung. Die Bewältigung der Rohstoffprobleme in Deutschland erkannte er in der »Erweiterung des Lebensraums«. Somit waren die Hydrierwerke für Hitler nur »Mittel zum Zweck, und der hieß Kriegsvorbereitung«.[3]

Die Mobilisierung für den Krieg wurde natürlich streng überwacht und so kam es, dass der Beauftragte für den Vierjahresplan und Oberbefehlshaber der Luftwaffe in Personalunion, Hermann Göring, am 20. Juli 1939 bei seiner Inspektionsreise durch den Westen das Werk in Scholven begutachtete. Bereits um 9 Uhr begann sein Besuch in der »Stadt der tausend Feuer« mit dem Einfahren in das Hafengelände der Zeche NORDSTERN, von dort aus ging seine Reise mit der Yacht *Karin II* auf dem Rhein-Herne-Kanal weiter nach Wanne-Eickel und Herne. Als es hieß, Hermann Göring trete die Rückreise nach Gelsenkirchen an, um die Hydrierwerke zu inspizieren, schlug die Werksdirektion *Scholven Chemie* Alarm. »Niemand hatte wohl erwartet, daß der Generalfeldmarschall nach diesem kurzen Besuch der Stadt wenige Stunden später noch einmal und ebenso überraschend eintreffen würde«,[4] hieß es in der *Buerschen Zeitung*. Mit dem Sonderzug über die Zechenbahn betrat er um circa 12 Uhr das Werksgelände und wurde von den Vorständen Dr. Friedrich Jost und Friedrich Brüning in Empfang genommen. Von einem Überraschungsbesuch Görings auszugehen, ist jedoch eher unwahrscheinlich, denn wenn sich der zweitmächtigste Mann im »Dritten Reich« anschickte, das Scholvener Werk zu inspizieren, auf dem soeben ein weiterer Ausbau fertiggestellt wurde, sollte das auch großspurig von positiver Propaganda untermalt gefeiert werden können. Des Weiteren dokumentiert der Besuch Görings die Bedeutung des Werks für die Kriegspläne, denn keine sechs Wochen nach seiner Stippvisite im Ruhrgebiet begann der Überfall auf Polen. Für diesen als »Blitzkrieg« bezeichneten Feldzug war nicht zuletzt der Einsatz der mit Kohlebenzin fliegenden Luftwaffe entscheidend.

Dass schon beim Bau des Hydrierwerks Luftschutzkeller eingerichtet worden sind, lässt das Vorhaben des NS-Regimes erahnen. Der Führungsriege war klar, dass die Alliierten im Kriegsfalle eine Bombardierung der Anlagen planen würden. Um das Scholvener Werk zu schützen, wurde es 1941 samt Zufahrtsstraßen mit Tarnmatten bedeckt. Zugleich wurden umfangreiche Scheinanlagen errichtet. Doch blieben diese Maßnahmen letztlich wirkungslos, da Aufklärungsflugzeuge bereits zuvor den genauen Standort lokalisiert hatten. Ab 1943/44 begannen die Alliierten mit flächendeckenden Bombardements auf die kriegswichtigen Indust-

Abb. 83:
Zerstörte Anlagen
des Hydrierwerkes
Scholven, 1945

rien. Mit dem Nachtangriff vom 18. auf den 19. Juli 1943 kam die gesamte Produktion der Hydrierwerke zum Erliegen. Alle Versuche zum raschen Wiederaufbau scheiterten. Für diese wurden vor allem die rund 3.000 Gefangenen aus dem Zwangsarbeiterlager am Sammelbahnhof der Kokerei Hassel, die 1.670 an der Redenstraße in Gladbeck sowie die 910 an der Arenbergstraße Inhaftierten herangezogen, die allesamt zur Zeche ZWECKEL und somit auch zur *Hibernia AG* gehörten. Diese meist ausländischen zwangsverpflichteten Arbeitskräfte übernahmen auch Reparaturarbeiten oder die Beseitigung von Blindgängern. Für die Scholvener Werke machten sie zwischenzeitlich gar bis zu 60 Prozent der Gesamtbelegschaft aus. Was für diese Kriegsgefangenen die mehr als 50 Luftangriffe und weit über 7.000 Brand- und Sprengbomben bedeuteten, die Kriegsschäden in Höhe von 170 Millionen Reichsmark verursachten und (offiziell) 83 Menschen das Leben kosteten, bleibt hinter dieser traurigen Bilanz der *Scholven Chemie AG* verborgen.

Lange wurde um den Fortbestand der Hydrierwerke gerungen, doch dank dem Petersberger Abkommen vom 22. November 1949, das unter anderem die Demontage deutscher Wirtschaftsanlagen beendete, konnte das Überdauern des Scholvener Werks gesichert werden. Die *Scholven*

Abb. 84:
Arbeiter nach dem Schichtwechsel vor der Scholven Chemie AG, 1952

Chemie AG, zwischenzeitlich *Veba Chemie AG* und später durch die organisatorische Zusammenlegung mit dem Werk in Horst *Veba Öl AG*, heute *BP Gelsenkirchen GmbH*, wandelte sich vom Treibstoff- und Mineralölunternehmen zum Petrochemiebetrieb. Mit ihren Werken in Scholven und Horst und ihren etwa 1.800 Mitarbeitern neben 180 Auszubildenden auf einer Gesamtfläche von etwa 410 Hektar zählt die BP zu den wichtigsten Arbeitgebern Gelsenkirchens. Die Zeche SCHOLVEN spielte bei dieser Entwicklung jedoch schon lange keine Rolle mehr: Trotz der Zusammenlegung mit der Gladbecker Zeche ZWECKEL wurde sie als kleinstes Gelsenkirchener Bergwerk bereits im Verlauf der ersten Kohlekrise geschlossen. Aber auch 50 Jahre später gehören die Industrieanlagen, die der Zeche folgten, noch immer zum Stadtbild Gelsenkirchens. Auch wenn sie mit ihrem Ursprung nur wenig gemein haben, liegen ihre Wurzeln doch im Bergbau. Ohne Zeche kein Kraftwerk. Ohne Zeche kein Hydrierwerk – und ohne Hydrierwerk kein Raffineriestandort in Gelsenkirchen.

Benjamin Rudolf studiert Sport- und Geschichtswissenschaften im vierten Bachelorsemester an der WWU Münster.

Abb. 85:
Neue Olefinanlage der Scholven Chemie AG, 1965

Abb. 86:
Blick über die Feldhauser Straße auf die Scholven Chemie AG, 1967

Arbeitsmigration nach unter Tage. *Die Zeche Consolidation*
» *Gina Wösting*

1863	Abteufen des Schachtes 1
1865	Förderbeginn
1925	Höchste Belegschaft mit 8.650 Beschäftigten
1929	Übernahme der stillgelegten Zeche Unser Fritz
1944/45	Schwere Kriegsschäden an allen drei Schachtanlagen 1/6, 2/7 und 3/4/9
1985	Schacht Oberschuir kommt unter Denkmalschutz. Später entsteht dort der »stadtbauraum«.
1987	Höchste Fördermenge mit 3.379.048 t
1988	Verbund zu Consolidation/Nordstern, Förderung von 3.430.923 t bei 5.638 Beschäftigten
1993	Verbund zu Hugo/Consolidation
1996	Stilllegung des Baufeldes und der Schachtanlagen von Consolidation
2001	Förderturm, Maschinenhaus und Fördermaschine des Schachtes 4 kommen unter Denkmalschutz. Die Förderanlagen des Schachtes 9 wurden bereits 1987 zu Baudenkmälern erklärt. Die Fläche der früheren Schachtanlage 3/4/9 wird zum Kultur.Gebiet CONSOL entwickelt.

Am 16. Februar 1984 ereignete sich auf der Zeche CONSOLIDATION eines der schwersten Unglücke der letzten Jahrzehnte. Ein plötzlicher Strebbruch in 1.050 Metern Tiefe brachte fünf Bergleuten den Tod, sie wurden von herabstürzenden Gesteinsmassen verschüttet. Die Ursache blieb ungeklärt, menschliches Versagen konnte jedoch ausgeschlossen werden: Nur zwei Tage zuvor hatte die Bergbehörde die Stelle geprüft – alles fand sich in bester Ordnung. Auch wenn die Bergleute zusammen verunglückten – eine gemeinsame Trauerfeier sollte es nicht geben, obgleich in der männlich dominierten Arbeitswelt der Zechen Kameradschaft ein hohes Gut war und das Totengedenken für verunglückte Bergleute seit jeher eine zentrale Rolle spielte. Hintergrund dieses ungewöhnlichen Vorgangs:

Abb. 87:
Gerettete Bergleute verlassen nach dem Grubenunglück 1984 die Schachtanlage

Vier der Verunglückten – Ekrem Cam, Ilyas Cekin, Seyfettin Öztürk und Asim Gökcen – waren türkischer Nationalität und Muslime, Werner Wallach der einzige Deutsche unter den Verstorbenen. Fragen des Glaubens verhinderten das gemeinsame Gedenken – im Tod vereint, in der Trauer getrennt. Die Todesanzeige wie die begleitenden Artikel in der lokalen Presse machen den hohen Anteil an Arbeitern mit Migrationshintergrund in der Zeche CONSOLIDATION offensichtlich, die im Volksmund nicht selten als »Türkenzeche« firmierte.

Zwar prägten türkische Bergleute die untertägige Arbeitswelt von CONSOLIDATION erst seit Mitte der 1960er Jahre, aber Arbeitsmigranten spielten auf dieser Zeche seit jeher eine bedeutende Rolle. Schon Ende des 19. Jahrhunderts waren zahlreiche Arbeiter aus den preußischen Ostprovinzen Posen, Ost- und Westpreußen sowie aus Schlesien durch die Unternehmer angeworben worden – viele von ihnen fanden eine Anstellung auf CONSOLIDATION. Da die Arbeiterschaft – und nicht nur sie – den regionalen Unterschieden nur wenig Bedeutung beimaß und die Zuwanderer überwiegend polnisch sprachen, bürgerte sich für sie schon bald der Begriff der »Ruhrpolen« ein. Da die Zeche CONSOLIDATION rasch expandierte und einen dementsprechend hohen Bedarf an Arbeitskräften

Abb. 88:
Fördertürme von Consolidation 1/6, um 1970

hatte, legten viele dieser »Ruhrpolen« dort an. Nachdem auf Initiative des Industriepioniers Friedrich Grillo zahlreiche kleinere Grubenfelder in Schalke und der damaligen Braubauerschaft zusammengelegt, im damaligen Sprachgebrauch also konsolidiert worden waren, begannen im Jahr 1863 in der Nähe des Schalker Marktes die Abteufarbeiten für den ersten

Abb. 89: *Schachtanlage 3/4/9 der Zeche Consolidation, 1953*

Schacht einer neuen Zeche, die nach den Umständen ihrer Entstehung den Namen CONSOLIDATION erhielt. Bereits zwei Jahre später förderte CONSOL, so die Bezeichnung im Volksmund, die erste Kohle. Das große und ergiebige Grubenfeld erforderte in den folgenden Jahrzehnten die Einrichtung von drei Schachtanlagen – 1/6 und 2/7 in Schalke sowie 3/4/9 entlang der Bismarckstraße – sowie von zwei separaten Wetterschächten mit den Nummern 5 und 8. Das Bergwerk entwickelte sich zu einem der größten des Ruhrgebiets. Im Jahr 1915 begannen die Abteufarbeiten für Schacht 9, der schließlich als zentraler Förderschacht im Jahr 1922 in Betrieb ging. Er verfügte erstmals über ein Doppelstrebengerüst, das Schiefstellungen der Fördereinrichtung verhindern sollte, die oft durch schachtnahe Bergsenkungen verursacht wurden. Es wurde 1987 durch die Stadt Gelsenkirchen als letztes noch erhaltenes Gerüst seiner Art in Westfalen in die Denkmalliste eingetragen.

Da die Montanunternehmen des Ruhrgebiets im letzten Drittel des 19. Jahrhunderts florierten, konnten sie ihren Arbeitskräftebedarf schnell nicht mehr aus den umliegenden Regionen decken – dies galt auch für CONSOLIDATION. Daher führten die Zechenunternehmer wiederholt systematische Werbeaktionen durch, um Arbeiter aus den östlichen Gebieten Preußens zu gewinnen. Um die wirtschaftliche Lage in den agrarisch geprägten Regionen östlich der Elbe stand es zu diesem Zeitpunkt schlecht. Die meisten Menschen verdingten sich für einen sehr geringen Lohn als Landarbeiter – es herrschte große Armut. Dies sahen die Unternehmer und hofften, durch Anwerbungen ihren Bedarf an Arbeitskräften schnell decken zu können. Evangelische Zechenherren wie Friedrich Grillo ließen insbesondere in Masuren, einem protestantisch geprägten Teil Ostpreußens, die Werbetrommel rühren, weil sie sich von der preußisch-königstreuen Bevölkerung besonders loyale und willige Bergarbeiter versprachen. Dabei wurden die Arbeiter regelrecht zu einem Umzug ins Ruhrgebiet verführt: Der sogenannte »Werber« verteilte Bier, Schnaps und Zigarren und malte den Menschen eine glückliche Zukunft in leuchtenden Farben aus – zusätzlich bekam jeder, der sich dazu entschloss, im Ruhrgebiet zu arbeiten, eine Mark im Voraus, damals ein nicht zu verachtender Betrag. Der dann unterzeichnete sogenannte Mietsvertrag wurde anschließend im Rahmen einer gemeinsamen Tanzveranstaltung gefeiert. Von einem Mietsvertrag war deshalb die Rede, weil die Arbeiter eigentlich zunächst nur für eine befristete Zeit in das Ruhrgebiet kommen sollten. Zudem wurden fast ausschließlich unverheiratete Männer angeworben, um einen möglichen Nachzug der Familie auszuschließen.

Doch warum ließen sich so viele von den Werbern überzeugen? Der Bergbau stellte für viele der Einwanderer einen besonders attraktiven Arbeitsplatz dar, erforderte der Beruf zu dieser Zeit doch noch keine spezifischen Qualifikationen, wurde aber verhältnismäßig üppig bezahlt – so war es jedem auch ungelernten Einwanderer möglich, dort Fuß zu fassen. Wie erfolgreich solche Werbeaktionen waren, zeigt sich an den Beschäftigungszahlen: Waren im Jahr 1887 50.499 Arbeiter im Ruhrbergbau beschäftigt, so verneunfachte sich ihre Zahl bis 1913 auf 444.406 Bergleute. Davon stammen etwa 53 Prozent aus den preußischen Ostprovinzen. Was sich an den Zahlen der Region ablesen lässt, zeigt sich auch und besonders auf der Zeche CONSOLIDATION: 1906 waren insgesamt 5.655 Arbeiter beschäftigt, wovon 3.018 aus den östlichen Provinzen kamen. Somit gehörte das Bergwerk zu den sogenannten »Polenzechen« – dieser Begriff hatte sich für Zechen eingebürgert, deren Belegschaft mehrheitlich polnischsprachig war. Die Integration der »bergfremden« Männer aus dem Osten vollzog sich alles andere als konfliktfrei – von den eingesessenen Bergarbeitern wurden sie als potenzielle Lohndrücker misstrauisch beäugt, die preußische Obrigkeit war penibel darauf bedacht, sämtliche »nationalpolnischen« Bestrebungen zu unterdrücken und betrieb eine gezielte »Germanisierung« der Einwanderer. In diesem angespannten Klima kam es im Jahr 1899 zu wilden Streiks und Krawallen, insbesondere in Herne. Mit dem Ersten Weltkrieg brach die Zuwanderung aus dem Osten schlagartig ab. Nach dessen Ende teilten sich die »Ruhrpolen« auf – zu jeweils etwa einem Drittel wanderten sie zurück in den neuen polnischen Staat, zogen weiter in die französisch-belgischen Montanreviere oder blieben im Ruhrgebiet, wo sie sich endgültig assimilierten. So verschwand auch die polnische Sprache schließlich aus dem Arbeitsalltag der Zeche CONSOLIDATION, es blieben nur der »Mottek« und vereinzelte andere Lehnwörter.

Wie stark die Zuwanderer ihre neue Region prägen konnten, zeigt das Beispiel Schalke 04. Der Fußballverein war mit der Zeche CONSOLIDATION eng verbunden – und dies nicht nur, weil sich der erste Schacht auf dem Schalker Markt befand. Fast 60 Prozent aller Vereinsmitglieder waren auch Bergleute, zahlreiche Spieler stammten aus masurischen oder polnischen Zuwandererfamilien. Adam Zurawski, Emil Czerwinski, Fritz Szepan oder Otto Tilbulski sind nur einige von ihnen, die in den 1920er, 1930er und 1940er Jahren den Schalker Fußball erfolgreich werden ließen. Die Nähe zwischen Verein und Zeche war für beide Seiten ein Gewinn: Die Zeche bot nicht nur Arbeitsplätze, sondern gewährte den Spielern Freiräume, indem diese für Spiele oder ein Training freigestellt wurden. Im Gegenzug genoss die Zeche einen guten Ruf in der Öffentlichkeit – je höher der Verein aufstieg, desto besser auch das Image des Bergwerks. Wie wichtig die Nähe zur Zeche CONSOLIDATION war, zeigte sich 1928, als Schalke 04 seine neue Spielstätte auf einem Gelände erbauen konnte, das die Zeche zur Verfügung gestellt hatte – getreu dem Gruß der Bergleute hieß das Stadion fortan »Kampfbahn Glückauf«.

»Schalke, Selters und eine neue Sprache«
→ S. 233

Die Geschichte der »Ruhrpolen«, die durch die Gelsenkirchener Zechenbetriebe angeworben worden waren, sollte den FC Schalke 04 noch einmal einholen. Als Schalke 04 im Jahr 1934 zum ersten Mal deutscher Fußballmeister wurde, entbrannte in den Medien eine große Diskussion. Denn zahlreiche polnische Tageszeitungen berichteten von den großartigen Leistungen ihrer Landsleute, ohne die es dem Verein niemals gelungen wäre, den Meistertitel zu gewinnen; die Deutsche Fußballmeisterschaft sei »in den Händen von Polen«. Der *Kicker* druckte einige dieser Schlagzeilen. Und tatsächlich, auf den ersten Blick scheint es auch so, denn viele der Spieler trugen einen polnisch klingenden Familiennamen – Przybylski, Kalwitzki, Kuzorra oder Urban, um nur einige zu nennen. Die Schalker Vereinsführung wollte dies wiederum nicht auf sich sitzen lassen und veröffentlichte eine Erklärung, in der alle Spieler mit Namen und Geburtsort aufgelistet wurden. Alle waren sie im Ruhrgebiet geboren, wenngleich ihre Vorfahren zum Teil aus Masuren oder Oberschlesien stammten. Doch warum war ihre Herkunft überhaupt so wichtig? Die Nationalsozialisten,

»Schalke, Selters und eine neue Sprache«
→ S. 233

Die Zeche Consolidation | **181**

Abb. 90:
Blick auf die Schachtanlage 3/4/9, um 1960

seit 1933 an der Macht, verbanden ihren aggressiven Nationalismus mit tiefen antipolnischen Ressentiments – deutsche Fußballmeister mit polnischen Wurzeln waren daher undenkbar, weshalb sich die Propaganda darum bemühte, aus Szepan und Kuzorra Vorzeigedeutsche zu machen, die masurischen Geburtsorte ihrer Väter aber verschwieg. Die verbrecherische Ideologie der Nationalsozialisten führte wenige Jahre später in den Zweiten Weltkrieg, von dessen Auswirkungen auch die Zeche CONSOLIDATION nicht verschont blieb. So wurden fast alle Schachtanlagen, die sich zentral im Stadtgebiet Gelsenkirchens befanden, stark beschädigt – speziell der Schacht 5 wurde mehrmals von Bomben getroffen und musste daraufhin abgeworfen werden. Auch die Schachtanlagen 1/6 und 2/7 sowie die Kokerei wurden schwer getroffen. Nach dem Krieg mussten viele Anlagen erneuert werden, bevor die Förderung der kompletten Zeche wieder aufgenommen werden konnte – bis 1949 wurde nur in der Schachtanlage 3/4/9 Kohle zu Tage gebracht. Während des Krieges war ein Großteil der Arbeit unter Tage von ausländischen Zwangsarbeitern verrichtet worden, darunter wiederum zahlreiche Polen.

Ausländische Arbeitskräfte – nun »Gastarbeiter« genannt – sollten auch die Nachkriegsgeschichte der Zeche CONSOLIDATION prägen. Mit dem rasanten wirtschaftlichen Aufschwung der Bundesrepublik Deutschland wuchs auch der Arbeitskräftebedarf der deutschen Wirtschaft. Der Mangel an Arbeitskräften wurde noch durch den Mauerbau und die Schließung der innerdeutschen Grenze zugespitzt. Um der Situation Herr zu werden, schloss die Bundesrepublik Deutschland 1961 ein bilaterales Abwanderungsabkommen mit der Türkei über die Anwerbung von Arbeitskräften. Beide Seiten hatten Vorteile: Die deutsche Industrie konnte auf dringend benötigte Arbeitskräfte zugreifen, die Türkei wollte die eigene Handelsbilanz aufbessern und langfristig eine Effizienzsteigerung der Industrie im eigenen Land erzielen. Bereits seit 1955 hatte die Bundesrepublik vergleichbare Übereinkünfte mit Italien, Spanien und Griechenland geschlossen; bis 1968 kamen noch Verträge mit Marokko, Portugal, Tunesien und Jugoslawien hinzu. Die Bundesrepublik legte fest, dass die Aufenthaltsdauer der Arbeiter auf maximal zwei Jahre begrenzt wurde, zudem allein Unverheiratete angeworben werden sollten, um einen möglichen Familiennachzug auszuschließen. Doch viele dieser Vertragsregeln blieben unbeachtet. Das Abkommen von 1961 wurde, was zu diesem Zeitpunkt noch keiner ahnte, der Startschuss für die türkische Einwanderung in die Bundesrepublik Deutschland. Denn die türkischen Arbeiter konnten in Deutschland im Bergbau deutlich mehr Geld verdienen als im eigenen Land. Früher oder später zogen ihre Familienmitglieder nach.

Die Folgen des Abkommens zeigten sich rasch in den Beschäftigungszahlen der Zeche CONSOLIDATION. 1982 waren bereits 37 Prozent

Abb. 91: *Ankunft von türkischen Gastarbeitern, 1970*

der insgesamt 4.000 Beschäftigten türkischer Nationalität; dies machte sich vor allem unter Tage bemerkbar, denn der Anteil der jungen und belastbaren türkischen Bergleute an den anstrengenden und gefährlichen Arbeitsplätzen vor Kohle war besonders hoch – es war kein Zufall, dass der Strebbruch vom Februar 1984 vier Türken und einen Deutschen traf. Da viele der türkischen Mitarbeiter anfangs – wenn überhaupt – nur rudimentäre Deutschkenntnisse hatten, mussten in der gesamten Zeche viele Hinweis- und Erklärungsschilder zweisprachig, also auch auf Türkisch montiert werden – selbst Schilder, auf denen einfache Vorgänge oder Abläufe beschrieben waren. Diese dienten jedoch nicht allein dem Verständnis der Arbeitsabläufe, sondern konnten im Notfall auch Leben retten. Denn nur so konnte in Gefahrensituationen schnell und adäquat reagiert werden.

Abb. 92:
Waschkaue der Zeche Consolidation, um 1960

War die Sprachbarriere jedoch erst einmal überwunden, stand einer guten Zusammenarbeit nichts im Wege: »[…] unter Tage konnt' man sich, also normalerweise, auf die Türken hundertprozentig verlassen«, so der Steiger Jürgen Sander, der bis 1993 auf dem mit CONSOLIDATION verbundenen Bergwerk NORDSTERN arbeitete, in einem Interview. »[M]an muss da schon zu sagen, der Türke unter Tage […] war [und] ist auch ein guter Kumpel. Und der hat sich natürlich auch diese Redeweise, die wir da drauf hatten, zu eigen gemacht, ist ja klar, ging ja auch schneller dann.«¹ Ob Deutsche oder Türken – eine Morgenschicht konnte schon eine verschworene Gemeinschaft über die Nationalitäten hinweg sein. Während der Arbeit gab es demnach eher seltener Probleme, doch über Tage sah dies meist schon wieder anders aus: »Aber, über Tage, im Rahmen seiner Familie und seiner Gleichgesinnten […], da war er ein ganz anderer Mann. Da ging es auch um Religion und so Sachen […].« So hielt auch die Ruhrkohle AG in einem Bericht aus den frühen 1980er Jahren fest: »Während fast überall betont wurde, dass es während der Arbeit kaum zu Konflikten, wohl aber zu Kontakten zwischen den Deutschen und den Ausländern kommt, scheinen diese Beziehungen am Werkstor zu enden.«²

Doch sahen das die türkischen Gastarbeiter genauso? Wie gestaltete sich deren Leben? Etem Göktaş, ein türkischer Gastarbeiter, der 1964 nach Gelsenkirchen kam, berichtet von seinen Erfahrungen: »Ich hatte damals nicht gedacht, daß ich mal zwanzig Jahre in Deutschland bleibe und mich so einleben werde.«³ Ein Satz, der zeigt, dass trotz religiöser Unterschiede Deutschland und insbesondere das Ruhrgebiet zu einem Ort werden konnte, an dem man sich wohl fühlen konnte. Auch Etem Göktaş hatte eine Anstellung auf einer Zeche im Ruhrgebiet bekommen – zunächst auf MATTHIAS STINNES, später auf NORDSTERN. Mit dem gesicherten Einkommen und einer kleinen Wohnung war es ihm möglich, seiner Familie ein gutes Leben in Deutschland zu bieten. 1984, als das Interview geführt wurde, erzählt er vom starken Zusammenhalt während der Arbeit auf der Zeche und davon, dass er sich wünschen würde, einer seiner Söhne könnte später auf einer Zeche in die Lehre gehen. Offenbar war auch unter den türkischstämmigen Arbeitern der Glaube an die Kohle unerschütterlich. Kurzum: Für ihn war Deutschland nicht einfach nur ein Land, indem er arbeitete – es war zu seinem neuen Zuhause geworden; die Türkei blieb seine Heimat, in die er ab und an reiste.

Doch ist Etem Göktaş nur ein Paradebeispiel für die scheinbar gelungene Integration der türkischen Gastarbeiter im Ruhrgebiet? Viele Zeitungen berichteten in den 1970er/80er Jahren über das Problem der sogenannten Ghettoisierung: Nahezu alle türkischen Familien lebten Haus an Haus in einem Viertel zusammen. Wollten die türkischen Gastarbeiter über Tage etwa nichts mit Deutschen zu tun haben, oder war es eher anders herum? Offenbar lag das Problem hier bei den Deutschen, denn viele türkische Gastarbeiterfamilien bekamen nicht einmal die Chance, in ein anderes Viertel zu ziehen. Ein junger Mann berichtete der FAZ schon 1973 ganz offenherzig: »Wenn einer von ihnen [den Türken] in unser Haus einzöge, würden alle Deutschen kündigen.« Nicht selten mussten türkische Familien zudem deutlich mehr Miete zahlen als

Deutsche, selbst wenn sich die Wohnung in einem erbärmlichen Zustand befände, »denn die Ausländer protestieren ja nicht«.[4] Gerade seitens der türkischen Gastarbeiter bestand aber sehr wohl ein Interesse daran, auch über Tage mit Deutschen in Kontakt zu stehen. So betitelte die *WAZ* im August 1980 einen Artikel entsprechend eindeutig: »Türken wollen unter deutschen Kollegen wohnen.«[5] Dennoch blieben auf beiden Seiten Probleme bestehen, die Integration zu einem mühsamen Prozess werden ließen. Nuri Kaya, seit 1974 auf Zeche CONSOLIDATION tätig und in der nahen Erdbrüggenstraße wohnhaft, brachte dies 1982 für den *Spiegel* auf den Punkt: Einerseits hielten sich die deutschen Nachbarn stets zurück, weil »sie immer nur hören: die Türken sind schlecht, sind gefährlich«. Andererseits liege der mangelnde Kontakt nicht nur an der Fremdenfeindlichkeit, sondern auch daran, »dass wir nicht so leben wollen wie sie, andere Kultur haben«.[6] So blieb sein Verhältnis zu den Brieftauben, die seine Kollegen züchteten, eher distanziert – der Fußball allerdings, in der Türkei wie in Deutschland gleichermaßen beliebt, bot sich schon eher als Integrationsmechanismus an.

Abb. 93:
Kühlturm von Schacht 3/4/9 im Winter, um 1960

Was am Arbeitsplatz unter Tage von Beginn an funktionierte, wuchs schließlich auch über Tage zusammen – mittlerweile gehören Türken nicht mehr nur selbstverständlich zur Geschichte des Bergbaus, sondern auch zur Geschichte und Gegenwart Gelsenkirchens. Und es ist sicher kein Zufall, dass zwei der ersten deutschen Fußballnationalspieler mit türkischen Wurzeln, Mesut Özil und İlkay Gündoğan, aus Gelsenkirchen stammen. Die verbindende und integrative Kraft des Sports wurde auch schon 1984 erkannt: Zwar erhielten die fünf Opfer des eingangs geschilderten Grubenunglücks keine gemeinsame Trauerfeier, aber der FC Schalke 04 richtete zum Ausdruck seiner Verbundenheit mit ihnen, ihren Angehörigen und nicht zuletzt auch mit seiner Stammzeche ein Benefizspiel aus. Der »Polackenverein« solidarisierte sich mit der »Türkenzeche«.

Gina Wösting studiert Geschichte und Germanistik im dritten Bachelorsemester an der WWU Münster.

Tokio – Gelsenkirchen – Tokio
» *Sebastian Renczikowski*

Es ist der 21. Januar 1957, als eine Gruppe gut gekleideter Herren die Zeche CONSOLIDATION das erste Mal besucht. Eben angekommen, das Reisegepäck teils noch in den Händen, der Reisebus dicht hinter ihnen, versammeln sie sich vor der Zechenkulisse für ein erstes Gruppenfoto. Das Motiv ist eigentlich kein ungewöhnliches, doch scheint es nicht ganz zur Bergmannskultur Gelsenkirchens der 1950er Jahre zu passen. Denn es blicken nicht etwa die ernsten Augen gestandener und kräftiger Bergleute in die Kamera, sondern die der ersten Gruppe japanischer Gastarbeiter, die bis 1965 – vereinzelt auch darüber hinaus – im Gelsenkirchener Bergbau beschäftigt waren. Doch warum nahmen die Arbeiter aus Fernost den weiten Weg ins Ruhrgebiet auf sich?

Schließlich hatte Japan, ähnlich wie Westdeutschland, wirtschaftlich vom Koreakrieg (1950–1953) profitiert, fungierte es doch als umfassende Nachschubbasis der US-amerikanischen Truppen. Als Verbündeter der USA erlangte das Land 1952 seine Souveränität zurück. Gleichzeitig

Abb. 94: *Erste Besichtigung der Zeche Consolidation durch japanische Gastarbeiter, 1958*

erreichte Japan, zumindest in der Schwerindustrie, wieder den Stand der Vorkriegsproduktion. Was jedoch fehlte, war das technische Wissen, das für zusätzliches Wachstum und Fortschritt hätte sorgen können. Auch in anderen Bereichen war die japanische Industrie noch nicht auf dem Stand westlicher Industrieländer angekommen. Besonders die Gewerkschaftspolitik gestaltete sich dabei als steter Bremsklotz. *Tanrō*, die größte japanische Gewerkschaft im Steinkohlebergbau, führte zusammen mit anderen Gewerkschaften einen intensiven Kampf mit den Unternehmen. Die Folge daraus waren häufige Streiks, die dafür sorgten, dass Steinkohle nicht als zuverlässige inländische Energiequelle wahrgenommen wurde. Allein 1953 streikte eine der *Tanrō* nahestehende Betriebsgewerkschaft im Bergwerk Mitsui Miike (bei Fukuoka) 113 Tage, um gegen Entlassungen zu protestieren. Teilweise wurden Arbeitsschichten durch die Gewerkschaften auf höchstens vier Stunden festgelegt. In diesem Klima konnten im Bereich der Steinkohleindustrie keine Fortschritte erzielt werden, da mögliche Großabnehmer nicht das Risiko einer unterbrochenen Energieversorgung auf sich nehmen wollten.

In Westdeutschland fehlten hingegen nach Ende des Zweiten Weltkrieges noch immer Arbeitskräfte, die das »Wirtschaftswunder« weiter vorantreiben konnten. Deshalb schloss die deutsche Regierung ab 1955 eine Vielzahl an bilateralen Anwerbeabkommen über Gastarbeiter. Nicht nur Italiener, sondern später auch Spanier, Griechen, Türken und andere mehr sollten so den westdeutschen Kohlebergbau unterstützen. Dass über ein schon früh ausgehandeltes deutsch-japanisches Regierungsprogramm auch japanische Gastarbeiter ins Ruhrgebiet kamen, ist jedoch kaum bekannt. Grundlegend für das Interesse der japanischen Regierung war das 1951 verabschiedete Montan-Mitbestimmungsgesetz. In diesem wurde geregelt, dass Aufsichtsratsposten in Montanbetrieben zur Hälfte mit Arbeitgebern, zur anderen Hälfte aber mit Arbeitnehmern besetzt werden mussten. Um eine ständige Pattsituation in der Entscheidungsfindung zu verhindern, musste zusätzlich eine keine der beiden Seiten zugehörige neutrale Person dem Aufsichtsrat angehören. Das Ergebnis dieser Konstellation war eine gleichberechtigte Zusammenarbeit von Kapital und Arbeit, die mitverantwortlich für den rasanten wirtschaftlichen Aufstieg Westdeutschlands – und dort besonders des Ruhrgebiets – bis in die 1960er Jahre war.

Dem Abteilungsleiter für Arbeitspolitik im Arbeitsministerium Japans, Yujirō Ōno, fielen dabei als Erstem die Unterschiede zwischen dem japanischen und dem westdeutschen Gewerkschaftssystem auf. Er besuchte Westdeutschland von 1953 bis 1954 im Rahmen eines Forschungsaufenthalts und konnte so persönliche Eindrücke und Erfahrungen sammeln,

Zechenportrait »Consolidation« → S. 176

die er danach auch in seinem Heimatland zur Anwendung bringen wollte. Dafür war es jedoch notwendig, die gewonnenen Erkenntnisse auch für die dortigen Arbeiter greifbar zu machen. Deshalb sollten japanische Bergleute Westdeutschland besuchen, um sich selbst einen Einblick zu verschaffen. Das Hauptargument Ōnos war dabei vordergründig jedoch die Notwendigkeit, neue technische Errungenschaften Westdeutschlands kennenzulernen. Denn es stand zu befürchten, dass sich japanische Unternehmen – und vor allem wohl die Gewerkschaften – nicht ohne Weiteres von einem Plan hätten überzeugen lassen, der zu Veränderungen der etablierten Strukturen führen sollte. Im Juli 1956 wurde schließlich nach vorangegangener Anfrage Ōnos das *Programm zur vorübergehenden Beschäftigung von japanischen Bergarbeitern im Ruhrkohlenbergbau* zwischen der deutschen und der japanischen Regierung geschlossen. Im Zuge dieses Abkommens brachen insgesamt 436 japanische Bergleute in den Jahren zwischen 1957 und 1965 in insgesamt fünf Gruppen nach Westdeutschland auf, um mit den Kumpeln im Ruhrgebiet zu arbeiten und von ihnen zu lernen. Diese wurden auf drei Bergbaugesellschaften im Ruhrgebiet verteilt: die *Hamborner Bergbau AG* in Duisburg-Hamborn, die *Klöckner-Bergbau AG Viktor Ickern* in Castrop-Rauxel und die *Essener Steinkohlebergwerke AG Consolidation* in Gelsenkirchen. Welche Motive hatten aber die japanischen Bergleute selbst, ins Ruhrgebiet zu kommen?

Eine Reise weit über die eigenen Staatsgrenzen hinaus war in den 1950er Jahren nicht nur für viele Deutsche ein noch unerfüllbarer Traum. Die Kosten für eine Reise von Japan nach Westdeutschland und umgekehrt waren astronomisch. Dazu kam, dass sowohl die japanische als auch die deutsche Bevölkerung noch immer mit den Folgen des Zweiten Weltkrieges zu kämpfen hatte. Neben der Notwendigkeit zum Wiederaufbau richtete sich das Hauptaugenmerk der arbeitenden Bevölkerung eher auf die Befriedigung der Grundbedürfnisse. Auch wenn es für einen einfachen japanischen Arbeiter damals kaum vorstellbar war, eine Tätigkeit im Ausland anzunehmen, ist es vor diesem Hintergrund nicht überraschend, dass die Plätze für eines der Flugzeuge, die gen Düsseldorf starteten, begehrt waren. Schließlich bot sich so die einmalige Chance, die Welt kennenzulernen. Reiji Ishimura, ein Verbindungsbergmann der dritten Gruppe, berichtet beispielsweise, dass sich jeder der 60 Mitglieder seiner Gruppe gegen zwölf Konkurrenten hatte durchsetzen müssen. Dabei spiegelt diese Zahl noch lange nicht die Summe aller Bewerber wider. In die engere Auswahl kamen allein diejenigen, die zuvor seitens der Bergbaufirmen als besonders geeignet eingeschätzt worden waren. Sowohl die Unternehmen als auch die japanische Regierung waren aus Prestigegründen äußerst interessiert daran, nur die Besten ihrer Bergleute zu entsenden. Ein aus acht Punkten bestehender Kriterienkatalog benannte präzise die notwendigen körperlichen wie geistigen Voraussetzungen für erfolgreiche Bewerber. Folgenschwer wog besonders der siebte Punkt. Er bestimmte, dass allein Arbeiter in Frage kämen, die keine Familienmitglieder zu versorgen hatten. Viele Bewerber ließen sich aus diesem Grund sogar von ihren Frauen scheiden – wohlgemerkt ohne zuvor eine garantierte Zusage der Regierung erhalten zu haben.

Abb. 95:
Japanische Bergarbeiter bei der Maidemonstration, um 1960

Häufig kannten die japanischen Bergleute nicht einmal die eigentlichen Ziele ihrer Regierung oder die Yujirō Ōnos. Wenn auch in Westdeutschland der Versuch unternommen wurde, den japanischen Gästen das westdeutsche Gewerkschaftssystem nahezubringen, so trat doch letztlich keiner von ihnen einer Gewerkschaft bei. Einigen von ihnen wurde erst Jahre später bewusst, welche Motive eigentlich hinter ihrer Reise steckten. Viel intensiver erscheinen auch deshalb die persönlichen Erinnerungen der Bergleute an ein fremdes Land, die sich in Bildern und Berichten widerspiegeln.

Wohl deutlich häufiger, als es die einheimische Bevölkerung getan hätte, hielten die japanischen Gäste Motive fest, die auch heute noch das klassische Bild vom Ruhrgebiet prägen. Nicht zufällig scheinen einige der Fotografien von Gelsenkirchener Zechengebäuden den Kontrast von hell und dunkel zu betonen. Dichter Rauch liegt über schwarzen Gebäuden, die sich düster vor einem strahlenden Himmel abzeichnen. Aus einer anderen Perspektive ergreift der Rauch Besitz vom Himmel, verdunkelt ihn, sodass nur noch Kamine, Schlote und Fördertürme zu sehen sind. Die Zechen erscheinen so als riesige, fast lebendige Gebilde. Dieser Eindruck spiegelt sich auch in den Erinnerungen der Bergleute wider:

> »*Veraltete Gebäude und Straßenlaternen, das Geläut von Kirchenglocken, verwaschene Pflastersteine, der feurige Elias* [umgangssprachlicher Begriff für Dampflokomotiven oder die Schienenwege, auf denen sie verkehrten, S. R.], *VW-Käfer, Spuren des letzten Weltkrieges, ehemalige Frontsoldaten, rauchende Schornsteine, schwarze Diamanten, Nußbriketts ... Alles ist frisch und lebendig in meinem Gedächtnis.*«[1]

Die japanischen Arbeiter behielten die Szenerie aber keineswegs als beängstigend in Erinnerung, wie es die Bilder der Zechen beim ersten Hinsehen vielleicht vermuten lassen. Tatsächlich waren ihnen eher die Szenen des fremden Alltagslebens in ihrer Darstellung wichtig. Takehiko Kōguchi, der zur ersten Arbeitergruppe gehörte, orientiert sich in seinen persönlichen Erinnerungen beispielsweise zunächst an den Gegensätzen der deutschen und japanischen Küche. So berichtet er in einer amüsanten Episode davon, wie er den in Japan unbekannten Milchreis kennenlernte. Anstatt ihn mit Milch anzusetzen, wusch er ihn, wie er es bei normalem Reis getan hätte. Im Gegensatz zu herkömmlichen Reis floss jedoch kontinuierlich weiter eine »weiße Brühe« heraus. Es stellte sich heraus, dass ihm die Bedeutung des Begriffes »Milch« nicht klar gewesen war und er gedacht hatte, es handele sich um »weißen Reis«.[2]

Derartige Sprachbarrieren waren in der Anfangszeit keine Seltenheit. Nur wenige der japanischen Bergarbeiter beherrschten aus ihrer Schulzeit überhaupt noch deutsche Vokabeln. In einmonatigen Sprachkursen in den jeweiligen Partnerstädten wurden deshalb zumindest einige Regeln sowie die elementaren Bergbaubegriffe vermittelt, ehe es erstmals unter Tage ging. Dass die in den Sprachkursen erworbenen Kenntnisse zur Verständigung mitunter nicht ausreichten, berichtet Norijuki Matsuda, der sich bei einer Fahrt mit dem Fahrrad verirrt hatte:

> »*Ich wurde natürlich ganz traurig, weil ich damals nicht gut Deutsch sprechen konnte und dazu hier ganz fremd war. Auf dem Weg fragte ich oft die Menschen, aber sie verstanden mich nicht, und ich verstand sie auch gar nicht.*«[3]

Trotz derartiger Erschwernisse gelang es den japanischen Bergleuten nach und nach, sich in ihre Umgebung zu integrieren. Hilfreich war dabei auch, dass einige von ihnen in Gastfamilien untergebracht waren. Das Erlernen der Landessprache gelang auf diese Weise deutlich schneller. Die Menschen im Ruhrgebiet standen den Japanern offen gegenüber. So wurden die Arbeiter aus Fernost von ihren deutschen Kumpeln wie selbstverständlich selbst zu Weihnachts- oder Geburtstagsfeiern eingeladen. Man ging gemeinsam aus, trank zusammen und pflegte ein freundschaftliches Verhältnis. Hilfreich war dafür sicherlich auch, dass die Japaner hart für ihre Anerkennung arbeiteten. Da sie in den Anfängen körperlich der harten Arbeit nicht gewachsen waren, taten sie sich zunächst schwer damit, während ihres Arbeitseinsatzes selbst die Mindestnormen zu erreichen. Im Laufe ihres Aufenthalts gelang es jedoch vielen von ihnen, sich besser an ihre neue Umgebung und die körperlichen Erfordernisse anzupassen. Gerade im Ruhrgebiet, wo ehrliche ›Maloche‹ noch heute geschätzt wird, trafen ihre Bemühungen deshalb auf viel Gegenliebe.

Abb. 96: *Unterbringung von japanischen Bergleuten im Wohnheim am Schacht Oberschuir, 1958*

Wie sehr der persönliche Einsatz der japanischen Bergleute zu ihrer Anerkennung beitrug, zeigt sich besonders im Vergleich zu weiteren Gastarbeitern aus Ostasien. Denn 1970 schloss der damalige westdeutsche Außenminister Walter Scheel ein Abkommen mit der Regierung Südkoreas. Demnach war es südkoreanischen Bergarbeitern über eine Frist von drei Jahren erlaubt, im westdeutschen Kohlebergbau zu arbeiten, vor allem aber Abbautechniken zu erlernen. Die daraus resultierende Zusammenarbeit mit den rund 6.000 Südkoreanern, die in Folge des Abkommens im Ruhrgebiet beschäftigt waren, gestaltete sich jedoch für beide Seiten nicht zufriedenstellend. Unzureichende Auswahlverfahren auf südkoreanischer Seite sorgten in den meisten Fällen dafür, dass nicht qualifizierte Arbeitskräfte plötzlich gänzlich ungewohnte und härteste Arbeiten verrichten sollten. Nach den zuvor gemachten Erfahrungen mit Gastarbeitern aus anderen Regionen waren die daraus resultierenden Ergebnisse für die westdeutschen Bergbaufirmen ernüchternd. Sowohl die südkoreanischen Gastarbeiter als auch die betroffenen Firmen drängten schließlich auf ein Ende der Zusammenarbeit, sodass im Jahr 1980 lediglich noch 600 Bergleute aus Südkorea im Ruhrgebiet beschäftigt waren. Auch die Bewertung der Gäste fiel deutlich weniger freundlich aus: »Neue Kumpels aus dem Fernen Osten sollen nicht mehr angeworben werden; das ›koreanische Abenteuer‹, sagt Vorstand Gentz erleichtert, sei nun bald vorbei.«[4]

Trotz vielfacher Berührungspunkte mit der westdeutschen Kultur hielten die japanischen Arbeiter auch eigene Traditionen aufrecht. So schmückten sie am japanischen »Tag des Kindes« (*kodomo no hi*), einem Feiertag, an dem am 5. Mai den Kindern Glück und Gesundheit gewünscht wird, ihre Wohnheime traditionell mit Papierkarpfen. Klassische japanische Sportarten stießen ebenfalls auf hohes Interesse. Hitoshi Iushi erinnert sich, dass er sich nach einem Freundschaftskampf in Essen mit »wahrscheinlich 2.000 Menschen« über Judo ausgetauscht hätte und in der Folge viele Freundschaften zu Stande gekommen seien.[5] Auch die Fotografien der japanischen Gastarbeiter spiegeln ihre Sportbegeisterung wider. Die Wiese vor dem Gelände der Zeche CONSOLIDATION wurde gerne zum gemeinsamen Baseball-Spiel genutzt.

Abb. 97:
Ein japanischer Gastarbeiter beim Baseballspiel vor dem Zechengelände, um 1960

Nachdem die japanischen Bergleute schließlich 1965 zum größten Teil in ihr Heimatland zurückgekehrt waren, blieb ihnen vor allem die Erinnerung an eine außergewöhnliche Reise. Viele berichten heute davon, dass sie sich dadurch in erster Linie persönlich weiter entwickelt hätten. Genauso wichtig ist es ihnen jedoch auch zu betonen, wie sehr die mittlerweile fast ein halbes Jahrhundert zurückliegende Episode dazu beigetragen habe, das Bild Japans in Europa im rechten Licht zu prägen. Von den ursprünglichen Zielen Yujirō Ōnos wurden hingegen nur wenige erreicht. Ab Mitte der 1960er Jahre nahm eine Vielzahl japanischer Bergbau-Unternehmen die Entwicklung im Ruhrkohle-Bergbau vorweg. So hieß es in vielen Zechen bald »Schicht im Schacht!« Eine Verlagerung zur Atomenergie sorgte in Japan schließlich für die Schließung eines Großteils der Zechen im Steinkohlebergbau.

Abb. 98: *Abschiedsfoto der letzten nach Japan zurückkehrenden Bergleute, 1965*

Abb. 99: *In Deutschland verbleibender Bergmann mit deutscher Ehefrau, 1965*

In Gelsenkirchen lassen sich wie im gesamten Ruhrgebiet auch heute noch Spuren der einstigen Arbeiter aus Fernost wiederfinden. Von insgesamt 436 Bergleuten ließen sich schließlich 32 in Deutschland nieder. Einige von ihnen leben auch heute noch in den Städten, in denen sie bei ihrem ersten Besuch gearbeitet haben. Der Großteil von ihnen hat in der Zwischenzeit geheiratet und sich ein Leben in Deutschland aufgebaut. Manche berichten sogar, mittlerweile ihr Japanisch verlernt zu haben. Fünf andere japanische Bergleute bekamen tragischerweise gar nicht die Gelegenheit, in Deutschland zu bleiben – sie ließen bei Grubenunfällen ihr Leben. Im Jahr 1965 nahmen die letzten Japaner Abschied vom Ruhrgebiet – während sie dort waren, sind sie Teil einer ungewöhnlichen Episode der Geschichte des Gelsenkirchener Bergbaus geworden.

Sebastian Renczikowski studiert Geschichte und Germanistik im sechsten Bachelorsemester an der WWU Münster.

Die Dahlbuschbombe – eine Gelsenkirchener Heldengeschichte.
Die Zeche Dahlbusch
» *Thomas Ahmann*

1848	Beginn der Teufarbeiten für den Schacht König Leopold in Rotthausen
1853	Wiederaufnahme der unterbrochenen Teufarbeiten
1859	Umbenennung in Dahlbusch
1860	Förderbeginn
1868	Abteufen von Schacht 2
1873	Gründung der Bergwerksgesellschaft Dahlbusch
1913	Höchste Fördermenge mit 1.205.984 t
1925	Höchste Belegschaft mit 4.374 Beschäftigten
1966	Stilllegung

»Unaufhörlich drehen sich die Bohrer – Stunde um Stunde nähern sie sich der Luftglocke. Donnerstag 7. November wenige Minuten nach sechs Uhr morgens in 56 Metern Tiefe durchschlägt der Bohrer die brüchige Decke des Stollens. Gebannt warten die Retter auf die Reaktion der Männer in der Tiefe«,[1] kommentierte ein aufgelöster Reporter in einer Direktschaltung für das Fernsehen am 7. November 1963 aus Lengede. Millionen von Menschen saßen gespannt vor dem Fernseher und verfolgten die bis dahin größte Rettungsaktion in der Geschichte des deutschen Bergbaus.

Der damalige Bundeskanzler Ludwig Erhard selbst machte sich vor Ort ein genaues Bild der Situation und sprach über ein in die Tiefe hinabgelassenes Mikrofon zu den verschütteten Bergleuten: »Ich glaube, alle deutschen Herzen sind im Augenblick bei Ihnen – in der Hoffnung, in der Zuversicht, dass Sie wieder das Licht des Tages erblicken werden – Glück Auf!« Auch der Tagesschausprecher zeigte sich sichtlich erleichtert, als er den nun möglich werdenden Einsatz der Dahlbuschbombe verkünden konnte: »Sechs Stunden später – die Fahrsteiger Habicht und Lambert,

Abb. 102: *Seilbahn zur Kokerei Schacht 6 der Zeche Dahlbusch, 1952*

Abb. 101:
Betriebsbahnhof von Schacht 3/4/6 der Zeche Dahlbusch, k. A.

zwei von vielen Freiwilligen, werden in der Rettungsbombe zu den elf Eingeschlossenen hinabgelassen.«

Am 24. Oktober 1963 ereignete sich im Schacht Mathilde der Eisenerzgrube Lengede-Broistedt eine Bergwerkkatastrophe, die eine wahre Medienrevolution auslöste: Sie markierte den Beginn der tagesaktuellen Berichterstattung in der Tagesschau. Dieses Bergwerkunglück reihte sich ein in die traurigen Ereignisse des Jahres 1963, welches durch Wirbelstürme, Überschwemmungen, Vulkanausbrüche, Flugzeugunglücke, Erdbeben und Schiffskatastrophen geprägt war. Vor allem die Naturkatastrophen forderten weltweit tausende von Todesopfern.

Auslöser des Unglücks in Lengede war ein eingebrochener Klärteich, der die Schächte mit rund 500.000 Kubikmetern Wasser überflutete. Zur Zeit des Unglücks befanden sich 129 Bergleute unter Tage. 79 Kumpel konnten sich selbst retten, sieben Männer wurden innerhalb von 24 Stunden geborgen. 43 der verschütteten Bergleute schienen verloren. Am 1. November jedoch wurden aus 79 Metern Tiefe drei weitere Überlebende ans Tageslicht gebracht. Sechs Tage später – am 7. November – orteten Rettungskräfte 60 Meter unter der Erde elf weitere Kumpel. Die daraufhin beginnende Rettungsaktion wird als das »Wunder von Lengede« in die Geschichte eingehen. Die elf Bergleute, die sich in einen »Alten Mann« geflüchtet hatten, konnten noch 14 Tage nach dem Unglückstag lebend geborgen werden, sodass die Zahl derer, die bei der Katastrophe ihr Leben verloren – 29 –, nicht höher ausfiel. Der eigentliche Held dieser Geschichte stammt aus Gelsenkirchen und fand in den beiden einleitenden Kommentaren bereits Erwähnung.

Die Dahlbuschbombe wurde im Mai 1955 in Gelsenkirchen-Rotthausen auf der Grube DAHLBUSCH entwickelt – einst, in den Jahren 1880 bis 1881, die größte Zeche im Revier. Ihren seltsamen Namen – der Begriff Bombe allein assoziiert Krieg, Schmerz und Tod – verdankt die Rettungskapsel ihrer Form, die der einer Bombe nicht unähnlich ist. Ihre Erfindung brachte indes das Gegenteil von Leid: Die Technik zur Rettung verschütteter Bergleute war eine epochemachende Innovation im Bergbau und ist Teil der Gelsenkirchener Stadtgeschichte. »Rettungsbombe war kurvengängig«, so betitelte eine lokale Zeitung einen Bericht, der die Erfindung der Öffentlichkeit erklärte. Der Erbauer wurde in einem Raketenbetrieb geschult, was für die Konstruktion von Vorteil war. Daher stammt auch die Form der Rettungskapsel. Doch wie kam es eigentlich zu dieser Erfindung?

Die Zeche DAHLBUSCH wurde im Laufe des 20. Jahrhunderts von mehreren schwerwiegenden Grubenunglücken erschüttert und war des-

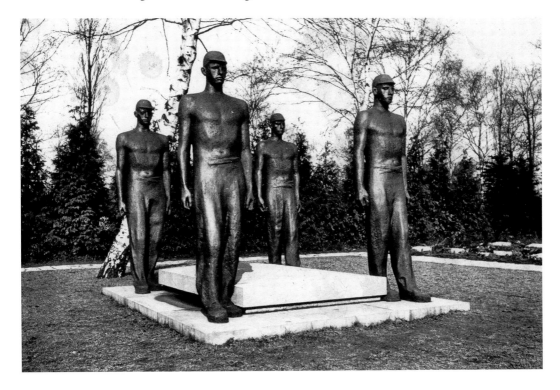

Abb. 102: *Ehrenmal auf dem Friedhof Rotthausen für die getöteten Bergleute der Zeche Dahlbusch, um 1960*

Die Zeche Dahlbusch

Abb. 103: *Schichtwechsel auf Zeche Dahlbusch, Schacht 2/5/8, 1954*

wegen auch als »Unglückszeche« verschrien. Am 23. August 1943 starben bei einer Schlagwetterexplosion mindestens 34 Bergleute unter Tage, 13 weitere Kumpels wurden schwer verletzt. Doch aufgrund der hohen Opferzahlen an der Kriegsfront erlangte dieses Unglück nur wenig Aufmerksamkeit in der Bevölkerung. Um das Volk im Krieg nicht weiter zu entmutigen, wurden Berichterstattungen über solche Themen zensiert. Am 20. Mai 1950 wiederum ließen 78 Bergleute ihr Leben in den Schächten der Zeche DAHLBUSCH. Dieses entsetzliche Grubenunglück erschütterte die gesamte Bundesrepublik Deutschland. Während der Beisetzungszeremonie erinnerte Bundespräsident Theodor Heuss an die Bedeutung des Bergbaus: »Was wäre aus Deutschland geworden, wenn nicht der Bergarbeiter unter unmöglich schweren Verhältnissen nach 1945 in seiner Pflicht geblieben wäre.«[3] Seine Worte zeigen die tiefe Betroffenheit, aber auch die enorme Wertschätzung der Bergleute. Traditionell wurden beim Begräbniszug die verunglückten Bergleute, deren Särge mit zahlreichen Kränzen und Fahnen geschmückt waren, von Pferden auf großen Wagen durch die Stadt gezogen. Neben der Trauer und dem Ansehensverlust – der Ruf der Zeche war schnell in Mitleidenschaft gezogen worden – machte sich das Unglück für die Zechenleitung auch noch auf einer anderen Ebene bemerkbar: Auch unter wirtschaftlichen Gesichts-

Abb. 104: *Grubenunglück auf der Zeche Dahlbusch am 20. Mai 1950: Wartende Menschenmenge vor Schacht 3/4/6*

Abb. 105:
Grubenunglück auf der Zeche Dahlbusch am 3. August 1955: Wartende Menschenmenge vor dem Tor der Schachtanlage 2/5/8

Zechenportrait
»Hibernia«
→ S. 41

punkten war die Katastrophe verheerend, denn das Geschäftsjahr 1950 wurde mit einem Verlust von mehr als einer Million DM abgeschlossen. Wollte man die Chance auf Rettung verschütteter Bergleute bei möglichen zukünftigen Grubenunglücken erhöhen, musste etwas geschehen. Denn die Bergbaunation schaute nun besonders auf das Gebiet im Gelsenkirchener Süden. Schon das in den 1920er Jahren geschlossene Hiberniapachtfeld war für seine Schlagwetter berüchtigt – man wusste um die negativen Auswirkungen für die gesamte Region. Welcher Bergmann fuhr denn noch ohne Angst auf einer Unglückszeche ein? Doch fünf Jahre später ereignete sich ein weiteres schweres Unglück auf der Zeche DAHLBUSCH. Viele Menschen versammelten sich damals vor den Toren der Schachtanlage 2/5/8.

Vor allem junge Männer, aber auch einige Frauen standen dort und kletterten sogar am Zaun neben dem Tor empor, um möglichst viel vom Geschehen auf dem Zechengelände zu sehen – in der Hoffnung, bekannte Gesichter zu erblicken. Lediglich ein Wachmann in Uniform schien die unruhige Menschenmenge davon abzuhalten durch das Tor zu drängen. Trauer und Glückseligkeit lagen dicht beieinander. Während es für einige Bergleute keine Hoffnung mehr gab, nahmen Frauen ihre geretteten Ehemänner voller Freude in Empfang. Die überlebenden Kumpels lagen sich in den Armen. Dabei fiel vor allem ihr breites, erleichtert wirkendes Lachen auf, da die Zähne neben den Augen das einzig helle an den ansonsten von Kohlen geschwärzten Bergleuten war. Sie wurden, nachdem sie wieder das Licht der Welt erblickten, mit zahlreichen Blumen beschenkt.

Im Nachruf der Bergwerksgesellschaft Dahlbusch hieß es: »Am 3. August 1955 wurden unsere Gesellschaft und ihre Belegschaft völlig unerwartet erneut von einem sehr schweren Schicksalsschlag getroffen. Eine in ihren Ursachen noch ungeklärte und örtlich begrenzte Schlagwetterexplosion führte in schicksalhafter Verkettung unglücklicher Umstände zu einem Grubenbrand, der das Leben von 40 fleißig schaffenden Bergleuten forderte. Trotz des aufopferungsvollen Einsatzes der

Abb. 106: *Gruppe geretteter Bergleute nach Schlagwetterexplosion auf der Zeche Dahlbusch, 1955*

Abb. 107:
(rechte Seite)
Dahlbuschbombe im Übungseinsatz,
k. A.

Rettungsmannschaften ist vorläufig nur die Bergung von 16 Opfern dieser furchtbaren Grubenkatastrophe gelungen.«[4] Das Revier flaggte halbmast. Die Trauerfeier fand nicht auf dem Friedhof, sondern direkt am Schacht 8 statt, um die Verbundenheit der Bergleute zu ihrer Zeche deutlich werden zu lassen.

17 Särge wurden nebeneinander aufgebahrt. Der letzte Sarg nahm am Sonntagnachmittag den schwer verletzt geborgenen Reinhold Schlieske auf, um dessen Leben die Ärzte lange gekämpft hatten. Davor befand sich ein Rednerpodium, dahinter stand die vieltausendköpfige Trauergemeinde. Mit gesenkten Häuptern schritten der Bundespräsident Theodor Heuss und Vizekanzler Franz Blücher zwischen den Särgen und den trauernden Angehörigen vom Rednerpodium fort. Doch zuvor fand der Bundespräsident unter einem grauen Regenhimmel tröstende Worte: »Der Bergmann wie der Seemann, gehören zu den Urberufen der Menschheit. Sie stehen immer wieder in der unmittelbaren Berührung mit der Natur und ihren unheimlichen Kräften und Gefahren.«[5] Die lokale Presse wählte ihre Worte mit Bedacht, so verwies die *Westfälische Rundschau* auf die »Letzte Fahrt der toten Bergleute von Dahlbusch«. Und auch die *Westdeutsche Allgemeine Zeitung* fand die richtigen Worte zur Trauerfeier am 8. August 1955: »Beisetzung wird zur Stunde der Besinnung.«[6]

Keine Frage, man musste reagieren, denn nach dem Unglück nahm die Zahl der Abgänge von Untertagearbeitern rapide zu. So sank die Mitarbeiterzahl auf der Zeche DAHLBUSCH von 2.464 auf 2.344 – und dies innerhalb von drei Monaten. Und schon wieder stürzte in fast 900 Metern Tiefe ein Schacht ein. Doch dieses Unglück im Mai 1955 – es ging direkt um Leben oder Tod dreier Bergleute – setzte kreatives Potential frei: Die Dahlbuschbombe wurde entwickelt und kam zu ihrer ersten Anwendung. Die Versorgung der Verschütteten konnte zwar durch eine kleine Verbindungsleitung von der darüber liegenden Sohle aus gewährleistet werden. Eine Bergung schien jedoch undenkbar, da dafür ein breiteres Bohrloch hätte angelegt werden müssen, dafür notwendiges Rettungsgerät jedoch nicht existierte. Unter dem enormen Druck stehend, die Kumpels zu befreien, gelang Diplom-Ingenieur Eberhard Au, damals Wirtschaftsingenieur der Zeche DAHLBUSCH, die revolutionäre Entwicklung der Dahlbuschbombe.

Nach Gesprächen mit dem Betriebsdirektor Molwitz und mit Hilfe der Techniker Bischoff und Mosblech entstand ein zweieinhalb Meter langes, vier Millimeter dickes Stahlblechgebilde mit einem Durchmesser von 40 Zentimetern. Daraufhin wurde ein gerade einmal 406 Millimeter großes Loch durch das Gestein gebohrt und die »Bombe« zu den drei Bergleuten hinabgelassen. Einer nach dem anderen konnte über den Flaschenzug, an dem der »Rettungstorpedo« befestigt war, geborgen werden. Dabei mussten sich die Bergleute ganz dünn machen, die Arme gerade über den Kopf strecken. Die Erfindung dieser Rettungskapsel und die Geschichte ihrer spektakulären Entwicklung wurde schnell überregional bekannt.

Den eingangs beschriebenen Einsatz in Lengede neun Jahre später leitete ebenfalls der Diplom-Ingenieur Au. Dieser bekam als Erfinder der Dahlbuschbombe am 10. Mai 1964 den »Preis zum Ruhme reiner Menschlichkeit« durch den deutschen Odd-Fellow-Orden verliehen. Und mit einem Mal war die Urheberschaft der Dahlbuschbombe umstritten. Daher wurde durch den Steinkohlenbergbauverein in Essen ein Ausschuss gebildet, der unter anderem alle Beteiligten der Rettungsaktion auf der Zeche Dahlbusch befragte. Doch schließlich wurde das ganze Rettungswerk von Dahlbusch zu einer bergmännischen Gemeinschaftsarbeit erklärt. Einer Gemeinschaftsarbeit, »wie sie sich schon so oft in Not und Gefahr im Bergbau hervorragend bewährt hat«,[7] wie es in der Begründung des Sachverständigenrates heißt. Zur bergmännischen Gemeinschaftsarbeit passt auch, dass der Ingenieur Au die Dahlbuschbombe nicht zum Patent anmeldete, da er, wie er betonte, nur ein Hauptanliegen hatte: »Hauptsache, die Kerle kommen 'raus.«[8]

Seit die Dahlbuschbombe 1955 ihre erste Anwendung fand, wurde sie oftmals kopiert und kam zu vielfachen Einsätzen. Hat sich ihre Form im Laufe

Abb. 108: Versorgungsbombe, wie sie auch 1955 eingesetzt wurde, k. A.

der Jahre auch leicht verändert, so ist die Grundstruktur immer noch der Rettungskapsel von 1955 nachempfunden. Ihr Einsatzgebiet reicht dabei weit über die Grenzen des Ruhrgebiets, ja selbst des Kontinents hinaus. So wurden beispielsweise im Jahr 2002 neun Bergleute nach einem Grubenunglück in einem Kohlenbergwerk in Lincoln Township im Bundesstaat Pennsylvania der USA mit einer Rettungskapsel befreit, die der Dahlbuschbombe ähnelt. Auch bei einem Grubenunglück in San José, Chile, wurde 2010 eine Stahlkapsel eingesetzt, die an das Rotthauser Modell angelehnt war. Dabei konnten nach 69 Tagen alle 33 Bergleute, die in rund 700 Metern Tiefe eingeschlossen waren, gerettet werden.

Thomas Ahmann studiert Geschichte und Sport im zweiten Bachelorsemester an der WWU Münster.

Verbindungen und Verbünde.
Die Zeche Westerholt
» *Lisa-Marie Pohl*

1872	Gründung der Bohrgesellschaft Bergmannsglück
1907	Abteufen von Schacht 1
1908	Abteufen von Schacht 2
1910	Förderbeginn
1920	Höchste Belegschaft mit 4.425 Beschäftigten
1960	Verbund zu Bergmannsglück/Westerholt
1982	Höchste Fördermenge mit 2.501.714 t
1998	Verbund mit Fürst Leopold/Wulfen zu Bergwerk Lippe
2009	Stilllegung

Am Anfang stand die Kohle. Und der Wille, nach ihr zu graben. Schwarzes Gold gab es *en masse* in der Welt unter Tage. In Westdeutschland sind es neben dem Saarland vor allem die Gebiete an der Ruhr, die mit diesen Bodenschätzen gesegnet sind. Zwar muss man im Norden von Gelsenkirchen schon weit in die Tiefe gehen, aber hunderte von Metern unter der Erde lag und liegt die Kohle noch heute in ergiebigen Flözen. Der Abbau – ein schwieriges Unterfangen, überall lauerten Gefahren. Nicht selten wurden die Stollen zu Gräbern. Geschäftsleute und Unternehmer, von Gier und dem Drang nach maximalen Gewinn getrieben, nahmen alles in Kauf. Profit, mehr und immer mehr Geld versprachen sie sich von der Kohle, von Zechen und Sekundärindustrie. Aber es ist ein heikles Geschäft. Die Wirtschaft ist unberechenbar, folgt ihren eigenen Gesetzen. Diese bedeuten auch für den Handel mit der Kohle Höhen und Tiefen. Rezession folgt auf Hochkonjunktur, Boom auf Rezession – ein ständiges Auf und Ab. Ganze Belegschaften werden entlassen, Fördertürme und -technik verschachert, Zechen verkauft als wären es Hotels bei *Monopoly*. Auseinandergenommen, zusammengelegt. Immer wieder neue Besitzer, immer wieder neue Aktiengesellschaften, die wie Sterne aufgehen und nach geraumer Zeit wieder verglühen. Fusion und Verbund – die Gründe dafür sind vielfältig: Wachstum im Kerngeschäft, eine verbesserte geographische Präsenz, der Zuwachs des Marktanteils, die Realisierung von

Abb. 109:
Luftaufnahme des Verbundbergwerks Bergmannsglück/ Westerholt mit Kraftwerk und Kokerei, 1963

Synergien – um einige wenige zu nennen. Wie das ganz konkret aussehen kann, lässt sich an der Zeche WESTERHOLT zeigen – jedenfalls bis 1998.

Die Geschichte der Zeche WESTERHOLT ist eng mit der der Zeche BERGMANNSGLÜCK verbunden. Ihr Ursprung liegt in der Bohrgesellschaft und späteren Gewerkschaft *Bergmannsglück*, die 1872 gegründet wurde, um im Norden von Buer Mutungsbohrungen durchzuführen. Die Anteilhaber der Bohrgesellschaft wollten alle gefundenen Bodenschätze beim Königlichen Bergamt anmelden, um sich die Gewinnrechte daran zu sichern. Der Wettlauf um die Suche nach Kohle im nördlichen Buer begann. Denn die Bohrgesellschaft *Bergmannsglück* ging nicht ohne Konkurrenten an den Start. Auf die Plätze! Fertig! Los! Schnelles Handeln war erforderlich. Und als dem Konkurrenten *Einig* – ebenfalls eine Bohrgesellschaft, die in der Gegend um das Dorf Westerholt Mutungsbohrungen durchführen wollte – kurze Zeit später der Bankrott drohte, konnte *Bergmannsglück* die bereits begonnenen Bohrungen übernehmen – ein großer Vorteil. Zur Kohle vorgestoßen, wurden der Gesellschaft neun Grubenfelder verliehen. Die Bohrgesellschaft hatte ihr Ziel erreicht.

Wie wurden aber nun aus den Grubenfeldern die Zechen BERGMANNSLÜCK und WESTERHOLT? Als sich 1882 August Thyssen als Mehrheitsbesitzer durchsetzte, teilte man das zusammengelegte Feld in Berg-

Abb. 110: *Schachtanlage Westerholt, 1949*

mannsglück-Ost und Bergmannsglück-West. Diese beiden Grubenfelder stellten die Grundlage für die späteren Zechen dar. Dann geschah erst einmal viele Jahre gar nichts, bis Thyssen seine Ansprüche Anfang des 20. Jahrhunderts gewinnbringend an den preußischen Staat verkaufte. Aber warum hatte der Staat ein Interesse am Besitz von Steinkohlebergwerken? Max Schulz-Briesen, ab 1896 Bergassessor im Oberbergamtsbezirk Dortmund und später Oberbergrat der Königlich Preußischen Bergwerksinspektion 3 in Buer, beantwortete diese Frage im Jahr 1933 in seinem Werk *Der preußische Staatsbergbau im Wandel der Zeiten*:

> »[Es erscheint] *aber nötig und zweckmäßig, dass der Staat auch selbst Bergbau treibt, weil er nur dadurch eine gründliche Kenntnis der Verhältnisse erwerben und dementsprechend zweckmäßige Gesetze und Verordnungen erlassen […] kann. Auch kann er* [der Staat] *nur als Bergwerksunternehmer Mitglied der großen Wirtschaftverbände im Bergbau werden und Einfluß auf deren Preis- und sonstige Politik nehmen.*«[1]

Um die einzelnen Punkte des Zitats zu klären, lohnt sich der Blick in die Geschichte. So oblag schon im Mittelalter – und auch in der Frühen Neuzeit änderte sich daran nichts – die Ausbeutung von Bodenschätzen den Landesherren. Schon seit dem 16. Jahrhundert, als die Territorien von Jülich, Kleve, Berg und die Grafschaft Mark an das Kurfürstentum Brandenburg und ab dem 18. Jahrhundert an Preußen gingen, versuchten die Landesherren, den Steinkohlebergbau an der Ruhr effizienter zu machen. Durch den »reibungslosen Bergwerksbetrieb« sollte eine sichere Einkommensquelle für den Staat gesichert werden. Ein preußischer Bergbeamter führte die technische und kaufmännische Leitung der Zeche. Diese Organisationsform nennt man Direktionsprinzip. Ab der Industrialisierung wurde aber immer mehr Kritik an diesem Direktionsprinzip laut, da es unter anderem mit der Gewerbefreiheit in anderen Branchen nicht in Übereinstimmung zu bringen war. Unter großem Reformdruck wurde zwischen 1851 und 1865 das Bergrecht überarbeitet. In der neuen Auflage waren die »hoheitlichen« Funktionen auf bergpolizeiliche Überwachung der Grubenbetriebe beschränkt worden. Infolgedessen – und auch weil die Zechen an der Ruhr als unrentabel galten – wurden alle fiskalischen, also staatlichen Zechen an der Ruhr 1852 verkauft. Der Rückzug des Staates hatte Folgen. Der Bergbaubetrieb in wirtschaftsliberalen Strukturen bedeutete für den Bergarbeiter eine schrittweise Entrechtung und Ausbeutung. Deshalb versuchten die Arbeiter ab den 1870er Jahren durch Streiks und später durch gewerkschaftliche Organisationen auf die

Missstände ihrer Arbeits- und Lebenssituation aufmerksam zu machen. Als Konsequenz des ersten großen Bergarbeiterstreiks von 1889, der auch auf politischer Ebene große Nachwirkungen hinterließ, ordnete Kaiser Wilhelm II. an, das preußische Bergwesen neu zu strukturieren. Das Handelsministerium sah vor, in den Besitz von Bergwerken an der Ruhr zu gelangen, um diese »unter sozialen wie ökonomischen Gesichtspunkten als ›Musterzechen‹ auszugestalten«.[2]

Zechenportrait »Ewald« → S. 120

Der Aufkauf von Bergwerksbesitz an der Ruhr scheiterte zunächst aber noch am Veto des Finanzministeriums, da von vornherein befürchtet wurde, dass der Kauf ein zu kostspieliges Unterfangen werde. Richte man den Blick auf die Rentabilität des Ruhrgebiets, urteilte Schulz-Briesen rückblickend 1933, komme man tatsächlich zu einem »wenig erfreulichen Ergebnis«.[3] Vor dem Ersten Weltkrieg sei beispielsweise mehr Geld in den Aufbau investiert als eingenommen worden. Nach dem Krieg konnten aufgrund der Ruhrbesetzung keine Gewinne erzielt werden. »Vom Geschäftspunkt aus betrachtet«, schreibt Schulz-Briesen weiter, »ist daher das Eindringen des preußischen Staates in den Ruhrbergbau bis jetzt nicht als Erfolg zu bezeichnen.«[4] Dass es dann doch anders kam, lag am Geschäftsgebaren des *Rheinisch-Westfälischen Kohlen-Syndikats* (RWKS). Dieses Absatzkartell des privaten Ruhrbergbaus regulierte die Kohlenproduktion und den Kohlenmarkt. Inmitten der Wirtschaftskrise um die Jahrhundertwende reduzierten sie die Förderquoten der Ruhrkohle und erzeugten so – um die Preise hoch zu halten – einen künstlichen Kohlemangel. Als »Kohlennot« oder »Kohlenangst« wurde diese Situation beschrieben. Da der preußische Staat für Reichsbahn und Aufrüstung jedoch Kohle in großen Mengen benötigte, war ihm die Preispolitik des RWKS ein Dorn im Auge. Über den Besitz von Bergwerken in Westfalen sollte dieser entfernt werden; zudem versprachen sich die Entscheidungsträger durch die Übernahme in Zukunft besagte Preispolitik selbst mitbestimmen zu können.

Zechenportrait »Rheinelbe« → S. 52

So begann die königliche Berginspektion 1903 zuerst mit der Errichtung der Schachtanlage BERGMANNSGLÜCK. Da sich die Grubenfelder als sehr ergiebig erwiesen, war schon bald eine weitere Doppelschachtanlage an der Grenze der Gemeinde Buer zu Westerholt vorgesehen, die den Namen der angrenzenden Gemeinde tragen sollte: Zeche WESTERHOLT. Im September 1907 begannen die Abteufarbeiten am ersten Schacht. 1910 wurde auf der Zeche WESTERHOLT die erste Kohle gefördert.

Nach dem Ersten Weltkrieg änderten sich die Besitzverhältnisse erneut – und dies nicht zum letzten Mal. Während der Nachkriegsjahre und der Ruhrbesetzung durch die Franzosen (Januar 1923 bis August 1925) hatte die Bergverwaltung der fiskalischen Bergwerke große Pro-

Die Zeche Westerholt | 215

bleme bei der Haushaltsplanung. So konnte die staatliche Bergverwaltung schlecht auf die schwankende Marktlage reagieren oder Verbesserungen in Betrieben durchführen, da die Verfügbarkeit staatlicher Mittel beschränkt war. Dies sollte durch eine Umstellung der Staatsbetriebe auf eine privatwirtschaftliche Organisationsform geändert werden. Deshalb wurde 1926 eine eigene Aktiengesellschaft für die fiskalischen Steinkohlebergwerke im Ruhrbezirk gegründet, die *Bergwerks-Aktiengesellschaft Recklinghausen*. Diese existierte jedoch nicht lange, da sie schon 1935 mit der *Bergwerksgesellschaft Hibernia AG* zusammengeschlossen wurde. Um es noch komplizierter zu machen: Dies alles geschah unter dem Dach der *Vereinigten Elektrizitäts- und Bergwerks AG* (kurz VEBA), die bereits seit

Zechenportrait
»Hibernia«
→ S. 41

Abb. 111:
*Kraftwerk
Westerholt,
1960*

1929 für Preußen das Aktienkapital an den Staatszechen hielt. Aber auch diese Lösung war keine von langer Dauer, machte sich doch die Alliierte Hohe Kommission nach dem Zweiten Weltkrieg daran, einen neuen Verband aus der *Hibernia AG* und der *Emscher-Lippe Bergbau AG* zu installieren, der den Namen *Hibernia AG* beibehalten sollte. Dabei blieb das Grundkapital im Besitz der VEBA, deren Aktienmehrheit wiederum der Staat hielt, der also Bergbau-Unternehmer blieb.

Zu diesem Zeitpunkt lag die Förderkapazität von WESTERHOLT bereits deutlich über der der Schwesterzeche. Schon Mitte der 1950er Jahre stand fest: BERGMANNSGLÜCK hatte nicht mehr ausreichend Kohlevorräte vorzuweisen. Deshalb beschloss man, dieses Bergwerk als auslaufende Anlage an WESTERHOLT anzuschließen und zusätzlich das Feld Polsum durch einen untertägigen Aufschluss anzugliedern. Das Verbundwerk sollte viele wirtschaftliche Vorteile bringen: Durch den Zusammenschluss der drei Baufelder konnte man auf sämtliche Kohlearten von niedrigflüchtiger Esskohle bis zu hochflüchtiger Flammkohle zurückgreifen und erreichte somit eine hohe Anpassungsfähigkeit an die wechselnden Bedürfnisse des Marktes. Am 19. März 1956 wurde der Verbund von der *Bergwerksgesellschaft Hibernia* »aus Gründen der Kapazitätserhaltung« genehmigt. In der Zeitung versprach man 1957, dass die Verbundanlange eine »Lebensdauer von 140 Jahren bei einer Tagesförderung von 12.000 Tonnen«⁵ haben werde. Außerdem hieß es, man gehe

hinüber »vom bewährten Alten zum Neuen, das im Fortschritt unserer Tage erprobt wird, um den wachsenden Anforderungen der europäischen Wirtschaft gerecht zu werden«.⁶ Die Umstellungen, die allerdings durch den Wandel von einer europäischen hin zu einer Weltwirtschaft nötig wurden, waren aber enorm. Man hatte sie offenbar gar nicht für möglich gehalten. Eine Prognose von 140 Jahren Lebensdauer ohne weitere Veränderungen scheint letztlich naiv. Denn rund zehn Jahre später wurde auch die *Hibernia AG* zu den Akten gelegt, als 1968/69 mit der *Ruhrkohle AG* eine Einheitsgesellschaft für den Ruhrbergbau gegründet wurde. Auch die Steinkohlebergwerke der *Hibernia AG* wurden darin eingebracht.

Abb. 112: *Arbeiten an einer Förderbandlaufanlage im Schatten eines Förderturmes der Zeche Westerholt, 1958*

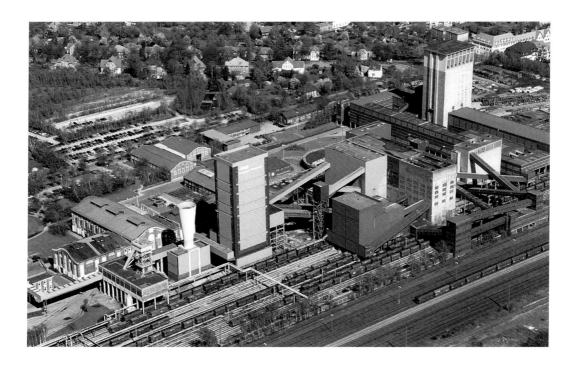

Abb. 113:
Anlagen der Zeche Westerholt, 1997

1998 wiederum erwies sich dieses Konstrukt ebenfalls als nicht mehr zeitgemäß: Die *Ruhrkohle AG* organisierte sich neu und übertrug ihrer Tochtergesellschaft *Deutsche Steinkohle AG* den Besitz an allen Bergwerken. Für die Zeche WESTERHOLT stand in diesem Jahr aber nicht nur ein erneuter Wechsel der Besitzverhältnisse auf dem Programm – auch ein neuer Verbund stand vor der Tür: 1998 fand die Verschmelzung der Zeche WESTERHOLT mit der Zeche FÜRST LEOPOLD (Wulfen) statt. Der Name des Verbundes lautete nun BERGWERK LIPPE.

»Heute hier, morgen dort, bin kaum da, muss ich fort« – die Zeilen des Liedermachers Hannes Wader ließen sich leicht auf die Situation der Kumpel auf Zeche WESTERHOLT übertragen. Nur war diesen gewiss nicht nach Singen zumute. Denn ganz gleich, ob sie die ganzen Übernahmen und strukturellen Wechsel noch nachvollziehen konnten oder nicht – für die Hauer und Steiger waren sie nicht selten mit dem Gefühl der Angst verbunden, der Angst um ihren Arbeitsplatz. Denn wie die großen Aktionäre wollten schließlich auch sie ihr Geld verdienen. Für den Bergmann bedeutete die Zeche jedoch arbeiten, um den Lebensunterhalt zu sichern. Aber was las er regelmäßig in der Zeitung: »Auf Westerholt hört das Zittern nicht auf.«[7] – »2608 ›Kumpel‹ müssen gehen.«[8] – »Ohne Kumpel wird es dunkel.«[9] Aber wen interessierte das? Am Ende hieß es zumeist doch nur: »Für die Schließung gab es keine Alternative.«[10] Die

Kosten seien zu hoch, die Erlöse zu niedrig. Und trotzdem lautete die Devise noch bis zur Stilllegung: Fördern, Fördern, Fördern. Dafür wurde sogar noch Geld investiert! Und das nicht wenig.

Fördern bis es sich nicht mehr lohnt, und dann ein neuer Verbund – am Ende dieses ewigen Kreislaufs stand ein Trauerspiel. 2008 gab es keine Fusion mehr als Ergebnis, es läuteten die Glocken das Ende des BERGWERKS LIPPE und somit auch der Zeche WESTERHOLT und des gesamten Gelsenkirchener Steinkohlebergbaus ein. Ein Ende für alle Zeiten? Oder wird irgendwann in der Unterwelt wieder Profit geschlagen? Wer wagt eine Prognose?

Zechenportrait »Graf Bismarck« → S. 220

> *Lisa-Marie Pohl* studiert Geschichte und Latein im vierten Bachelorsemester an der WWU Münster.

Effizienz ohne Gewinn.
Die Zeche Graf Bismarck
» *Benjamin Rudolf*

1868	Gründung der Gewerkschaft Graf Bismarck
1869	Abteufen von Schacht 1
1873	Förderbeginn Schacht 1
1882	Abteufen von Schacht 2
1884	Förderbeginn Schacht 2
1893	Abteufen von Schacht 3
1894	Förderbeginn Schacht 3
1914	Inbetriebnahme der Zentralkokerei
1927	Übernahme durch die *Deutsche Erdöl AG*
1943	Höchste Belegschaft mit 8.251 Beschäftigten
1943	Höchste Fördermenge mit 3.024.067 t
1945	Schwere Kriegsschäden
1952	Nach Reparaturen und Rationalisierungsmaßnahmen Wiederinbetriebnahme der Kokerei
1966	Stilllegung aller Schachtanlagen (1 bis 10)
1973	Stilllegung der Kokerei

»*Was jetzt kommt, geht an den Lebensnerv der Stadt und aller ihrer Bürger. Dienstag morgen wird das Montagsgerücht amtlich bestätigt. Der Oberbürgermeister und der Oberstadtdirektor hatten von einem Aufsichtsratsmitglied der Zeche Bismarck die offizielle Mitteilung der vom DEA-Vorstand beschlossenen Stilllegung erhalten. Mittwoch konnte es jeder Bürger in seiner Tageszeitung lesen.*«[1]

Schicht im Schacht. 1966: Die Zeche GRAF BISMARCK, nach dem preußischen Ministerpräsidenten und späteren Reichskanzler Otto von Bismarck benannt, soll durch die *Deutsche Erdöl AG* (DEA) stillgelegt werden. Bismarck, der schillernde Name einer Zeche, die zu den modernsten Europas zählte. Einst verhalf sie unter Führung des Großindustriellen Friedrich Grillo einem ganzen Gelsenkirchener Stadtteil zu seinem Namen: Das Amt Braubauerschaft übernahm im Jahr 1900 kurzerhand den Namen der Zeche, da sich die Betriebsleitung dagegen sperrte, den Zechenbahnhof in »Braubauerschaft« umzubenennen, klang dies doch so gar nicht nach industrieller Moderne. Die Schließung von GRAF BISMARCK gilt nun als Todesurteil für Gelsenkirchen. Schließlich geht es um einen der größten Arbeitgeber der Stadt – rund 7.000 Beschäftigten droht die Arbeitslosigkeit. Auch den Kumpeln wird nun klar: Wenn es GRAF BISMARCK trifft, kann es jede Zeche treffen. Schließlich zählt die Zeche mit einer jährlichen Fördermenge von 2,6 Millionen Tonnen Kohle und einer Brauerzeugung von 740.000 Tonnen zu den leistungsfähigsten

im Ruhrpott. Zwar war sie während des Zweiten Weltkrieges mit einer Fördermenge von jährlich drei Millionen Tonnen noch ertragreicher, aber ihre Zukunft sah keineswegs düster aus. Ganz im Gegenteil. Warum aber schließt man eine Zeche, die noch kurz zuvor ebenso aufwändig wie kostenintensiv modernisiert worden war und die mit ihrer Produktivität ihresgleichen im Ruhrgebiet suchte? Die Gründe sind in einer ansteckenden Krise zu finden, die den Bergbau seit einigen Jahren erfasst hatte.

Abb. 114: *Panoramaansicht der Tagesanlagen von Zeche Graf Bismarck, 1962/63*

Schichtwechsel. Seit 1958 war diese Krise schon zu spüren. Die Wirtschaftslage rund um die Kohle gestaltete sich zunehmend schwieriger, Absatzprobleme kamen hinzu, die Haldenberge wuchsen, erste unbezahlte Feierschichten wurden gefahren. Das Zechensterben begann.

Noch in den Jahren zuvor war die Kohle, trotz ergiebiger Kohlefelder, ein knappes Gut: Die westeuropäischen Siegermächte erhoben als Teil der Reparationszahlungen einen Anspruch auf sie, was den Kohlemangel in Deutschland verschärfte. Kohle war noch immer die primäre Energie-

Abb. 115: *Zentralförderanlage der Zeche Graf Bismarck, 1958*

quelle. Es galt demnach, die Produktivität zu steigern und, wie so oft, die Kosten zu senken. Um den Abbau voranzutreiben, wurde 1952 von staatlicher Seite ein Investitionshilfegesetz verabschiedet, welches den Kohleabbau weiter förderte. Bei einem ungebrochenen Nachfrageüberschuss deutete nichts auf eine Kohlekrise hin. Damit der Energiebedarf 1956 überhaupt gedeckt werden konnte, wurde zusätzlich US-Kohle importiert. Um den Energiemarkt weiter anzukurbeln, fielen die Heizölzölle.

Absaufen. Die Kohlekrise 1958 traf die Bundesregierung wie ein Blitz aus heiterem Himmel. Selbst Experten hatten sie nicht kommen sehen. Es war keine herkömmliche konjunkturbedingte Krise, welche parallel die Stahlindustrie erwischte und somit die Kohle nur als Folgeindustrie berührte. Die Situation war weitaus problematischer.

Die beiden größten Konkurrenten der Ruhrkohle, die Importkohle und das Mineralöl, liefen ihr den Rang ab, da sie deutlich günstiger waren. Die Kohleberge, für die keine Abnehmer gefunden wurden, wuchsen innerhalb von zwei Jahren (1957–1959) von 0,8 auf 17,6 Millionen Tonnen. Man hatte das Ende der Kohlechemie verschlafen, den Durchbruch der Petrochemie verkannt. Kohle war über Jahre zuvor ein subventionsabhängiger Wirtschaftszweig, doch nun entwickelte er sich zu einem Fass ohne Boden. Die Zechen drohten auf den subventionierten Haldenbeständen sitzenzubleiben.

Daher versuchte die Bundesregierung die deutsche Steinkohle wieder attraktiv zu machen – und dies mit allen Mitteln. Über die Anhebung von Zöllen für Öl- und Kohleimporte und den Abschluss von Abnehmerverträgen mit deutschen Kraftwerken sollte das Ruder wieder herumgerissen werden. Allerdings konnten nur kurzfristige Erfolge erzielt werden. Da die Nachfrage stetig sank und die Kosten ins Unermessliche zu steigen drohten, entschied sich der Fiskus unter Bundeskanzler Ludwig Erhard dazu, Stilllegungsprämien zu zahlen, die an keinerlei Auflagen geknüpft waren. Eine gute Idee wurde schlecht umgesetzt, war doch die Höhe der Prämie von der Produktivität der Zeche abhängig. Zum großen Knall sollte es indes erst kommen, als die Schließung der zuvor teuer modernisierten Zeche GRAF BISMARCK anstand. Denn auch in Krisenzeiten lief das Bergwerk wie ein Uhrwerk. Um dies noch einmal zu verdeutlichen: Die Zeche erzielte 1958 abermals eine Fördermenge von 2,8 Millionen Tonnen bei insgesamt 10.100 Beschäftigten, davon 6.795 unter Tage.

Böse Wetter ziehen auf – diesmal nur nicht unter Tage, sondern in Protestzügen und in der Presselandschaft: »Der Knall von Gelsenkirchen« – »Angst an der Ruhr« – »Unser Pütt bekommt den Totenschein« – »Nun

Abb. 116: *Schaltpult im Schaltwerk des Kraftwerks der Zeche Graf Bismarck, 1957*

bin ich Nomade« – »Ich habe das Vertrauen zum Bergbau verloren« – »Denkt an die Frauen und Kinder« – »1945 gefragt, 1966 verjagt« – »Gelsenkirchen darf kein Armenhaus werden« – »Wir wollen keine Hilfsarbeiter werden« –«Stopp dem Zechensterben!« – »1945 war der Bergmann der Aristokrat unter den Arbeitnehmern. 1966 möchte man ihn am liebsten in den Hintern treten.«[2]

Gelsenkirchens Tanz auf dem Vulkan. Freitag, der 4. Februar 1966. Gelsenkirchen feiert – sich und den Karneval beim Presse- und Bühnenfest. Es herrscht ein buntes Treiben. Bekannte Gesichter und auch die »Prominenz« aus der Nachbarschaft vergnügen sich ausgelassen. Es ist der darauffolgende Montagmorgen, der den Gelsenkirchenern einen Schauer über den Rücken laufen lässt. Ein Nebel von Gerüchten zieht auf, er verdichtet sich. Die Bergmänner bekommen Angst. Schon die 1958 einsetzende Krise hatte sie achtsamer werden lassen. »Man horcht nach außen, kombiniert nach innen, registriert mit Aufmerksamkeit«,[3] erinnert sich der Schriftsteller und ehemalige Hauer Josef Büscher.

Die werden doch wohl nicht? Doch, sie werden. Am Dienstag zu Schichtbeginn informiert der DEA-Betriebsrat die Kumpel persönlich. Am Mittwoch kann jeder Bewohner der Republik von der »Affäre Bismarck« in der Zeitung lesen. Es ist amtlich. Die Schließung der Zeche GRAF BISMARCK steht bevor. Ein Schlag ins Gesicht für jeden Einzelnen in der Region. Doch so leicht wollen sich die Kumpel nicht geschlagen geben. Gelsenkirchen bäumt sich auf. Die Bergmänner versuchen, den Tod ihrer größten Zeche, das Aussterben ihrer Stadt zu verhindern. Dementsprechend ist die Nachricht von Protesten begleitet, obgleich die Bergmänner trotzdem pflichtbewusst einfahren. Der Pütt ist schließlich ihr Leben. Gerade deswegen kämpfen sie darum, als würde man ihnen ihr eigenes Kind wegnehmen. Invaliden, Mütter und Kinder verteilen Flugblätter in den Bergarbeitersiedlungen, Kolonien und vor den Toren noch fördernder Zechen. »Stopp dem Zechensterben!« hallt es durch die Straßen. »Verbrechen am deutschen Volksgut und schaffenden Bergmann« betitelte der Bergarbeiterverband die Geschehnisse rund um die Zeche GRAF BISMARCK.[4]

Futtsack. 19. Februar 1966. Gelsenkirchen versammelt sich zu einer medienwirksamen, etwa 1.500 Mann starken Protestversammlung im Saal des heutigen Schauburgkinos in Buer. Doch die Versammlung bleibt wirkungslos. Trist, trostlos, ohne jegliche Emotionen. »So brave Staatsbürger hat nicht mal der Kaiser Wilhelm besessen«,[5] ließ ein anwesender Kumpel verlauten. Daran änderte auch der anschließende Protestmarsch

Abb. 117:
Protestmarsch am 19. Februar 1966 auf der Cranger Straße

zum Erler Marktplatz nichts. Schwarze Fahnen werden zum Symbol dieses Tages. Das Fernsehen wartet vergeblich auf etwaige Geschehnisse.

Der Marktplatz füllt sich, mittlerweile sind circa 20.000 Menschen vor Ort. Ob Handwerker, Ärzte, Geistliche, Geschäftsleute oder auch regionale Politikergrößen – alles war vertreten. Auch Kumpel aus den umliegenden Städten solidarisieren sich mit der Belegschaft. Sogar ebenfalls von einer Zechenstilllegung betroffene Bergarbeiter aus Belgien bekunden ihre Solidarität mit GRAF BISMARCK. Bürger aus allen Klassen und Schichten nehmen teil. Als gebrochen, verzweifelt, mutlos und deprimiert lässt sich die allgemeine Gefühlslage in aussichtsloser Lage umschreiben. Alles ist schwarz, trist, grau und erinnert an eine Beerdigung. Die Beerdigung einer Zeche, vielleicht sogar einer ganzen Stadt. Für Josef Büscher »eine der traurigsten Beerdigungen, die ich jemals in meinem Leben mitgemacht habe«.[6]

Warum tut man einer Zeche, einer Stadt, einer ganzen Region so etwas an? – GRAF BISMARCK förderte zwar enorme Kohlemengen, war

Abb. 118: Protestveranstaltung gegen die Schließung der Zeche Graf Bismarck, 1966

durch Schulden bei der DEA jedoch wenig gewinnbringend. Durch ihre Schließung konnten die Betreiber noch einmal einen riesigen Profit erzielen. Aus Sicht der Zechenbetreiber ein ökonomisch nachvollziehbarer Schritt. Selbst für den Staat ergab es Sinn. Schließlich musste der Krise Einhalt geboten werden. Menschlich und sozial gesehen war es hingegen eine Katastrophe. »Doch alle werden untergebracht« besänftigte der Präsident des Landesarbeitsamtes.[7] Aber wollten sie das? Bisherige Bemühungen, Bergmänner in Arbeitsbetriebe über Tage unterzubringen, schlugen häufig fehl. Die bergmännische Mentalität ist etwas eigen, die Veränderung konnte als Degradierung verstanden werden. Unter Tage waren sie nun mal hochqualifizierte Facharbeiter, stattdessen müssten sie über Tage als Hilfsarbeiter von Neuem beginnen. Doch Eigenheiten und Mentalitäten zählen in der Politik zumeist wenig. Wenn sie nicht ganz übersehen werden. Mochte der frühere Bundeskanzler Konrad Adenauer bei einer kurzen Unterredung mit dem »eisernen« Gewerkschafter Heinrich Gutermuth, als dieser ihn auf die politisch traditionell sehr labile Situation hinwies, auch noch so vollmundig äußern, er kenne das Ruhrgebiet, so wurde offensichtlich: Er kannte es nicht.

Die Bergmänner fühlen sich durch die jahrzehntelange Arbeit auf »ihrem Pütt« eng mit diesem verwurzelt, umso härter trifft es sie, bald vor dem Nichts zu stehen, ihre letzte Schicht fahren zu müssen. Die Kumpel mit Vorfahren aus Ost- und Westpreußen, Polen, Pommern, Ober- und Niederschlesien waren über die Jahrzehnte heimisch geworden, oft schon seit mehreren Generationen vor Ort. Durch die Schließung der Zeche und den notwendig werdenden Arbeitsplatzwechsel müssen sie bis spätestens Herbst aus ihren Wohnungen. Deshalb fordert ein Sprecher der Gewerkschaft Wohnrecht in den Werkswohnungen auch bei der Aufnahme einer anderen Tätigkeit. Des Weiteren sollen alle noch im Bergbau Aktiven eine Treueprämie erhalten. Wenn der Bezirksvorsitzende allerdings auch nur den Namen des neuen Bundeskanzlers Ludwig Erhard erwähnt, ist ein gellendes Pfeifkonzert zu hören, denn die Bergmänner waren längst nicht mehr gut auf ihn zu sprechen.

Untergang einer Zeche und einer großen Politikerkarriere. So auch am 6. Juli 1966, als Erhard auf dem Marktplatz in Buer eine Rede hält, um den damaligen NRW-Ministerpräsidenten Franz Meyers bei den anstehenden Landtagswahlen zu unterstützen. Pfeifkonzerte und Buhrufe hallen über den Marktplatz. Ein Meer aus schwarzen Fahnen und Protestschildern mit Slogans à la »Erhard weg, Brandt an Deck« wogt über den Marktplatz. Als die Veranstaltung durch ständige Beleidigungen wie »Maßhalten du dicke Sau! Hau ab, vollgefressener Fettsack! Dicksack, Quatschkopf« kurz vor dem Abbruch steht, explodiert Erhard und wütet gegen die Anwesenden.[8] Insbesondere die sozialdemokratische Jugendorganisation *Die Falken* kriegt ihr Fett weg: »Diese Lümmel und Uhus wären schon in den Windeln verkommen, wenn ich nicht in Deutschland gewesen wäre mit meiner Politik.« Einmal in Fahrt ledert er weiter: »Noch nie zuvor habe ich so viel Dummheit, Frechheit und Gemeinheit auf einen Haufen gesehen.«[9] Auf die Wählerstimmen der anwesenden Bergleute konnten Erhard und Meyers nicht mehr zählen. Trotz alledem blicken sie dem Wahlergebnis sorglos entgegen. Erhard betrachtete die NRW-Landtagswahlen als Test für seine Kanzlerschaft und erwartete Bestätigung. Ein positives Ergebnis sollte ihn in seiner Politik unterstützen. Umso tiefer schockierte ihn das Resultat (49,5 Prozent SPD, 42,8 Prozent CDU). Zum ersten Mal in der Geschichte der Bundesrepublik lag die SPD in Nordrhein-Westfalen vor der CDU und verfehlte nur knapp die absolute Mehrheit.

Dieser aus Sicht der SPD größte Wahlerfolg der Nachkriegsjahre leitete förmlich eine »rote Welle« ein. Auf den Wechsel von Franz Meyers zu Heinz Kühn (SPD) folgten weitere Wahlsiege, welche bei den Bundestagswahlen 1969 in einem Kanzlerwechsel zu Willy Brandt gipfelten. Doch das Ergebnis kam nicht von ungefähr. Der Bundeskanzler und seine

CDU fielen vor allem durch ihr schlechtes Krisenmanagement im Bereich der Montanindustrie in Ungnade. Mit seinem unglücklichen Auftritt in Gelsenkirchen-Buer erwies er sich einen Bärendienst. »Wenn es an der Ruhr brennt,« so der damalige CDU/CSU-Bundestagsfraktionsvorsitzende Rainer Barzel, »gibt es im Rhein bei Bonn nicht genug Wasser, das Feuer zu löschen, auch wenn man die Donau hinzunimmt.« Offenbar blieb diese treffende Analyse im Wahlkampf unberücksichtigt.[10]

Abb. 119: *Bundeskanzler Ludwig Erhard auf der Rednerbühne in Gelsenkirchen, 1966*

Hintergangen, benutzt, verraten und verkauft – genau so fühlten sich die Kumpel. Allein über die Stilllegungsprämie von 120 Millionen Mark entledigten sich die Betreiber des Schuldenbergs von 90 Millionen – der Verkauf des Grundstücks noch nicht inbegriffen. Auch mit diesem machte die DEA ein riesiges Geschäft. Die in der Öffentlichkeit bekannten Summen schlugen natürlich auf das Gemüt der Kumpel. Ein weiterer Paukenschlag ereignete sich, als das Grubenfeld von der RAG aufgekauft wurde. 1971 wurde dann der ehemalige Schacht 10 in Emschermulde 1 umbenannt, der Nachbarzeche Ewald zugeteilt und erneut Kohle abgebaut. Die Kokerei wiederum wurde 1973 endgültig stillgelegt. »Sehe jeder, was er treibe, sehe jeder, wo er bleibe!« war eine ratsame Devise. Die Kumpel gingen verschiedene Wege. Einige wechselten auf verbleibende Zechen, andere versuchten sich in der Gelsenkirchener Bekleidungsin-

Abb. 120: *Abbruch des Fördergerüstes von Schacht 9 am 26. Juli 1968*

Abb. 121: *Abbruch eines Fördergerüstes von Zeche Graf Bismarck 2/6/9, 1966*

dustrie, die aber ebenso bald in eine Krise geriet, sodass die früheren Bergarbeiter wenige Jahre später erneut in die Arbeitslosigkeit entlassen wurden.

»**Zehn Mark zum Abschied.**« Genau zehn Mark erhielt jeder Bergarbeiter am Tag der Kündigung in einem Briefumschlag, um – so abstrus es auch klingen mag – mit der Familie zu feiern. »Das konnte ich nicht. Was soll man feiern, wenn man keinen Job hat«, schilderte ein Bergmann sein Unverständnis.[11] Am 30. September 1966 wurde die letzte Schicht gefahren. Die letzten Kumpel verließen das Gelände, die Tore schlossen, das Rad im Förderturm stand still.

Von der einstmaligen Großzeche GRAF BISMARCK sind im heutigen Stadtbild nur noch wenige Spuren geblieben. Die Fördertürme wurden gesprengt, die Industriebrachen blieben lange Zeit ungenutzt. Allein das Verwaltungsgebäude und die Waschkaue, beide 1905 erbaut, überdauern – gelten sie doch als architektonische Glanzstücke. Das Sozialwerk St. Georg, das insbesondere Menschen mit Behinderung, Erkrankungen oder sozialen Schwierigkeiten unterstützt, nutzt diese nun als Bürger-Begegnungszentrum. Des Weiteren laufen seit 2001 Planungen, das ehemalige Zechengelände im Rahmen des Projekts »Stadtquartier Graf Bismarck« neu zu beleben: Hier sollen innovative Wohn- und Gewerbeflächen entstehen. Erste Häuser und Verkehrswege auf dem 80 Hektar großen Grundstück, dessen Erschließung 2008 begann, sind bereits fertiggestellt. Laut NRW-Wirtschafts-Staatssekretär Dr. Günther Horzetzky sind etwa 500 Wohnungen geplant – rund 700 Arbeitsplätze sollen dauerhaft geschaffen werden. Der Stillstand weicht neuem Leben.

> *Benjamin Rudolf* studiert Sport- und Geschichtswissenschaften im vierten Bachelorsemester an der WWU Münster.

Schalke, Selters und eine neue Sprache
» *Jan Daldrup*

Auf den ersten Blick war es ein ganz normaler Tag im Ruhrpott der 1960er Jahre. Die tägliche Dunstglocke aus Rauch, den die Schlote der Kokereien unaufhörlich in die Luft blasen und die zum Ruhrgebiet gehört wie die Kuh zum Münsterland, liegt über dem Kohlerevier. Vor der Zeche Consolidation herrscht das alltägliche Treiben vor dem Schichtwechsel um 6 Uhr morgens. Von der harten und kraftraubenden Arbeit unter Tage gezeichnet, fahren die Kumpel der Nachtschicht aus und übergeben an ihre Kollegen der Frühschicht, die nun sieben Stunden Arbeit vor sich haben. Als die Nachtschicht den Pütt verlässt und sich auf ihren wohlverdienten Feierabend freut, trauen sie ihren Augen kaum: Vor dem Werksgelände von Consolidation traben ihre Idole, die Spieler des FC Schalke 04, im Dauerlauf – und das schon seit fünf Uhr morgens. Initiator dieser ungewöhnlichen Aktion war der damalige Trainer Rudi Gutendorf, der nach seinem Engagement auf Schalke noch weit herum kommen sollte und am Ende seiner Karriere auf 54 Trainerstationen zurückblicken konnte.

Dass ein Schalker Trainer seine Bundesligaprofis wie Klaas-Jan Huntelaar und Benedikt Höwedes zu so zeitiger Stunde antreten lässt, ist heutzutage kaum vorstellbar, ganz davon abgesehen, dass Gelsenkirchen schon seit der Jahrtausendwende mit der Schließung der Zeche Ewald-Hugo über kein eigenes Kohlebergwerk mehr verfügt. Die letzte Kohle auf Gelsenkirchener Gebiet wurde 2008 durch die Zeche Westerholt ans Tageslicht geholt, die da allerdings schon zum Verbundbergwerk Lippe gehörte, dessen Standorte über das nördliche Ruhrgebiet verteilt waren. Mit seinem morgendlichen Lauftraining vor dem Pütt wollte Gutendorf die Verbundenheit seiner Männer mit den Bergleuten zum Ausdruck bringen. Zugleich sollte die Trainingseinheit demonstrieren, wie der ehemalige Schalker Heinz van Haaren betont, »dass wir genauso hart arbeiten müssen, wie die anderen Menschen, die tagtäglich zur Arbeit gehen«.[1] Bei den Bergleuten löste diese einmalige Aktion Gutendorfs, die Anerkennung für ihre Arbeit zeigte, Begeisterung aus. An den vielen Trinkhallen der Stadt, den sogenannten »Buden«, an denen nach Schichtende immer ein reges Treiben herrschte, hörte man die Kumpel in ihrem lockeren Ruhrdeutsch nur noch über dieses eine Thema sprechen.

Zechenportrait
»Westerholt«
→ S. 211

Allerdings war der Fußball auch sonst oft in ihren Gesprächen präsent. Über nichts anderes konnten sie lauter und intensiver diskutieren als über ihre Schalker »Knappen«, die zu früheren Zeiten nicht selten auch ihre Arbeitskollegen waren. Noch in den 1950er Jahren, als die Schalker ihre letzte Meisterschaft errungen, reichte das Fußballspielen allein noch nicht zum Leben. Da das Spielergehalt zu dieser Zeit bei etwa 320 Mark monatlich plus Prämien lag, mussten fast alle noch einem Hauptberuf nachgehen – des Öfteren auf dem Pütt nebenan: Erst kam die Arbeit unter Tage, dann die auf dem Fußballplatz. Nicht wenige Schalker Karrieren folgten diesem Muster. Allerdings lässt sich in Sachen Fußball wohl kaum von Arbeit sprechen, war und ist dieser doch eine der beliebtesten Freizeitbeschäftigungen im Ruhrgebiet und vor allem in Gelsenkirchen.

Unter Tage arbeitete unter anderem auch die Schalker Legende Ernst Kuzorra, der als Schlepper auf der Zeche CONSOLIDATION begann, die als Heimatpütt der Schalker galt. Auf CONSOLIDATION wurde auch der legendäre Rechtsaußen Reinhard »Stan« Libuda zum Schlosser ausgebildet, dessen Schnelligkeit im Ruhrgebiet sprichwörtlich wurde: »Keiner kommt an Gott vorbei – außer Stan Libuda.« Aufgrund seiner überragenden fußballerischen Fähigkeiten war er einer der wenigen Spieler, die schon Anfang der 1960er Jahre vom Rasensport leben konnten, weshalb er seine Lehre abbrach und sich ganz auf seinen Sport konzentrierte: In 264 Bundesligaspielen erzielte er 20 Tore für Schalke und weitere acht für Borussia Dortmund – ein Verein, der auch als »Lüdenscheid-Nord« bekannt wurde.

Zechenportrait »Consolidation« → S. 176

Unter Tage weht ein rauer Wind

Mit großem fußballerischen Talent gesegnet zu sein, wie es zum Beispiel Ernst Kuzorra war, brachte auch unter Tage einige Vorteile mit sich. So waren die bekanntesten Fußballer, die hauptberuflich unter Tage arbeiteten, von den schwersten Arbeiten befreit, damit sie nach der Arbeit noch genug Kraft für das Training und die Meisterschaftsspiele hatten. So stammt von Ernst Kuzorra das bekannte Zitat: »Mit den Kohlen, die ich gehauen habe, hätte ich noch nicht einmal einen Kessel Wasser heiß gekriegt.«[2] Seine Anstellung – wie auch die anderer Fußballer – auf der Zeche kann demnach eher als eine Art Sponsoring gesehen werden, denn viele Fußballstars in der Belegschaft steigerten auch das Renommee einer Zeche. Neben erheblichen Arbeitserleichterungen genossen Spieler wie Kuzorra und Co auch unter Tage ein hohes Ansehen, was sie vor den Fängen des Grubenmilitarismus bewahrte. Kuzorra war zwar unter Tage nur ein einfacher Arbeiter, aber auch für die vorgesetzten Steiger war er durch seine Tore ein Idol geworden, was ihn vor dem rauen Befehlston unter Tage schützte, denn wer würde schon sein eigenes Idol zur Minna machen? Kuzorras Kollegen hingegen bekamen solch eine Sonderbehandlung allerdings nicht zu spüren, denn zu Beginn des 20. Jahrhunderts hatte die Welt unter Tage ihre eigenen Gesetze und war streng hierarchisch geordnet, da die Grubenbesitzer Härte und Strenge als beste Garantie für höchste Förderleistungen betrachteten. Sie forderten strikte Disziplin und hielten die Kumpel zu ständiger Wachsamkeit an, um den physischen Gefahren unter Tage zu trotzen. Da für die Sicherheit der Bergleute der direkte Vorgesetzte verantwortlich war, wurden schon kleinste Fehler oder Unaufmerksamkeiten bestraft, denn bei Unfällen bestand nicht nur die Gefahr des Verlusts von Arbeitskräften, sondern auch einer vorübergehende Betriebsstilllegung durch die Bergaufsicht – was für die Zechenbesitzer einer Katastrophe gleichkam.

Der Grubenmilitarismus ließ neben seinen vielen dunklen Seiten allerdings auch Aufstiegsmöglichkeiten innerhalb seiner Hierarchiestufen zu. Fähige und fleißige Bergleute konnten es durchaus zum Steiger oder weiter bringen: zum Reviersteiger, Fahrsteiger, Obersteiger, vielleicht als Krönung sogar zum Betriebsführer. Dieser Karriereverlauf war zwar die Ausnahme, aber es bestand die Chance, es weiter zu bringen, sofern man sich ein- und unterordnete.

Im Laufe des 20. Jahrhunderts wurde mehrfach versucht, den Grubenmilitarismus niederzuringen oder wenigstens zu beschränken, aber bis auf einige wenige Veränderungen in den 1920er Jahren blieben die Reformanstrengungen dürftig. Es konnten zwar Verbesserungen im technischen Bereich und in der sozialen Versorgung der Bergmänner erreicht werden, aber Fortschritte im Bereich des Arbeitsklimas, das in den 1930er Jahren »einer kaltschnäuzigen Reaktion [ähnelte], die nur die Entartungen des Preußentums, seine gefühlsarme Distanzierung von Mensch zu Mensch gelten« lasse,[3] wurden nicht erzielt. Unter Tage dominierte weiterhin ein harscher und strenger Befehlston. Erst als viele Zechen in den 1960er Jahren schon ihre letzten Atemzüge taten und die letzten Loren ans Tageslicht brachten, wurde der Grubenmilitarismus aufgeweicht und durch den fortschreitenden Strukturwandel, der unter anderem auch die Akademisierung des Steigerberufs mit sich brachte, letztendlich auch besiegt.

Vom Arbeiterverein zum Deutschen Meister

Pütt und Pille gehören in Gelsenkirchen fest zusammen. Jeder in der Stadt kennt den FC Schalke 04, bisher siebenfacher Deutscher Meister. Seit der Gründung im Jahre 1904 haben die Triumphe der Knappen unbändige Freude in der Stadt ausgelöst, ebenso stürzten bittere Niederlagen und handfeste Skandale die Stadt in tiefe Trauer. Aber würde es ohne die Kohle, die Gelsenkirchen seit Mitte des 19. Jahrhundert von einem kleinen Dorf mit knapp 1.000 zu einer Großstadt mit zwischenzeitlich fast 400.000 Einwohnern hat werden lassen, den FC Schalke überhaupt in seiner jetzigen Form geben? Vermutlich nicht, ist doch die Gründung des Vereins eng mit dem Bergbau verbunden.

Das Bürgertum war an der Wende zum 20. Jahrhundert die tonangebende Gesellschaftsschicht im Fußball. Der führende Club im boomenden Industriedorf Schalke war damals »Spiel und Sport Schalke« von 1896, ein durch und durch bürgerlicher Verein, in dem Kaufleute und Zechenbeamte kickten. Die Arbeiterschaft hingegen spielte oft in »wilden Vereinen«, die gegeneinander antraten. Diese »wilden Vereine« besaßen oft weder eine richtige Vereinsstruktur noch eine eigene Spielstätte, weshalb sie von der Teilnahme am regulären Spielbetrieb ausgeschlossen waren. Das Bürgertum blieb sowieso lieber unter sich. Im Jahre 1904 fanden sich allerdings in Gelsenkirchen-Schalke einige Schüler und jugendliche Arbeiter zusammen und gründeten den Verein »Westfalia Schalke«. Bis dieser 1924 in den heutigen FC Schalke 04 umgetauft wurde, war es allerdings noch ein weiter Weg. Die Vereinsfarben waren auch noch nicht das bekannte Blau-Weiß, sondern Gelb-Rot. Nach der Gründung im Jahre 1904 – von der weder Protokolle noch Urkunden überliefert sind – waren bei »Westfalia Schalke« noch lange keine Vereinsstrukturen zu erkennen. Es fehlte an Geld für Trikots und Schuhe, ja nicht einmal einen vernünftigen Ball hatten die Schalker Jungs zur Verfügung. Als Vorsitzender und Mannschaftsführer fungierte der 14-jährige Schlosserlehrling Wilhelm Gies. Derart unstrukturiert war es für »Westfalia Schalke« natürlich unmöglich, in den *Westdeutschen Spielverband* (WSV) aufgenommen zu werden. Um diesem Ziel etwas näher zu kommen, setzten sie ab 1909 den volljährigen Heinrich Hilgert, einen Wiegemeister auf CONSOLIDATION, als Vorsitzenden ein. So konnte wenigstens eine Eintragung ins Vereinsregister der Stadt Gelsenkirchen erreicht werden; der WSV lehnte eine Aufnahme in den regulären bürgerlichen Spielbetrieb allerdings weiterhin ab. Dies sollte erst 1912, nach der Fusion mit dem seriösen Turnverein Schalke 1877, gelingen. Jetzt stand der Schalker Erfolgsgeschichte, die im Gewinn der Westdeutschen Fußballmeisterschaft 1929 ihren ersten Höhepunkt fand, nichts mehr im Wege.

Ende der 1920er Jahre war der Verein, der 1904 noch ein junger und wilder Haufen ohne Strukturen war, ein deutschlandweit bekannter Verein – noch dazu der allererste Arbeiterverein, der nationalen Ruhm

Abb. 122: *Adolf Urban beim Eckstoß, umringt von Anhängern des S 04, 1938*

erlangen konnte. Dem ersten Ausrufezeichen 1929 folgten in den Jahren 1934 bis 1942 insgesamt sechs deutsche Meisterschaften, Schalke 04 dominierte den Fußball auf nationaler Ebene. Aber hätte es diese Erfolge auch ohne die Förderung des schwarzen Goldes in Gelsenkirchen gegeben? Vermutlich nicht, denn Spieler wie Kuzorra, Szepan und Tibulski, die bei den Erfolgen in den 1930er Jahren entscheidend mitgewirkt hatten und das Schalker Spiel zu dieser Zeit prägten, waren die Söhne von Männern, die nur nach Gelsenkirchen gekommen waren, weil sie auf den dortigen Zechen Arbeit finden konnten.

Die rasante Entwicklung der Kohle- und Schwerindustrie im Raum Gelsenkirchen hatte im letzten Drittel des 19. Jahrhunderts zu einem massiven Arbeitskräftemangel geführt. Zur Lösung dieser Misere wurden massenhaft Arbeitsmigranten angeworben, die in Gelsenkirchen größtenteils aus dem polnisch-masurischen Raum stammten. Das Angebot der Zechen – sie versprachen sichere Arbeit und für damalige Verhältnisse ein komfortables Wohnen – lockte auch die Väter von Kuzorra, Szepan und Tibulski aus Masuren nach Gelsenkirchen. Es ist wohl der Kohlenförderung zu verdanken, dass die Söhne dieser Arbeitsmigranten in Gelsenkirchen gegen den Ball traten und mithalfen, die ersten Meistertitel nach Gelsenkirchen zu holen.

Zechenportrait »Consolidation« → S. 176

Schalke, Selters und eine neue Sprache

Wie der »Knappe« in den Fußball fand

Wie eng Pütt und Schalke 04 wirklich zusammen gehören, fällt alleine schon an den vielen Begriffen auf, die sowohl in der Bergmannssprache als auch im Schalker Fanjargon benutzt wurden und werden. Heutzutage ist etwa das Wort »Knappen« so fest mit dem FC Schalke 04 verknüpft, dass seine ursprüngliche Bedeutung vielen jüngeren Fußballbegeisterten außerhalb der Region wohl nicht unbedingt bekannt sein wird. Einzelne Schalker Spieler – aber auch die ganze Mannschaft – werden in den Medien gerne als »Knappen« bezeichnet. Auch viele Schalker Fanclubs führen den Begriff in ihrem Namen. Seinen Ursprung hat der Knappe aber nicht im Fußball, sondern im Mittelalter. Junge Männer, die von Rittern eine Ausbildung an der Waffe erhielten, wurden Knappen genannt. Anschließend fand der Begriff seinen Weg in den Bergbau. Als Knappe wurde unter Tage ein Bergmann benannt, der erst kürzlich seine Ausbildung abgeschlossen hatte. Damit einher ging die Verleihung des Knappenbriefs, der mit einem Gesellenbrief vergleichbar ist. Die jetzigen Schalker Spieler als »Knappen« zu bezeichnen, mag uns im Hier und Jetzt suspekt erscheinen, hat doch niemand von ihnen jemals unter Tage gearbeitet. In den Schalker Anfangszeiten war die Übernahme von Begrifflichkeiten aus der Arbeits- in die Freizeitwelt

Abb. 123:
Die vollbesetzte Glückauf-Kampfbahn, 1956

jedoch üblich, waren doch viele Spieler selbst oder zumindest ihre Väter unter Tage tätig.

Auch der Name des ersten größeren Schalker Stadions, der »Glückauf-Kampfbahn«, hat seinen Ursprung im Bergbau. »Glückauf« ist der mit Abstand bekannteste Bergmannsgruß im Ruhrgebiet, wenngleich er seinen Ursprung im Erzgebirge hat. Im Zuge der Industrialisierung fand diese Grußformel allerdings auch im Ruhrgebiet Einzug und wird seitdem nicht nur auf dem Pütt, sondern auch außerhalb benutzt. Zwar hat »Glückauf« in Folge des Strukturwandels, der die Zechen in Gelsenkirchen aussterben ließ, stark an Popularität verloren, zu hören ist der Gruß in der Gelsenkirchener Alltagssprache allerdings immer noch. So werden die Schalker Fans bei ihren Heimspielen durch den Stadionsprecher stets mit »Glück auf!« begrüßt. Neben ihren Namen hat die Glückauf-Kampfbahn auch ihre Errichtung dem Bergbau zu verdanken, da die Zeche CONSOLIDATION hier entscheidend mithalf. Der Heimatpütt von Kuzorra schuf den Schalkern eine neue Heimat: CONSOLIDATION stellte ein Grundstück zur Verfügung, half bei der Planung und leistete beim Bau finanzielle Unterstützung. Von der Eröffnung 1928 bis zum Umzug ins Parkstadion entwickelte sich die Glückauf-Kampfbahn zu einem Mythos, brachte sie den Schalkern doch reichlich Glück in Form von Erfolgen ein, sodass der Abschied 1973 mit viel Wehmut verbunden war.

Abb. 124: *Blick auf die Glückauf-Kampfbahn, 1956*

Schalke, Selters und eine neue Sprache

Abb. 125:
Der FC Schalke 04 im DFB-Pokal-Duell gegen Hertha BSC Berlin, 1971

Der Schnaps regiert die Stadt ... bis das Selters kam

Nach den Spielen, als der Schlusspfiff bereits verklungen und über Sieg oder Niederlage entschieden war, ging es für viele Schalker Fans in die Nachspielzeit, in der entweder Erfolge begossen oder der Kummer über Niederlagen betäubt wurde. Als Treffpunkt dazu dienten neben den Kneipen auch die vielen Trinkhallen, die sich über die ganze Stadt verteilten. Fast an jeder Ecke waren sie zu finden, was nicht nur für Gelsenkirchen, sondern für das ganze Ruhrgebiet galt. Dort wurde dann – je nach Spielausgang – ausgiebig gefeiert, geweint oder über den Schiedsrichter diskutiert. Dabei durfte natürlich ein kühles »Blondes« und ein »Schnäppsken« nicht fehlen; Alkohol gibt und gab es an den Trinkhallen ja reichlich zu kaufen, oft sind Bier und Spirituosen die Haupteinnahmequelle der heutigen Trinkhalle.

Aber woher stammt dann der Begriff »Seltersbude«, wie die Trinkhallen im Ruhrgebiet noch heute oft genannt werden, wenn doch Mineralwasser nicht gerade ihr Hauptgeschäft ist? Wie passt das zusammen? Tatsächlich mehr schlecht als recht, steht die heutige Funktion der Trinkhallen des Ruhrgebiets doch in einem Kontrast zu ihrer ursprünglichen Aufgabe als »Seltersbude«. Entstanden ist diese im Zuge der Industrialisierung ab Mitte des 19. Jahrhunderts – um 1900 existierten ungefähr 600 im Ruhrgebiet. Sie sollten helfen, die unter den Arbeitern stark verbreitete Trunksucht einzudämmen.

Besonders zu Beginn der Industrialisierung war der Alkoholmissbrauch in den Großstädten des Ruhrgebiets ein ernstes Problem, insbesondere bei der zugezogenen Landbevölkerung. Für sie gehörte der tägliche Alkoholkonsum aufgrund ihrer traditionellen Ernährungsweise zur Normalität, der hohe Kaloriengehalt des Alkohols hatte das durch Hunger und Elend geprägte Landleben oft erträglicher werden lassen. Diese Tradition lebten sie auch in der Stadt weiter. So kam es in der städtischen

Abb. 126: *Kaffeepause im Streb mit Holzausbau (im Ruhrgebiet), 1935*

Schalke, Selters und eine neue Sprache

Arbeiterschaft durchaus vor, dass während der Pausen Branntwein und Bier konsumiert wurde; gelegentlich wurden sogar Teile des Arbeitslohns in Form von Alkohol ausgezahlt. Ein weiteres Problem stellte die miserable Qualität des Trinkwassers dar, sodass viele Arbeiter ihren Durst vorzugsweise mit Alkohol anstatt mit Wasser löschten, um ihre Gesundheit nicht aufs Spiel zu setzen.

Da durch die Industrialisierung auch die Arbeitsprozesse komplexer und anspruchsvoller wurden und somit mehr Aufmerksamkeit erforderten, musste schleunigst ein Mittel gegen den grassierenden Alkoholismus gefunden werden. Der Niedergang der Sitten, so die Befürchtung, würde durch den Alkoholkonsum nur noch weiter beschleunigt. Um einer Gefährdung der städtischen Ordnung entgegenzuwirken, förderten sowohl die lokalen Politiker als auch die Zechenbesitzer die Entstehung der Trinkhallen. Dazu wurde das Wachstum der Seltersbuden durch die Gewerbeordnung von 1869 gefördert, die den Ausschank von alkoholfreien Getränken wie Kaffee, Wasser und Tee ohne Schankerlaubnis ermöglichte; für den Ausschank alkoholischer Getränke musste dagegen über eine aufwendige Prozedur erst eine Lizenz eingeholt werden. Der endgültige Durchbruch gelang den Trinkhallen in den 1870er Jahren mit dem Verkauf von kohlensäurehaltigem Mineralwasser in Glasflaschen, die durch einen neuen speziellen Verschluss die Kohlensäure zuverlässig in der Flasche hielten. In den Jahren zuvor wurde »das Mineralwasser als Heilwasser aus großen Kupferkesseln« an den Seltersbuden ausgeschenkt.[4] Dabei sollte es nicht nur den Durst der Arbeiter löschen, sondern wurde auch als eine Art Heilkur angepriesen, für die man nicht einmal einen Kurort besuchen musste.

Überall und Allerlei – Die Bude ist für jeden da!

Zum Ende des 19. Jahrhunderts hatte sich die Trinkhalle großflächig im Ruhrgebiet ausgebreitet und gehörte ebenso zum Stadtbild wie die Fördertürme und Industrieschlote; sie war aus den Ruhrgebietsstädten fortan nicht mehr wegzudenken. Vor allem in Zechen- und Fabriknähe waren die Seltersbuden häufig anzutreffen, teilweise sogar direkt auf dem Werksgelände, sodass sich die Arbeiter vor oder nach der Arbeit mit erfrischenden Getränken versorgen konnten. Die Grundstücke für die Errichtung von Trinkhallen wurden von den Industriellen oftmals kostenlos zur Verfügung gestellt. Es hatte für sie einerseits den Vorteil, den schon erwähnten Alkoholkonsum unter den Arbeitern einzudämmen, andererseits fanden in den Trinkhallen Menschen Arbeit, die zuvor unter Tage zu Invaliden geworden waren und nach einer Beschäftigung suchten. Auch die zeitweilige Konkurrenz durch die *Gesellschaft für Milchausschank in Rheinland und Westfalen GmbH* konnte das Wachstum der Trinkhallen nicht stoppen. Sie versuchte, Milchausschankbetriebe innerhalb der Städte zu etablieren. Allerdings konnte sich die Milch bei den Arbeitern nicht durchsetzen, sodass der Anteil der Milchbuden im Ruhrgebiet nur fünf Prozent betrug und sie als eine Randerscheinung wieder in Vergessenheit gerieten. Eine weit größere Konkurrenzsituation bestand dagegen zwischen Trinkhallen und Schankwirtschaften. Zwar konnte an den allermeisten Seltersbuden anders als in den Schankwirtschaften noch kein Alkohol konsumiert werden, doch hatten die Trinkhallen im Laufe der Jahre ihr Angebot mehr und mehr erweitert. So wurden zum Beispiel speziell auf die Arbeiterschaft ausgerichtete Imbisse wie eingelegte Gurken oder Heringe angeboten, was besonders von jungen, alleinstehenden Arbeitern gerne angenommen wurde. Die Buden entwickelten sich auch deshalb zu einem öffentlichen Treffpunkt, an dem in geselliger Runde nach dem wohlverdienten Feierabend gelacht, geklönt, gejammert und geflucht werden konnte. So war zum Beispiel im Jahr 1899 die Einführung einer Fahrradsteuer das Hauptgesprächsthema an den Trinkhallen. Für uns mag diese Steuer unglaublich klingen, aber Ende des 19. Jahrhunderts wurde sie zuerst in Frankreich eingeführt und breitete sich anschließend auch in Deutschland aus. Unter den Arbeitern sorgte diese Steuer für Erregung und Wut, da das Fahrrad für viele das wichtigste Fortbewegungsmittel darstellte.

Durch die ständige Aufnahme neuer Produkte in das Sortiment entwickelten sich die Trinkhallen in den goldenen 1920er Jahren zu wahren Einkaufsläden. So gehörten zum Beispiel 1922 »kohlensäurehaltige Getränke, Kaffee, Tee, Schokolade, Bonbons, Konfekt, Kuchen, Obst in kleinen Mengen, belegte Schnittchen, eine Zigarre und eine Zigarette« zum erlaubten Sortiment.[5] Allerdings bestand dazu noch ein gesetzlicher Zusatzvermerk, der einen Verkauf ausschließlich unter der Bedingung erlaubte, dass die »zugelassenen Verkaufsgegenstände nur in Mengen zum sofortigen Genuss auf der Stelle abgegeben werden dürften«. Daran hielten sich die wenigsten Trinkhallenbesitzer, häufig wurden auch größere Mengen verkauft und Produkte ins Sortiment aufgenommen, die per Gesetz untersagt waren. Die Einhaltung dieses Gesetzes wurde aber kaum kontrolliert, da eine strenge Handhabung für viele Trinkhallen der Ruin gewesen wäre und die Inhaber, die häufig aus gesundheitlichen Gründen keiner anderen geregelten Arbeit nachgehen konnten, auf staatliche Gelder angewiesen gewesen wären. Folglich wurden die Verstöße der Budenbesitzer als kleineres Übel geduldet und die Trinkhallen konnten ihren Aufstieg fortsetzen.

Abb. 127:
Kiosk an der Bulmker Straße 60, 1938

Ihren ersten großen Dämpfer erlitten die Seltersbuden ab 1933 durch den aufkommenden Nationalsozialismus und den folgenden Krieg. So machten die massenhaften Enteignungen auch vor linienuntreuen Trinkhallenbesitzern nicht Halt, ihre Buden wurden durch die Nationalsozialisten ohne Entschädigung konfisziert. Auch der Zweite Weltkrieg setzte der Budenkultur zunächst zu: Da sie häufig in der Nähe von industriellen Gebieten lagen, die das Hauptziel von Luftangriffen darstellten, wurde eine Vielzahl zerstört.

Nach dem Zweiten Weltkrieg erneuerten sich die Trinkhallen allerdings so schnell wie der Rest des Landes. Das Wirtschaftswunder der Nachkriegszeit beflügelte auch das Wachstum der Buden, ein neuer Boom setzte ein, der um das Jahr 1960 seinen Höhepunkt erreichte. Mittlerweile gehörten in den meisten Trinkhallen auch alkoholische Getränke zum Sortiment. Gleichzeitig begann ab den 1960er Jahren der Niedergang der Montanindustrie, viele Zechen schlossen für immer ihre Tore und setzten massenhaft Arbeiter vor die Tür. Den Rückzug der Schwerindustrie konnten die Trinkhallen aber einigermaßen verkraften, da sie gegenüber anderen Verkaufsstellen noch über einen elementaren Wettbewerbsvorteil verfügten: Sie mussten sich nicht an das 1956 beschlossene Ladenschlussgesetz halten, das für herkömmliche Geschäfte die Öffnungszeiten von 7 bis 18:30 Uhr vorschrieb, samstags sogar nur bis 14 Uhr. Die Buden hingegen konnten an sieben Tagen in der Woche öffnen und etablierten sich als Ort, an dem noch zu später Stunde mal schnell ein Bier, Zigaretten oder Süßigkeiten zu kaufen waren. Diesen Vorteil nutzten sie bis zur Abschaffung des Ladenschlussgesetzes 1996, doch mit dessen Ende fiel auch ihre Monopolstellung: Das Ende des Gesetzes war ein harter Schlag für die Trinkhallen und läutete zugleich ein Budensterben ein, da es fortan auch Supermärkten gestattet war, fast rund um die Uhr an sechs Tagen in der Woche zu öffnen. Dazu kam noch die zunehmende Konkurrenz durch Tankstellenshops, deren Sortiment mehr und mehr dem der Trinkhallen ähnelte.

Heutzutage zehren die verbliebenen Buden größtenteils von ihren Stammkunden, die aus Verbundenheit zu ihrer Bude halten, Wert auf den

Abb. 128: *Kiosk an der Grenzstraße, Ecke Schalker Straße, 1954*

persönlichen Kontakt legen und dafür auch gerne etwas mehr für ihr Bier bezahlen. Der Budenbesitzer ist für viele ehemalige Kumpel und andere Ruhrgebietler oft Ansprechpartner und Seelentröster, mit ihm teilen sie ihre Sorgen und Ängste. Blickt man heute auf die Entstehungsgeschichte der Büdchen im Ruhrgebiet zurück, ist zu resümieren, dass sie sich von ihrer ursprünglichen Aufgabe als Mittel gegen den Alkoholkonsum maximal entfernt haben: Grundlage und Haupteinnahmequelle des Geschäftsmodells ist vor allen Dingen der Verkauf alkoholischer Getränke, der für die Buden überlebenswichtig ist.

Ruhrdeutsch, eine eigene Sprache

Beim Aufsuchen einer Trinkhalle – zum Beispiel in Gelsenkirchen – gibt es aber ein Relikt, das schon seit über hundert Jahren im Sortiment zu finden ist: die Sprache, das Ruhrdeutsch, inoffizielle Amtssprache des Ruhrgebiets. So lässt sich ein typisches Gespräch zwischen einem traditionellem Budenbesitzer, hier Erwin genannt, und einem Kumpel im Ruhestand, genannt Willi, der nun seine Freizeit mit der Taubenzucht ausfüllt und sich seine tägliche Morgenlektüre kaufen will, so wiedergeben: »Tach ey, Willi!« – »Tach auch, Erwin!« – »Wie is?« – »Muss! Und selbst?« – »Muss auch. Wat gibt Neues von die Duven?« – »Se mampfen und krakelen. Gib mich ma die WAZ, Erwin! Ma lesen wat de Blau-Weißen machen.« – »Jau, hier bidde! De WAZ kannste noch gut lesen, in de anderen Käseblätter feiernse doch sowieso immer nur de gleichen Filzekratten ab.« – »Da hasse Recht, Erwin, ich muss, Lottiwatgotgon!« – »Jau machet gut!« Mögen bei diesem Gespräch viele Nicht-Ruhrgebietler und vielleicht auch die jüngere Generation im Ruhrgebiet nur Bahnhof verstehen und bei Wörtern wie Duven, Filzekratten und Lottiwatgotgon ein Fragezeichen im Gesicht haben, gehören diese Wörter für die ältere Generation zur Alltagssprache, sie lieben und pflegen ihr Ruhrdeutsch als ihre eigene Sprache. Aber wie kam es, dass sich im Kohlerevier eine eigene Sprache etablierte?

Vor Beginn der Industrialisierung dominierten im Bereich des Ruhrgebiets zwei verschiedene Sprachtypen. Im westlichen Teil wurde der niederfränkische Dialekt gesprochen, im östlichen, westfälischen Teil dagegen Niedersächsisch. Durch die ab 1850 einsetzende Bevölkerungsverdichtung und das Zusammenwachsen des Ruhrgebiets zu einem großen Wirtschaftsraum entwickelte sich eine neue Standardsprache, die die Sprachbarriere zwischen der heimischen und zugewanderten Bevölkerung aufhob. Die zuvor gesprochenen Dialekte des stark agrarisch geprägten Raums überstanden die Industrialisierung nicht. Einzelne

Höfe und weit auseinanderliegende Dörfer hatten das Landschaftsbild des Ruhrgebiets vor dem Einzug der Montanindustrie geprägt. Auch der Raum Gelsenkirchen war nur eine sehr dünn besiedelte, abseits gelegene Region gewesen. Bis zur Mitte des 19. Jahrhunderts hatte es ausgereicht, wenn der Dialekt der näheren Umgebung beherrscht wurde, denn weite Reisen waren zu dieser Zeit eher selten. Und als weite Reise galt in vorindustriellen Zeiten schon eine Strecke länger als hundert Kilometer.

Aber wer brachte die neue Sprache nun ins Ruhrgebiet? Stark verbreitet ist in der Bevölkerung die Meinung, dass das Ruhrdeutsch durch die massive Zuwanderung aus dem Osten, speziell aus dem polnisch-masurischen Raum, entstanden sei, was aber nur bedingt richtig ist. Denn nicht nur die Zuwanderer aus den östlichen Gebieten, sondern auch die aus dem deutschsprachigen Raum waren für die Entstehung verantwortlich. Die Entwicklung des Ruhrdeutschen ist ein Gesamtwerk all derer, die auf der Suche nach Arbeit und einem besseren Leben in den Kohlenpott einwanderten. Sie verdrängten die vorherrschenden niederfränkischen und niedersächsischen Dialekte und etablierten zunächst die hochdeutsche Sprache im Ruhrgebiet. Das Hochdeutsche wurde zum Standard, an den sich alle hielten, auch die fremdsprachigen Zuwanderer. Wodurch aber erhielt das Ruhrdeutsche seine endgültige Prägung, die es heute so einzigartig macht und von der hochdeutschen Sprache abgrenzt?

Die Erklärung dafür ist simpel: Jeder Zuwanderer trug dazu bei und integrierte Teile seines Dialekts in das frisch eingebürgerte Hochdeutsch, sodass es im Ruhrgebiet seine ganz eigene Prägung bekam und sich zum jetzigen Ruhrdeutsch entwickelte. Die Sprache des Ruhrgebiets ist demnach letztendlich ein hochdeutscher Dialekt, der durchsetzt ist mit fremdsprachigen Begriffen. So sind in der Reviersprache polnische Wörter wie »Mottek« oder »Mattka« zu finden, was »Hammer« und »Mutter« bedeutet. Dazu gesellen sich noch russische und jiddische Wörter wie »Mischpusche« als Synonym für »Familie« und »Raboti« als Begriff für »Arbeit«. Aber auch der abgeschliffene und zurückgedrängte niedersächsische Dialekt prägt das Ruhrdeutsch noch auf bedeutende Weise mit. So haben einige der bekanntesten Ruhrwörter ihren Ursprung im Niedersächsischen. An erster Stelle sind hier die Wörter »dat« und »wat« zu nennen, im Ruhrgebiet gebräuchlich für »das« und »was«. Auch die im Revier beliebten Verkleinerungsformen stammen aus dem Niedersächsischen, so ist die Bratwurst im Ruhrgebiet als »Wüüastken« bekannt und der Schnaps als »Schnäppsken«.

Die Sprache des Ruhrgebiets hat im Laufe der Zeit ihren ganz eigenen Charakter entwickelt. Doch handelt es sich dabei wirklich um eine Sprache, die unverständlich ist, Grammatikfanatikern die Haare zu Berge stehen lässt und die ausschließlich in der Arbeiterschicht zu Hause ist? Möglicherweise wird diese Meinung von einigen wenigen vertreten, aber bei Betrachtung ihrer langen Geschichte und Entstehung ist das Ruhrdeutsch als Kulturgut des Kohlereviers zu bewahren. Zunächst ist die Entstehung der Ruhrsprache als ein Gemeinschaftsprodukt vieler verschiedener Kulturen anzusehen, die ihren Weg ins Ruhrgebiet fanden. Sie wurde durch die verschiedenen zugewanderten Ethnien geprägt und mehr und mehr erweitert, jede Kultur brachte ihre eigenen Worte ein, wodurch sie sich zu einer Sprache entwickelte, die von allen akzeptiert und gesprochen wurde. Dadurch entstand etwas Gemeinsames zwischen den bunt zusammengewürfelten Menschen im Ruhrgebiet: eine Sprache, die Menschen zusammenbrachte und dazu beitrug, dass sich im Ruhrgebiet eine gemeinsame Kultur entwickeln konnte.

Häufig steht zudem das Vorurteil im Raum, Ruhrdeutsch sei eine Sprache der Arbeiter- oder Unterschicht und Zeichen von niedrigem sozialen Status. Zwar wurden schon empirische Untersuchungen durchgeführt, die belegen, dass Merkmale des Ruhrdeutschen häufiger bei Mitgliedern aus Arbeiterfamilien zu finden sind, allerdings stellen diese Untersuchungen ebenso fest, dass der ruhrdeutsche Dialekt auch bei Menschen mit hohem Bildungsniveau zu finden und somit als Sprache anzusehen ist, die in allen gesellschaftlichen Rängen anzutreffen ist.

Ein weiteres besonderes Merkmal des Ruhrdeutschen ist seine einzigartige Grammatik – wenn es sich denn Grammatik nennen lässt; denn für Außenstehende macht es eher den Eindruck anarchistisch aneinandergereihter Silben. Der Ruhrpottler hingegen liebt seine grammatikalischen Kuriositäten und hält sich an den Spruch: »Grammatik zeigt Charakter!«[6] So spiegeln Ausdrücke wie »gibet« für »gibt es«, »wennse« für »wenn sie« und Sätze wie »Is dat Fahrrad seinet?« die bedeutenden Charakterzüge der Menschen im Ruhrgebiet wider, unter denen auch die Entstehung der besonderen Grammatik im Ruhrgebiet zu sehen ist: »Geradlinigkeit, Toleranz und Mut zur selbstverantwortlichen Kreativität.« Unter diesem Motto sind auch im Ruhrgebiet aufgeschnappte Aussprachen zu erklären, die im Rest der Republik veralbert werden. Eine der bekanntesten ist wohl die Aufforderung einer Mutter an ihre Tochter der Oma zu winken: »Schantall, tu ma die Omma winken.«

Allerdings hört man die Sprache des Ruhrgebiets mittlerweile immer weniger, da auch das Ruhrdeutsch dem Strukturwandel Tribut zollen muss und seine Bedeutung mehr und mehr zurückgeht. Mit dem Rückzug der Zechen und Stahlwerke zogen sich auch viele Wörter aus dem Pott zurück. Für die junge Generation im Kohlerevier sind bergbauverbundene Begriffe wie »Pütt«, »Kumpel« und »Mutterklötzken« Fremdwörter.

Auf Dauer wird wahrscheinlich nur die außergewöhnliche Grammatik des Ruhrdeutschen erhalten bleiben, da nach dem Bergbau im Ruhrgebiet wohl auch seine Begriffe in der Alltagssprache aussterben werden. Hoffnung besteht lediglich für Begriffe, die den Sprung in andere Bereiche geschafft haben, wie zum Beispiel in den Fußball. So werden etwa der »Knappe« und »Glück auf!« durch die Schalker Fans bewahrt werden.

Was bleibt nach der Kohle?

Heute, im Jahr 2013, hat sich das schwarze Gold fast gänzlich aus dem Ruhrgebiet zurück gezogen. Die Fördertürme stehen still, Loren verrosten und verstauben, Kumpel sind auf der Suche nach Arbeit. Lediglich zwei Zechen bringen im Ruhrgebiet noch Kohle nach oben; die eine, AUGUSTE VICTORIA in Marl, soll im Jahr 2015 ihre Fördertürme für immer stilllegen, die andere, PROSPER HANIEL in Bottrop, soll noch bis 2018 in Betrieb bleiben. Was aber bleibt nach 2018? Hat das schwarze Gold, das das Leben im Ruhrgebiet seit dem 19. Jahrhundert entscheidend geprägt hat, etwas Nachhaltiges hervorgebracht, das auch nach der letzten Lore Kohle bestehen bleibt? Viele nennen darauf natürlich als erstes die Fördergerüste und Malakow-Türme der Zechen, die wie die Bergehalden zweifelsohne auch die prägendsten Landschaftselemente des Ruhrgebiets darstellen. Aber auch sie verschwinden nach und nach aus der Ruhrlandschaft, bis auf diejenigen, die es geschafft haben, unter Denkmalschutz gestellt zu werden, wie zum Beispiel die Fördertürme der Zechen ZOLLVEREIN in Essen, ZOLLERN in Dortmund und CONSOLIDATION in Gelsenkirchen. Sie sind vor dem Abriss geschützt und müssen erhalten bleiben. Den vielen anderen Fördertürmen im Revier, die nicht unter der schützenden Hand des Denkmalschutzes liegen, droht der Verfall und letztendlich die Abrissbirne, der bis heute schon viele Türme zum Opfer fielen.

Zechenportrait »Holland« → S. 64

    Um festzustellen, was vom schwarzen Gold wirklich nachhaltig erhalten bleibt, lohnt sich ein Blick auf eine Szene an einer Gelsenkirchener Trinkhalle im Jahr 2013. Fünf junge Leute stehen zusammen an ihrem Stammbüdchen in Gelsenkirchen-Buer und genießen ihr Feierabendbier, dabei diskutieren sie über ihr Lieblingsthema: Schalke 04. Immer wieder fallen Begriffe wie »Knappen«, »Pille« und »pöhlen«, Zeichen des Ruhrdeutsch lassen sich heraushören. Alle fünf sind in Buer aufgewachsen und seit der Schulzeit befreundet. Über ihre Schalker können sie stundenlang diskutieren, mit Spannung wird der nächste Spieltag erwartet. Schalke 04 polarisiert die Gelsenkirchener wie eh und je, jeden Samstag aufs Neue. Der Verein gehört zu Gelsenkirchen wie der Förderturm zur

Schalke, Selters und eine neue Sprache | 249

Zeche. Genau diese Szene an der Trinkhalle hätte sich auch schon vor 40, 50 oder 60 Jahren in Gelsenkirchen abspielen können, so wie die zu Beginn geschilderte Szene, in der an den Gelsenkirchener Buden eifrig über die Aktion Gutendorfs diskutiert wurde. Mit dem einzigen Unterschied, dass im Jahr 2013 keine Bergmänner mehr an den Gelsenkirchener Trinkhallen stehen, sondern Menschen mit unterschiedlichen Ausbildungen und Berufen sowie Studenten, die zum Beispiel an der Fachhochschule Gelsenkirchen oder der Ruhr-Universität Bochum studieren, die im Zuge des Strukturwandels gegründet wurden. Daneben stehen aber auch die Verlierer des Wandels, arbeitslose und frühpensionierte Kumpel, die mit dem Rückzug der Kohle ihre Lebensgrundlage verloren haben und für die der Besuch der Trinkhallen oft das Letzte ist, was ihnen von ihrem alten Leben mit dem schwarzen Gold geblieben ist. Für sie ist die Trinkhalle, der sogenannte Kurort der Kumpel, ein letztes Stück Heimat in einer Welt, die sich mehr und mehr vom Pütt abwendet und ihn vielleicht auch langsam vergisst.

Auch wenn die letzten Zechen im Jahr 2018 schließen, wird die Trinkhalle noch da sein, ist sie doch, wie der *FAZ*-Journalist Andreas Rossmann so treffend bemerkt, »als der erfolgreichste Bautypus anzusehen, den das Revier hervorgebracht hat, schließlich hat sie die meisten Förder- und Malakowtürme überlebt«.[7] Ihre Zahl geht zwar leicht zurück, aber aussterben wird sie im Ruhrgebiet wohl nicht. Genau wie der FC Schalke 04, mittlerweile schon über 100 Jahre alt. Auch der Lieblingsverein der Gelsenkirchener hat den Strukturwandel schadlos überstanden und wird nachhaltig bestehen bleiben. Seine Bedeutung hat in den letzten Jahren durch internationale Erfolge wie dem Uefa-Cup Sieg 1997 und dem Halbfinaleinzug in der Champions League 2009 neue Dimensionen erreicht, der Verein hat sich zu einem Unternehmen mit Millionenumsätzen entwickelt. Die Sprache des Ruhrgebiets hingegen, das Ruhrdeutsch, wird es im Gegensatz zur Trinkhalle und Schalke 04 etwas schwerer haben sich zu behaupten, da die Bedeutung der Bergbaubegriffe, die eine Grundlage des Ruhrdeutschen bilden, vielen nicht mehr bekannt sind. Aber verschwinden wird auch das Ruhrdeutsche nicht, sein spezieller Dialekt wird bestehen bleiben und sich unter dem Einfluss fortwährender Migration weiterentwickeln, sodass wir auch noch in einigen Jahrzehnten auf Spielplätzen im Ruhrgebiet den berühmten Satz hören: »Schantall, tu doch ma die Omma winken.«

> *Jan Daldrup* studiert im zweiten Bachelorsemester Geschichte und Geographie auf Lehramt an der WWU Münster.

Letztes Pferd und letzter Pütt.
Die Zeche Hugo
» *Thomas Ahmann*

1873	Gründung der Gewerkschaft Hugo und Beginn des Abteufens von Schacht 1, zunächst noch unter dem Namen Neu-Arenberg
1877	Förderbeginn
1881	Gründung der Bergwerks-AG Hugo und Umbenennung der Zeche in Hugo
1904	Untertägiger Einsatz von 101 Pferden
1949	Ausfahrt des letzten Grubenpferds
1955	Größte Belegschaft mit 5.814 Beschäftigten
1974	Teufbeginn von Schacht 9 in der Nähe des Parkstadions
1980	Maximale Jahresförderung mit 3.546.251 t
1993	Gründung des Verbundbergwerks Hugo/Consolidation mit einer Jahresförderung von 4.129.918 t bei 5.314 Beschäftigten
1997	Verbund zu Ewald/Hugo
2000	Stilllegung

Was nun? Ja ja. Der Gaul, zu guter Letzt,
Befehl von oben, ward zur Ruh gesetzt.[1]

»Die waren ja so wie wir«, meinte einst der Pferdeführer Fritz Loose.[2] Längst umranken Mythen jene »Kumpel auf vier Beinen«. Bücher, Gedichte und Lieder handeln von Pferden, die die Bergleute stets treu begleitet und vor allem unterstützt hätten. So verwundert es nicht, dass dem letzten Grubenpferd Gelsenkirchens ein eigenes Denkmal errichtet wurde. Die Ära der Grubenpferde war da schon lange vorbei – »Alex« hatte bereits 1949 auf der Zeche HUGO seine letzte Schicht verfahren. Nicht nur beim Einsatz von Grubenpferden, sondern auch beim Kohleabbau zeigte die Zeche HUGO einen langen Atem – sie schloss erst im Jahr 2000 für immer ihre Zechentore, als das Verbundbergwerk EWALD/HUGO seine Förderung einstellen musste.

Abb. 129: *Zeche Hugo, Schacht Nord nach der Stilllegung, 1975*

Dein Kamerad war ich in all der Zeit.

So lässt sich das Verhältnis zwischen Bergmann und Grubenpferd wohl am besten beschreiben. Bereits ab 1840 kamen die ersten Pferde unter Tage zum Einsatz. Die Zugkraft eines Pferdes konnte in Abhängigkeit von den Bedingungen bis zu zehn Kohle-Schlepper ersetzen. Dies brachte den Unternehmen einerseits eine effektive Produktionssteigerung, den damals schwer geschundenen Bergarbeitern andererseits Entlastung, fanden sie doch zumeist innerhalb der Zechenbetriebe andere Stellen. So setzte auch die Zeche HUGO in Buer seit 1885 Pferde ein. Buer war zu diesem Zeitpunkt erst wenige Jahre ein Bergbaustandort – erste Mutungsbohrungen hatten in den frühen 1870er Jahren stattgefunden, 1873 ließ die Gewerkschaft Hugo, benannt nach ihrem Vorsitzenden Hugo Honigmann, einen ersten Schacht abteufen, über den vier Jahre später mit der Förderung der Kohle begonnen werden konnte. Als auf der Zeche HUGO 1885 die ersten Pferde einfuhren, wurde auch der zweite Schacht in Betrieb genommen – die Industrialisierung schritt auch in Buer voran.

So sehr Montan- und Sekundärindustrien am Übergang vom 19. zum 20. Jahrhundert den städtischen Raum auch überformten, so wenig sollte die Bedeutung der Tiere in diesem Zeitraum unterschätzt werden. Selbst

Abb. 130: *Wassertümpel mit Gerüst von Schacht Nord der Zeche Hugo, 1975*

»Effizienz durch Innovation«
→ S. 73

»Stadtlandschaft«
→ S. 17

Die Zeche Hugo | 253

Abb. 131:
Händler mit Pferdegespann in Gelsenkirchen, um 1960

die Stadtplanung richtete sich nach ihnen, wussten doch weitsichtige Stadtplaner bei der Gestaltung von Straßen und Plätzen den Kurvenradius von Pferdegespannen zu berücksichtigen, so auch im Zentrum Gelsenkirchens. Die Pferde, damals schon weniger als Tier denn Maschine angesehen und wie solche auf Märkten gehandelt, galten als Hauptantriebskraft für das Wachstum der Städte. Bis in die 1890er Jahre waren sie ein wichtiger Faktor für den regionalen Transport. Zwar wäre ein Einsatz von Dampfmaschinen seit Mitte des 19. Jahrhunderts auch denkbar gewesen, doch waren diese im Vergleich zur klassischen Pferdestärke aus finanziellen Gründen noch keine Konkurrenz. Entsprechend wurden Pferde anders als heute fast ausschließlich aufgrund ihrer Leistung gehalten und wertgeschätzt. Der Mensch befand sich in stetiger Abhängigkeit von der Kraft der Tiere, die er in logischer Konsequenz auch bald schon unter Tage einsetzte. Die Geschichte der Industrialisierung wäre ohne die originalen Pferdestärken wohl deutlich weniger rasant verlaufen. Es fügt sich in dieses Bild, dass die Pferdestärke noch heute als feste, physikalische Größe Verwendung findet.

Zu Beginn des 20. Jahrhunderts waren im Untertagebetrieb der Zeche HUGO bereits rund 100 Pferde im Einsatz. Anfangs wurden diese noch nach ihrer Schicht wieder zu Tage befördert. Die steigende Anzahl der eingesetzten Grubenpferde im gesamten Ruhrgebiet, die 1910 ihren Höhepunkt mit 8.384 Tieren verzeichnete, und der damit verbundene steigende Aufwand, die Pferde nach bewältigter Arbeit wieder auf die Weide zu schicken, waren schließlich die ausschlaggebenden Gründe für die Einrichtung von Ställen unter Tage. Und an dieser Praxis wurde selbst lange nach dem Beginn der Mechanisierung des Bergbaus festgehalten. Noch 1942 setzten die Zechen des Ruhrgebiets rund 1.000 Pferde ein. Die Tiere gehörten allerdings nicht der Zeche selbst, vielmehr griff diese auf das Angebot verschiedener Zulieferbetriebe zurück. Den größten Verleih für Grubenpferde im Ruhrgebiet betrieb zeitweise die Firma *Wilhelm Bischoff*, die ihren Sitz in der Gelsenkirchener Altstadt hatte – sie verfügte über einen Bestand von bis zu 13.000 Tieren. Sie stellte nicht nur selbst das Futter für die Verpflegung dieser Armada von Arbeitstieren her, sondern war natürlich auch bestrebt, deren Leistungskraft zu erhalten. Vertraglich war zwischen Zeche und Verleiher geregelt, dass die Zulieferer so viele Pferde stellen mussten, wie im Zechenbetrieb benötigt. Für die Pferde bedeutete diese Regelung im Normalfall 27 Schichten pro Monat. Im Gegenzug kam die Zeche für die Kosten des Futters und der notwendigen Pferdeführer auf.

»Effizienz durch Innovation«
→ S. 73

Von dem Bedarf der Zechen an Pferden profitierten nicht nur Verleihfirmen, auch andere Zulieferbetriebe stellten sich darauf ein. So produzierte der Rotthauser Schmied August Friedberg ab 1884 Hufe speziell für Grubenpferde. Der Betrieb erweiterte seine Angebotspalette aber rasch um Schrauben, die bald auch industriell gefertigt und zunächst vor allem durch die Zechen abgenommen wurden. Während die Kohlenindustrie mittlerweile aus Gelsenkirchen verschwunden ist, konnte sich die Firma Friedberg auf dem sich wandelnden Markt behaupten und sich heute als führender Hersteller für Verschraubungstechnik in der Windenergie etablieren – eines von vielen Beispielen dafür, wie frühere Bergbauzulieferer den Strukturwandel erfolgreich bewältigen konnten.

Im Schachte sausten sie mit ihm zu Tag.

Bei der Auswahl der Grubenpferde spielte es zwar keine Rolle, ob Stuten oder Hengste eingesetzt wurden, es wurde jedoch sorgfältig auf die Rasse geachtet, denn nicht alle eigneten sich im gleichen Maße für die Arbeit in der Tiefe. Daher wurden vor allem Fjordpferde, Münsterländer, kleine Oldenburger, Shetlandponys und Litauer ausgewählt. Diese Rassen hatten nach bergmännischer Erfahrung die optimale Größe und ein angenehmes Temperament. Die Tiere wurden rund fünf Wochen auf ihren Einsatz unter Tage vorbereitet und leisteten dann in der Regel sechs bis sieben Jahre ihren Dienst.

Abb. 132:
Streckenförderung mit Grubenpferd, 1935

Der Transport der Pferde nach unter Tage erfolgte im Förderkorb; bei schmalen Schächten hingegen wurden Seile an den Beinen des Tieres befestigt, an denen es langsam hinabgelassen wurde. Die Hufe wurden über Tage angepasst und schließlich unter Tage allein kalt beschlagen, da der Einsatz von Feuer in der Grube aufgrund der leicht entzündlichen Gase strikt verboten war. Ihre weitere Ausrüstung bestand aus einem Ohren- und Augenschutz, Schleppgeschirr und Grubenhalfter. Außerdem wurde zwischen den Ohren ein Lederpolster befestigt, damit Verletzungen vermieden werden konnten, wenn sich die Tiere in den niedrigen Strecken am Gebirge stießen. An eine am Schwengel befestigte Kette wurden schließlich die Loren angehängt. »Mit meinem Pferde hatte ich leere Wagen eine halbe Stunde weit ins Feld zu bringen und von dort aus Kohlenwagen zum Schacht zurückzufahren, wo sie auf den Korb geschoben und zu Tage gefördert wurden«, berichtete 1915 ein frisch angelernter Pferdejunge von seiner Arbeit unter Tage.[3] Dabei konnte ein einziges Pferd je nach Beschaffenheit des Gebirges bis zu acht dieser Loren ziehen, jede rund tausend Kilogramm schwer. Die Gesamtleistung der Pferde wurde in Tonnenkilometern gemessen. Im Durchschnitt legte ein Pferd zwischen 30 und 50 Tonnenkilometern pro Schicht zurück. Unter dem Druck der hohen Förderquoten wurde aus einer normalen Arbeitsschicht jedoch häufig eine Doppelschicht. Dabei waren die Pferde weder

Abb. 133:
Bergmann beim »Buttern« mit Grubenpferd (im Ruhrgebiet), 1937

angeleint, noch wurden sie durch Hiebe zur Arbeit angetrieben; der Pferdeführer ging stets mit der Grubenlampe vorweg. Und das in einer Tiefe von bis zu 850 Meter, schien doch der Arbeitseinsatz der Tiere bis zu dieser Marke unter medizinischen Aspekten bedenkenlos.

*Sollt' irgendwo auf einer Wiese weiden,
und auch einmal genießen ganz des Lebens Freuden.*

Nach getaner Arbeit kamen die Tiere in ihre untertägigen Ställe, die den Bedürfnissen der Tiere nicht immer gerecht wurden. Während die sogenannten Sammelställe wenigstens noch über elektrisches Licht, Frischluftzufuhr und eine eigene Wasserleitung verfügten, ließ die Ausstattung der Hilfs- und Notställe hingegen zu wünschen übrig. Ruhepausen waren rar, so hatten die Tiere im Durchschnitt lediglich rund drei Stunden Zeit zur Nahrungsaufnahme. Die Zeit konnte aufgrund der unterschiedlichen Schichtlängen variieren. Selbst das Futter war an die Arbeitsbedingungen angepasst und bestand aus Brot, Hafer und Heu. Frisches Gras wurde aus Angst vor Darmkoliken unter Tage nicht verfüttert. Halbjährlich nahm der Grubentierarzt eine Untersuchung vor – dies zumeist in Absprache mit dem Bezirks-Oberstallmeister, der Einsatz und Versorgung der Pferde koordinierte.

Gesang durchbrauste ihn mit dunklen Flammen:
Erst brach er in die Knie, dann stürzte er zusammen.

Eine Behandlung erkrankter Tiere unter Tage war kaum durchführbar; die hohe Luftfeuchtigkeit und Wärme wirkten sich auf den Heilungsprozess hinderlich aus. Verbreitet waren vor allem die sogenannten Rotz- und Druseerkrankungen. Auch wenn häufig vermutet wird, die Pferde wären aufgrund der sich bei der Ausfahrt stark verändernden Lichtverhältnisse erblindet, so war dies in der Regel nicht der Fall. Allerdings erblindeten in der Tat einige Pferde infolge der hohen Staubbelastung. Schwerer wogen indes die zahlreichen Verletzungen und Unfälle, die zum Teil der Unachtsamkeit der Pferdejungen geschuldet waren. Es zeigte sich: Der Mensch spielte zwar im Kräfteverhältnis zwischen Tier und Maschine nur eine untergeordnete Rolle, jedoch lag es an diesem, über die Koordination von Mensch, Tier und Maschine einen möglichst hohen Ertrag zu erzielen.

Da stand der Gaul, verbraucht und alt und steif.
Schwer träumt ich oft von meiner Jugendzeit

Der deutsche Steinkohlenbergbau war stets durch große Innovationskraft geprägt. Spätestens mit Beginn des 20. Jahrhunderts erfolgte die Umstellung hin zum Einsatz von maschinell gesteuerten Transport- und Fördermitteln – so auch auf der Zeche HUGO. Pferde wurden nun nach und nach von Elektro- und Akkumulatorenlokomotiven ersetzt. Die Umstellung erfolgte nicht nur bei den Transportmitteln, sondern auch beim Pfeilerrückbau. Je nachdem, ob ein Flöz klein oder groß war, wurden die Streben versetzt oder nicht versetzt. Als im Jahre 1908 der Ausbau mit

Pressluftrohrnetzen und elektrischer Anlagen erfolgte, wurde ein strukturierter Abbau mit Versetzen der Strebe in das Gebirge betrieben. Noch bis zum Jahr 1924 war die Kohlenförderung reine Handarbeit, erst danach wurden auf der Zeche Hugo erstmals Abbauhämmer und Schrämmaschinen eingesetzt. Ab dem Jahre 1930 wurde die Grube, nachdem die vierte Sohle eingerichtet worden war, ein Großbetrieb. Dazu wurden die Strecken im Flöz Zollverein zu Hauptförderstrecken umgebaut; in diesen kamen nun zumeist Akkumulatoren-Lokomotiven zum Einsatz. Diese zeichneten sich im Vergleich mit den Pferden durch eine viel höhere Effizienzrate aus. Bereits 1914 waren im Ruhrgebiet schon über tausend Lokomotiven im Einsatz.

Zu den vielfältigen Neuerungen zählte auch eine Verlagerung der strukturellen Gefüge. Dabei wurden viele kleine Zechen, deren Kohlevorkommen fast gänzlich abgebaut waren, zusammengelegt, was ihren Fortbestand aber nur für kurze Zeit sicherte. Zechen wie Hugo hingegen, die über rentable Felder verfügten, wurden zu modernen Großzechen ausgebaut. In diese neu gestalteten Anlagen wurde viel Geld investiert, das durch höhere Belegschaften und entsprechend höhere Förderquoten wieder verdient werden sollte. So wurden auf der Zeche Hugo 1913 über eine Millionen Tonnen Kohle gefördert – und dies mit einer Belegschaft von 3.556 Leuten. Während sowohl die Tiefe der Schächte

Abb. 134:
Blick auf Hugo 2/5/8, 1974

Die Zeche Hugo

und Sohlen als auch der technische Fortschritt rasant zunahmen, neigte sich die Zeit der Grubenpferde mehr und mehr dem Ende zu. Auch der Beginn des Ersten Weltkrieges trug zum Rückgang der Pferdeförderung entscheidend bei, kamen doch viele der von den Zechen abgezogenen Pferde im Krieg zum Einsatz. Auch wenn 1928 im Schacht 3 die Förderung eingestellt wurde, blieb die Zeche in der Zwischenkriegszeit wirtschaftlich erfolgreich.

Zu Beginn des Zweiten Weltkrieges brachte eine Belegschaft von 3.773 Mann eine Jahresförderung (1940) von rund 1,6 Millionen Tonnen Kohle zu Tage. Die Produktion konzentrierte sich auf die Anlage 2/5/8, die auch das heutige Bild der Zeche HUGO widerspiegelt. Diese Zusammenfassung der Förderanlagen machte es notwendig, den Schacht 2 mit der 1944 in Betrieb genommenen sogenannten Skipförderung zu betreiben. Vor allem die Anlagen über Tage, wie die Aufbereitungs- und die Kraftwerksanlagen, wurden erweitert. Damit die Bewetterung des entstehenden Großbetriebes gewährleistet war, ging 1943 mit Hugo-Nord ein siebter Schacht in Betrieb. Außerdem wurden als Ersatz für die alte und nicht mehr ganz zeitgemäße Kokerei 2/5 in den Jahren 1947 und 1948 jeweils 40 neue Koksöfen auf dem Gelände der Schachtanlage Hugo 1/4 aufgefahren.

Abb. 135:
Kokerei Hugo mit Maschinenhaus 1 und 2, 1980

Im Jahre 1952 folgte dann die Übergabe der Zeche HUGO von der *Harpener Bergbau AG* in den Besitz der *Essener Steinkohlenbergwerke AG*, ehe sie nur drei Jahre später in den Besitz der *Mannesmann AG* überging. Um an die reichen Kohlevorkommen der Emschermulde zu gelangen, wurde schon bald beschlossen, den Schacht 1 bis zur 9. Sohle zu vertiefen. Im Zuge der Umstrukturierung des Ruhrbergbaus sollte HUGO 1970 ein letztes Mal den Besitzer wechseln und wurde nun der *Bergbau AG Gelsenkirchen* und dementsprechend der RAG einverleibt. Dies brachte eine weitere Neugestaltung mit sich, denn keine Fusion ohne neue Förderziele: Zusammen mit der Gladbecker Zeche GRAF MOLTKE sollte eine Förderung von bis zu 14.000 Tagestonnen erbracht werden. Konsequent wurde immer weiter in modernste Abbaugeräte investiert und expandiert – noch in den 1970er Jahren wurden weitere neue Kohlenbunker angeschafft und im Flöz B der erste Schildausbau betrieben. Die fortlaufenden Modernisierungen machten auch vor dem Fördergerüst von Schacht 2 nicht halt, das erneuert wurde; der neu angelegte Schacht 9 wiederum wurde binnen zweier Jahre bis auf 930,8 Meter abgeteuft.

Die Modernisierung schritt unaufhaltsam voran. Grubenpferde waren da schon lange nicht mehr gefragt. Von Beginn an war es ein ungleiches

Abb. 136: *Gedenkstätte für »Alex«, das letzte Grubenpferd der Zeche Hugo, 2013*

Die Zeche Hugo | 261

Duell, das die Pferde nie haben für sich entscheiden können. Entsprechend wenig wurde ihrer gedacht: Es bedurfte mehr als drei Jahrzehnte und des Engagements des einstigen Fahrdienstleiters am alten Schrankenwärterhäuschen, Alfred Konter, um wenigstens Hugos letztem Grubenpferd »Alex« ein Denkmal zu errichten. Ein Denkmal für die letzten echten Pferdestärken unter Tage.

»Effizienz durch Innovation«
→ S. 73

Er stand nur da auf seinen harten Beinen,
und ließ sich von der Sommersonne warm bescheinen.

Thomas Ahmann studiert Geschichte und Sport im zweiten Bachelorsemester an der WWU Münster.

Von »Pütt Elend« zum Herkules.
Die Zeche Nordstern
» *Stephanie Klages*

1857	Abteufen des Schachtes Blücher
1866	Zusammenführung der Felder Horst und Blücher zu Nordstern
1868	Förderbeginn
1925	Zwischenzeitliche Stilllegung wegen Absatzeinbrüchen
1950	Höchste Belegschaft mit 4.522 Beschäftigten
1981	Höchste Fördermenge mit 1.939.502 t
1983	Verbund zu Nordstern/Zollverein mit einer Gesamtförderung von 3.173.297 t
1988	Verbund zu Consolidation/Nordstern
1989	Entscheidung für die Bundesgartenschau 1997 auf dem Nordsterngelände
1993	Stilllegung
1997	Eröffnung der Bundesgartenschau (BUGA)

Aus Zeche wird Park. »Existenz von Nordstern bis 2020 gesichert«,[1] tönte es noch 1982 in den *Ruhr Nachrichten*. Im Nachhinein erscheint dies als eine ebenso gewagte wie blauäugige Äußerung, war doch schon fünf Jahre später klar, dass die Förderung bald eingestellt werden würde. Ein Funken Wahrheit ist aber dennoch in dieser Nachricht zu finden, wenngleich sich die Zukunft der Zeche auch anders als damals erwartet gestaltete: Denn bereits 1988 wurde die *Internationale Bauausstellung Emscher Park* (IBA) beschlossen. Durch sie sollten innerhalb von nur zehn Jahren unter anderem die zahlreichen brach liegenden Industrieanlagen entlang der Emscher, dem sogenannten »Hinterhof« des Ruhrgebiets, neu und vor allem nachhaltig gestaltet werden. Die Zielsetzungen waren hoch, insbesondere angesichts einer durchaus skeptischen Bevölkerung. Der Strukturwandel im industriellen Bereich, durch den viele ihre Arbeit verloren hatten, bereitete den meisten weitaus größere Sorgen.

Das Vorhaben, einen derartig großen Raum strukturell in jeglicher Sicht umzugestalten, war etwas vollkommen Neuartiges. Die jahrzehn-

Ab. 137:
Einfahrt zu Schacht 1/2 der Zeche Nordstern, 1960er Jahre

telang als Abwasserkanal genutzte Emscher, die zu einer Kloake verkommen war, sollte wieder in ein ökologisches Flusssystem verwandelt, an ihr entlang ein Landschaftspark und Naherholungsgebiet entstehen. So sollte die Lebensqualität der ansässigen Bevölkerung deutlich verbessert werden. Es galt, den Emscherraum – bis dahin monostrukturell durch die Montanindustrie geprägt – für andere Wirtschaftszweige, vorrangig den Dienstleistungssektor, attraktiver zu gestalten. Damit einher ging auch die Hoffnung, mit der IBA den Grundstein für die weitere Entwicklung der Region zu legen.

Eines der Leitprojekte war die 1997 auf dem Gelände der Zeche NORDSTERN in Gelsenkirchen-Horst veranstaltete Bundesgartenschau (BUGA). 1857 wurden hier, damals noch unter der Bezeichnung Blücher I, in unmittelbarer Emschernähe die ersten Abteufarbeiten unternommen. Aufgrund der schwierigen örtlichen Gegebenheiten – Wasserzuflüsse und Fließsand behinderten das Abteufen wiederholt – wurde mit der eigentlichen Kohleförderung erst elf Jahre später begonnen. Der geographischen Lage entsprechend – es handelte sich zu diesem Zeitpunkt um die nördlichste Zeche im Ruhrrevier – erhielt sie nach einem erfolgten Wechsel der Zechengesellschaft einen neuen Namen: »Nordstern«. Im Volksmund hieß das Bergwerk jedoch lange »Pütt Elend«, da dort in den

Abb. 138:
Steiger und Bergleute der 8. Sohle, Schachtanlage Nordstern 1/2, zu Beginn des Abbaus, 1897

Anfangsjahren ausgesprochen harte Abbau- und Arbeitsbedingungen herrschten. Auf dem Gelände dieser Zeche, auf der 1993 der letzte Förderwagen zu Tage gebracht wurde, wurde nun ein circa 160 Hektar großer Park geplant, von dem allein 110 Hektar für die BUGA genutzt werden sollten. Doch die Voraussetzungen dafür waren nicht unbedingt günstig. Vor umfangreichen Sanierungsarbeiten war an einen Park gar nicht zu denken. Wie bei jeder Zeche war das Gelände stark durch Altlasten beansprucht. Diese im Bergbau, aber auch in der Stahlindustrie angefallenen Abfallstoffe waren zuvor nicht ordnungsgemäß entsorgt worden und kontaminieren teils noch heute die Böden. Zwar können durch aufwändige Verfahren Böden wieder von diesen Altlasten befreit werden, eine Rückgewinnung der ursprünglichen Flora und Fauna ist allerdings nicht mehr möglich.

Im November 1995 war es aber auch in Horst soweit: »Wir gehen davon aus, daß nach derzeitigem Kenntnisstand, nach menschlichem Ermessen und dem Stand der Technik, von dem Gelände keine Gefahren mehr für Menschen und Umwelt, weder für Boden, Wasser noch Luft ausgehen«,[2] verkündete der Präsident des Landesoberbergamtes, Dr. Hil-

Abb. 139: Zentralkokerei der Zeche Nordstern am Rhein-Herne-Kanal, 1955

mar Fornelli. Erst jetzt konnte mit der eigentlichen Umgestaltung begonnen werden. Über einen bundesweit ausgeschriebenen Ideenwettbewerb wurde das Konzept der Landschaftsarchitekten *Pridik und Partner* gemeinsam mit den Architekten *PASD Feldmeier und Wrede* ausgewählt. Besonders wichtig war es den Veranstaltern, die vorhandene Architektur kunstvoll in die neue Parklandschaft einzubeziehen, vor allem den alles henden Gebäude, also den Wagenumlauf, die Sieberei und die Doppelschachtanlage 1/2. Wie so oft wäre ein kompletter Abriss beziehungsweise Neubau kostengünstiger gewesen als der Erhalt der bestehenden Anlagen. Um dies zu verhindern, bezuschussten Stadt und Land das Vorhaben der THS, das verbleibende Ensemble in einen Bürokomplex umzubauen. Dennoch blieb kaum mehr als das Stahlstrebengerüst der Fördertürme erhalten. Die Fassaden wurden herausgerissen und neu eingepasst, allerdings zumindest im alten Stil. Auch wenn dieser Umbau nicht von allen als gelungen aufgefasst wurde, so konnte auf diese Weise doch ein Teil der ehemaligen Zeche NORDSTERN erhalten werden, der für das Stadtbild und die Geschichte von Gelsenkirchen-Horst von großer Bedeutung ist. Solche Orte fördern das Geschichtsbewusstsein der Ansässigen und stiften regionale Identitäten. Dies ist insbesondere für eine Region von Bedeutung, die in ihrer Geschichte von ihrer Bevölkerung nicht immer positiv wahrgenommen wurde. Wichtiger noch ist aber die neue wirtschaftliche Bedeutung, die sich durch die Ansiedlung von Dienstleistungsbetrieben für den Standort Horst ergeben hat. Gab NORDSTERN im Verbund mit CONSOLIDATION Mitte der 1980er Jahre noch etwa 6.500 Menschen Arbeit, schafften die THS, andere Dienstleister und neue handwerkliche Betriebe immerhin rund 1.100 neue Arbeitsplätze.

Ursprünglich war auch der Bau von Wohnungen im 98 Meter langen Kesselhaus geplant. Schon vor Beginn der IBA war dies ein erklärtes Ziel, das bei deren Auftaktveranstaltung 1988 unter anderem durch Walter Siebel postuliert wurde, einem Soziologen und Experten für Stadtforschung an der Universität Oldenburg:

> »[...] die Internationale Bauausstellung soll eine Werkstatt sein, in der Lösungen entwickelt werden für die Zukunft alter Industriegebiete. Dabei kann es nicht nur um wirtschaftliche und ökologische Probleme gehen. Die Zukunft alter Industriegebiete wird sich auch daran entscheiden, ob es gelingt, für das ganz alltägliche Leben der Menschen außerhalb des Berufs, also im Bereich von Wohnen und Freizeit, zukunftsträchtig attraktive und sinnvolle Möglichkeiten zu eröffnen.«[4]

Für die einst 1920 gegründete *Treuhandgesellschaft für Bergmannswohnstätten*, die schon damals dem bestehenden Wohnungsmangel für Bergleute nach dem Ersten Weltkrieg entgegenwirken sollte, schien dies eine passende Aufgabe zu sein. Allerdings auch keine leicht zu realisierende. Und so sollte sich zeigen, dass nicht alle Zielsetzungen der IBA auf NORDSTERN zu verwirklichen waren. Schließlich sollte das Kesselhaus entkernt

Abb. 142:
Der Herkules im Gewerbepark Nordstern, 2012

und nur die denkmalgeschützte Stahlfachwerkkonstruktion erhalten bleiben.

Die Umgestaltung der Zechengebäude sollte aber auch mit der Einrichtung des Gewerbeparks noch nicht zu Ende sein: Zum Auftakt des Rahmenprogramms der Europäischen Kulturhauptstadt RUHR.2010 wurde der Förderturm 2 mit einer Stahlfachwerk-Glas-Konstruktion um fünf Etagen aufgestockt, wodurch er eine Gesamthöhe von mehr als 80 Metern erreichte. Die neu gewonnene Fläche wird einerseits für Kunstausstellungen genutzt, andererseits wurde so Raum für weitere Büros privater Dienstleistungsunternehmen geschaffen. Auf dem Turm thront außerdem eine extra für diesen Anlass durch den Künstler Markus Lüpertz gefertigte 18 Meter hohe Monumentalstatue. Der »Herkules von Gelsenkirchen« soll »von den großen Aufgaben des Strukturwandels« künden,[5] wird allerdings von der Bevölkerung mit gemischten Gefühlen betrachtet. Seit Oktober 2012 ist nun auch die Panoramadachterasse für Besucher geöffnet, die fortan gemeinsam mit Herkules den Ausblick über das Revier genießen können. Im Übrigen krönt der Herkules mittlerweile nicht mehr die THS, hatte sich diese doch Anfang 2012 mit einem wei-

Abb. 143:
Bau des Gasometers der Kokerei Nordstern am Rhein-Herne-Kanal, 1938

teren Immobilienunternehmen zusammengeschlossen und ist heute unter dem Namen *VivaWest* das drittgrößte Immobilienunternehmen Deutschlands. Ihr Hauptsitz ist weiterhin die ehemalige Zeche NORDSTERN.

Aus Architektur wird Denkmal. Nicht jedes aufgegebene Industriegelände kann erhalten werden. Dass die Architektur der Zeche NORDSTERN für erhaltenswert erachtet wurde, kam allerdings nicht von ungefähr. Ein Grund waren ihre Architekten: Fritz Schupp (1896–1974) und Martin Kremmer (1894–1945). Wer auch immer sich mit Industriearchitektur beschäftigt, kommt an diesen beiden Namen nicht vorbei. Schließlich sind ihre Hinterlassenschaften im Ruhrgebiet auch heute noch maßgebend für dessen Erscheinungsbild. Das berühmteste Werk ist die 1927 von ihnen geplante Schachtanlage 12 der Zeche ZOLLVEREIN in Essen, die 2001 zum UNESCO Weltkulturerbe ernannt wurde. NORDSTERN gilt als deren ›kleine Schwester‹.

Ihre Gestaltung hat die Zeche aber auch ihrem 1913 ernannten Bergwerksdirektor Friedrich Schulze Buxloh zu verdanken, der unverzüglich nach Amtsantritt mit der Erweiterung der Anlage begann – und das mit großen Ambitionen: »Sein dringender Wunsch ist, dass das Bau-

Zechenportrait
»Alma«
→ S.109

Abb. 144: (rechte Seite) *Nordstern 1/2 während der Bundesgartenschau, 1997*

werk [die Kohlewäsche, S. K.] nicht nur zweckentsprechend ist, sondern auch eine den Gesetzen der Baukunst entsprechende Linienführung aufweist.«[6] Unter ihm wurde bis Mitte der 1920er Jahre ein Großteil der Anlage erneuert und modernisiert. Aufgrund der dafür getätigten enormen Investitionen stieß die 1925 in Folge von Umsatzeinbrüchen erfolgte zwischenzeitliche Stilllegung der gesamten Zeche bei der Belegschaft auf besonderes Unverständnis. Eine Situation, die sich in den 1980er Jahren vor der endgültigen Schließung wiederholen sollte, als die *Ruhrkohle AG* noch kurz zuvor vollmundig versprach, rund 300 Millionen DM zu investieren.

Schulze Buxloh war es auch, der den jungen Fritz Schupp für die Zeche NORDSTERN engagierte. Dieser war im Ruhrgebiet aufgewachsen und hatte just 1918 sein Studium der Architektur beendet, in dessen Verlauf er in Karlsruhe auch seinen späteren Geschäftspartner Martin Kremmer kennenlernte. Ihr gemeinsames Schaffen begannen sie ab 1922 mit je einem Architekturbüro in Berlin und Essen. Zu Beginn ihrer Laufbahn hielten sie sich noch weitgehend an die traditionelle Massivbauweise im Industriebereich, von der sie sich aber bald abwandten. Schon Ende des 19. Jahrhunderts hatte sich in der Industriearchitektur eine funktionale Bauweise etabliert, die zugleich aber auch repräsentative Ansprüche erfüllte. Das Augenmerk lag auf einer Komposition, die von kubischen Formen und geometrischen Schemata geleitet war. Lange Alleen führten auf die symmetrisch angelegten Gebäudekomplexe zu. Doppelschachtanlagen wie NORDSTERN 1/2 und 3/4, die in dieser Zeit die Regel waren, verdeutlichten dies aufgrund ihrer herausragenden Größe meist besonders. Die massiven Gebäude brachten aber auch ihre Nachteile mit sich: Standen sie erst einmal, waren sie an diesen Ort gebunden. Den Ansprüchen des sich ständig vor allem technologisch entwickelnden Bergbaus genügte dies bald nicht mehr. Mehr Flexibilität war gefordert: Schupp und Kremmer ergriffen die Gunst der Stunde und wurden im Ruhrgebiet zu Pionieren der Stahlfachwerkkonstruktion. Anfangs führten sie noch Mischformen wie die Zentralkokerei NORDSTERN aus, widmeten sich später, inspiriert durch den Rationalisierungsgedanken, jedoch komplett dem Stahlfachwerk, das in seiner Vollendung in der Schachtanlage ZOLLVEREIN 12 zu finden ist.

Während des Zweiten Weltkrieges wurde auch NORDSTERN – wie viele andere Industrieanlagen – weitgehend zerstört. Die Doppelschachtanlage 1/2 musste bereits 1944 die Förderung einstellen, 3/4 ein Jahr später. 1951 indes sollte die Zechenanlage in Horst nach dem Vorbild ihrer ›großen Schwester‹ in Essen von Schupp wieder aufgebaut werden – Kremmer war gegen Ende des Krieges in Berlin ums Leben gekommen.

Zechenportrait »Scholven« → S. 165

Stephanie Klages

Die Zeche Nordstern

Das berühmteste Beispiel auf NORDSTERN ist immer noch der aus einem vollwandigen Strebengerüst errichtete Förderturm über Schacht 2. Doch schon zu Beginn ihrer Zusammenarbeit in den 1920er Jahren war beiden Architekten klar, dass an ein und demselben Standort nicht ewig Kohle gefördert werden könne. Daher sollte die flexible Bauart der Gebäude ein leichtes Entfernen oder gar eine Umsetzung ermöglichen, sobald die Laufzeit an einem Standort beendet war. Sie waren demnach ganz bewusst nicht für die Ewigkeit konzipiert. Das Erbe des Industriezeitalters zu erhalten und umzuwidmen, wird dadurch nicht eben erleichtert. Wie NORDSTERNS Karriere vom »Pütt Elend« zum Landschafts- und Gewerbepark jedoch zeigt: Den Versuch ist es dennoch immer wieder wert.

Stephanie Klages studiert Geschichte im zweiten Mastersemester an der WWU Münster.

Anhang

Weiterführende Literatur

Abelshauser, Werner: Der Ruhrkohlenbergbau seit 1945. Wiederaufbau, Krise, Anpassung. München 1984.

Bogumil, Jörg/Heinze, Rolf G./Lehner, Franz/Strohmeier, Klaus Peter: Viel erreicht – wenig gewonnen. Ein realistischer Blick auf das Ruhrgebiet. Essen 2012.

Bonn, Roland/Krüger-Charlé, Michael (Hg.): Glück auf, Kameraden. Durch Nacht zum Licht. 100 Jahre Bergarbeitergewerkschaften in Deutschland (Katalog zur Jubiläumsausstellung der IG Bergbau und Energie im Westfälischen Industriemuseum. Zeche Zollern II/IV Dortmund-Bövinghausen. 1. Juni–31. Oktober 1989). Bochum 1989.

Brüggemeier, Franz Josef: Leben vor Ort. Ruhrbergleute und Ruhrbergbau 1889–1919. München 1983.

Brüggemeier, Franz. J./Niethammer, Lutz: »Schlafgänger, Schnapskasinos und schwerindustrielle Kolonie. Aspekte der Arbeiterwohnungsfrage im Ruhrgebiet vor dem Ersten Weltkrieg«, in: *Langewiesche, Dieter/Schönhoven, Klaus (Hg.)*: Arbeiter in Deutschland. Studien zur Lebensweise der Arbeiterschaft im Zeitalter der Industrialisierung. Paderborn 1981, S. 139–172.

Burghardt, Uwe: Die Mechanisierung des Ruhrbergbaus 1890–1930. München 1995.

Farrenkopf, Michael: Mythos Kohle. Der Ruhrbergbau in historischen Fotografien aus dem Bergbau-Archiv Bochum. Münster 2009.

Farrenkopf, Michael: Glück auf! Ruhrgebiet. Der Steinkohlenbergbau nach 1945. Bochum 2009.

Goch, Stefan/Kneppe, Cornelia (Bearb.): Westfälischer Städteatlas. Lieferung X, Nr. 3: Gelsenkirchen, hrsg. v. *Cornelia Kneppe u. Mechthild Siekmann*, Altenbeken 2008.

Goch, Stefan: Eine Region im Kampf mit dem Strukturwandel. Bewältigung von Strukturwandel und Strukturpolitik im Ruhrgebiet. Essen 2002.

Goch, Stefan/Heidemann, Lutz (Hg.): 100 Jahre Bismarck. Ein Stadtteil »mit besonderem Erneuerungsbedarf«. Essen 2001.

Golombek, Jana/Osses, Dieter (Hg.): Schichtwechsel. Von der Kohlekrise zum Strukturwandel. Katalog zur Ausstellung des LWL-Industriemuseum Zeche Hannover in Bochum, 3.7.–30.10.2011. Essen 2011.

Hartewig, Karin: Das unberechenbare Jahrzehnt. Bergarbeiter und ihre Familien im Ruhrgebiet 1914–1924. München 1993.

Herbert, Ulrich: »Zur Entwicklung der Ruhrarbeiterschaft 1930 bis 1960 aus erfahrungsgeschichtlicher Perspektive«, in: *Niethammer, Lutz/von Plato,*

Alexander (Hg.): »Wir kriegen jetzt andere Zeiten«. Auf der Suche nach der Erfahrung des Volkes in nachfaschistischen Ländern. Berlin/Bonn 1985, S. 19–52.

Hermann, Wilhelm und Gertrude: Die alten Zechen an der Ruhr. Vergangenheit und Zukunft einer Schlüsseltechnologie. Mit einem Katalog der »Lebensgeschichten« von 477 Zechen. Königstein im Taunus 2008.

Huske, Joachim: Die Steinkohlezechen im Ruhrrevier. Daten und Fakten von den Anfängen bis 2005. 3. überarb. und erw. Aufl. Bochum 2006.

Kift, Dagmar (Hg.): Aufbau West. Neubeginn zwischen Vertreibung und Wirtschaftswunder (Ausstellungskatalog, Westfälisches Industriemuseum, Zeche Zollern II/IV in Dortmund, 18.9.2005–26.3.2006). Essen 2005.

Köllmann, Wolfgang/Korte, Hermann/Petzina, Dietmar/Weber, Wolfhard (Hg.): Das Ruhrgebiet im Industriezeitalter. Geschichte und Entwicklung. 2 Bde., Düsseldorf 1990.

Kroker, Evelyn: Grubenunglücke im deutschsprachigen Raum. Katalog der Bergwerke, Opfer, Ursachen und Quellen. 2. überarb. und erw. Aufl. Bochum 1999.

Kroker, Evelyn: Frauen und Bergbau. Zeugnisse aus fünf Jahrhunderten. Bochum 1989.

Lauschke, Karl: Schwarze Fahnen an der Ruhr. Die Politik der IG Bergbau und Energie während der Kohlekrise 1958–1966. Marburg 1984.

Mommsen, Hans/Borsdorf, Ulrich (Hg.): Glück auf, Kameraden! Die Bergarbeiter und ihre Organisationen in Deutschland. Köln 1979.

Nonn, Christoph: Die Ruhrbergbaukrise. Entindustrialisierung und Politik. Göttingen 2001.

Peukert, Detlev J. K.: »Industrialisierung des Bewußtseins? Arbeitserfahrungen von Ruhrbergleuten im 20. Jahrhundert«, in: *Tenfelde, Klaus (Hg.):* Arbeit und Arbeitserfahrung in der Geschichte. Göttingen 1986, S. 92–119.

Piorr, Ralf (Hg.): Vor Ort: Geschichte und Bedeutung des Bergbaus in Herne und Wanne-Eickel. Herne 2010.

Schmitz, Cäcilia: Bergbau und Verstädterung im Ruhrgebiet. Die Rolle der Bergwerksunternehmen in der Industrialisierung am Beispiel Gelsenkirchen. Bochum 1987.

Stremmel, Ralf: »Geschichtslandschaft Ruhrgebiet. Versuch eines Überblicks«, in: Jahrbuch für Regionalgeschichte, Bd. 24 (2006), S. 15–48.

Tenfelde, Klaus: Sozialgeschichte der Bergarbeiterschaft an der Ruhr im 19. Jahrhundert. Bonn 1981.

Tenfelde, Klaus (Hg.): Sozialgeschichte des Bergbaus im 19. und 20. Jahrhundert: Beiträge des Internationalen Kongresses zur Bergbaugeschichte Bochum, Bundesrepublik Deutschland, 3.–7. September 1989. München 1992.

Tenfelde, Klaus: »Bergbau und Stadtentwicklung im Ruhrgebiet im 19. und 20. Jahrhundert«, in: *Kaufhold, Karl Heinrich/Reininghaus, Wilfried (Hg.):* Stadt und Bergbau. Köln/Weimar/Wien 2004, S. 117–134.
Tenfelde, Klaus/Urban, Thomas (Hg.): Das Ruhrgebiet. Ein historisches Lesebuch. 2 Bde., Essen 2010.
Trischler, Helmuth: »Partielle Modernisierung. Die betrieblichen Sozialbeziehungen im Ruhrbergbau zwischen Grubenmilitarismus und Human Relations«, in: *Frese, Matthias/Prinz, Michael (Hg.):* Politische Zäsuren und gesellschaftlicher Wandel im 20. Jahrhundert. Regionale und vergleichende Perspektiven. Paderborn 1996, S. 145–171.
Trischler, Helmuth: Steiger im deutschen Bergbau. Zur Sozialgeschichte der technischen Angestellten 1815–1945. München 1988.
Unverferth, Gabriele/Kroker, Evelyn: Der Arbeitsplatz des Bergmanns in historischen Bildern und Dokumenten. 3. überarb. Aufl. Bochum 1990.
Wisotzky, Klaus: Der Ruhrbergbau im Dritten Reich. Studien zur Sozialpolitik im Ruhrbergbau und zum sozialen Verhalten der Bergleute in den Jahren 1933 bis 1939. Düsseldorf 1983.

Weiterführende Literatur zu »Stadtlandschaft«

Brüggemeier, Franz-Josef: Blauer Himmel über der Ruhr. Geschichte der Umwelt im Ruhrgebiet 1840–1990. Essen 1992.
Vonde, Detlef: Revier der großen Dörfer. Industrialisierung und Stadtentwicklung im Ruhrgebiet. Essen 1989.
Busch, Wilhelm (Hg.): Symmetrie und Symbol – die Industriearchitektur von Fritz Schupp und Martin Kremmer. Köln 2002.
Kastorff-Viehmann, Renate (Hg.): Die grüne Stadt. Essen 1992.

Weiterführende Literatur zu »Zeche Hibernia«

Bleidick, Dietmar: Die Hibernia Affäre – Der Streit um den preußischen Staatsbergbau im Ruhrgebiet zu Beginn des 20. Jahrhunderts. Bochum 1999.
Cordes, Gerhard: Zechenstilllegungen im Ruhrgebiet (1900–1968). Die Folgenutzung auf ehemaligen Bergbau-Betriebsflächen. Essen 1972.
Köpping, Walter (Hg.): Lebensberichte deutscher Bergarbeiter. Oberhausen 1984.
Nachruf für Josef Patterson in der Gelsenkirchener Allgemeinen Zeitung, am 7.4.1940.

Weiterführende Literatur zu »Zeche Rheinelbe«

Bachmeister, Walter: Emil Kirdorf. Der Mann – Sein Werk. 2. Aufl. Essen 1936.

Böhme, Helmut: »Emil Kirdorf. Überlegungen zu einer Unternehmerbiographie. Erster Teil«, in: Tradition. Zeitschrift für Firmengeschichte und Unternehmerbiographie 13 (1968), H. 6, S. 282–300.

Böhme, Helmut: »Emil Kirdorf. Überlegungen zu einer Unternehmerbiographie. Zweiter Teil«, in: Tradition. Zeitschrift für Firmengeschichte und Unternehmerbiographie 14 (1969), H. 1, S. 21–48.

Freundt, F. A.: Kapital und Arbeit. Berlin 1926 [Neudruck d. Festschrift d. Gelsenkirchener Bergwerks-A. G. für Emil Kirdorf zum 80. Geburtstage am 8.4.1926].

Heimatbund Gelsenkirchen (Hg.): Gelsenkirchen. Kleine Chronik einer großen Stadt. Gelsenkirchen 1965.

Kirdorf, Emil: Rede in den Verhandlungen des Vereins für Sozialpolitik am 27.9.1905 in Mannheim. Mannheim 1905.

Muthesius, Volkmar: Ruhrkohle 1893–1943. Aus der Geschichte des Rheinisch-Westfälischen Kohlen-Syndikats. Essen 1943.

Pinner, Felix: Deutsche Wirtschaftsführer. Berlin-Charlottenburg 1925.

Przigoda, Stefan: Unternehmensverbände im Ruhrbergbau. Zur Geschichte von Bergbau-Verein und Zechenverband 1858–1933. Bochum 2002.

Reckendrees, Alfred: Das »Stahltrust«-Projekt. Die Gründung der Vereinigte Stahlwerke A. G. und ihre Unternehmensentwicklung 1926–1933/34. München 2000.

Schäfer, Markus: Staatliches Vorgehen gegen Arbeiterbewegungen und -organisationen im westlichen Ruhrgebiet zwischen Revolution und Sozialistengesetz (1850–1878). Trier 2006.

Turner, Henry Ashby: Die Großunternehmer und der Aufstieg Hitlers. Berlin 1985.

Weiterführende Literatur zu »Zeche Holland«

Figes, Orlando: Krimkrieg. Der letzte Kreuzzug. Berlin 2011.

»Geschichte der Zechen Nordstern und Holland«, in: Geschichtliche Entwicklung und gegenwärtiger Stand des Phoenix – Aktiengesellschaft für Bergbau und Hüttenvertrieb in Hoerde. Denkschrift zum 60jährigen Bestehen des Unternehmens im Jahre 1912. Hörde 1912.

»Gründungskapital kam aus Holland«, in: Buersche Zeitung, 12.2.2003.

»Stiftung Geschichtskultur könnte die Türme übernehmen«, in: WAZ, 6.2.2001.

»Wohnen in der ehemaligen Zechen-Ruine: Luxus-Loft, Bauhaus, Ückendorfer Barock«, in: WAZ, 29.5.2004.

»Zeche Holland 1/2«, in: Route Industriekultur, Westfälische Bergbauroute, online abrufbar unter http://www.route-industriekultur.de/index.php?id=12262 [1.9.2013].

Weiterführende Literatur zu »Effizienz durch Innovation«

Beyling, Carl/Schultze-Rhonhof, Herbert: Die Versuchsgrube (= Berichte der Versuchsgrubengesellschaft, Heft 1). Gelsenkirchen 1929.

Bojanowski, Axel: »Feuer unter der Erde«, in: Süddeutsche Zeitung, 17.5.2010, online abrufbar unter http://www.sueddeutsche.de/wissen/brennende-kohlefloeze-feuer-unter-der-erde-1.291416 [1.2.2013].

Burghardt, Uwe: Die Mechanisierung des Ruhrbergbaus 1890–1930. München 1995.

Fasse, Markus: »Deutsche Bergbautechnik findet neue Märkte«, in: Handelsblatt, 26.4.2007, online abrufbar unter http://www.handelsblatt.com/unternehmen/industrie/foerdernde-deutsche-bergbautechnik-findet-neue maerkte/2800388.html [1.2.2013].

Festvortrag des Staatssekretärs im Ministerium für Innovation, Wissenschaft, Forschung und Technologie des Landes NRW Michael Stückradt zur Verleihung des »Forschungspreises der Ruhrkohle AG« 2005, teilweise online abrufbar unter: http://www.rag-deutsche-steinkohle.de/index.php?siteID=651&newsID=662 [11.1.2013].

Kleinschmidt, Christian: Rationalisierung als Unternehmensstrategie. Die Eisen- und Stahlindustrie des Ruhrgebiets zwischen Jahrhundertwende und Weltwirtschaftskrise. Essen 1993.

Kolonko, Petra: »Schmutzige Blüte«, in: Frankfurter Allgemeine Zeitung, 13.10.2004, online abrufbar unter http://www.faz.net/aktuell/gesellschaft/umwelt/kohleindustrie-schmutzige-bluete-1193001.html [1.2.2013].

»Kumpel Antons Ende«, in: Der Spiegel (1967), Nr. 16, S. 73–84.

Meinert, Georg: »Don Alfredo am Ziel«, 17.06.2008, online abrufbar unter http://www.derwesten.de/staedte/gelsenkirchen-buer/don-alfredo-am-ziel-id1005352.html [8.4.2013].

Meinert, Georg: »Panoramablick aufs Häuschen«, 11.11.2010, online abrufbar unter http://www.derwesten.de/staedte/gelsenkirchen-buer/panoramablick-aufs-haeuschen-id3930646.html [8.4.2013]

Menne, Holger: Zwangsarbeit im Ruhrbergbau während des Zweiten Weltkrieges. Spezialinventar der Quellen in nordrhein-westfälischen Archiven. Bochum 2004.

Przigoda, Stefan: »Technik- und wirtschaftshistorische Forschungen zur Geschichte des Ruhrbergbaus. Perspektiven, Themen, Fragen«, in: *Rasch, Manfred (Hg.):* Technikgeschichte im Ruhrgebiet. Technikgeschichte für das Ruhrgebiet. Festschrift für Wolfhard Weber zum 65. Geburtstag. Essen 2004, S. 477–490.

Rasch, Manfred (Hg.): Technikgeschichte im Ruhrgebiet. Technikgeschichte für das Ruhrgebiet. Festschrift für Wolfhard Weber zum 65. Geburtstag. Essen 2004.

Ruhrkohle. Sonderausgabe der Werkszeitschrift, 27.11.1988.

Tschirbs, Rudolf: Tarifpolitik im Ruhrbergbau 1918–1933. Berlin 1986.

Weiterführende Literatur zu »Zeche Wilhelmina Victoria«

Geschichtskreis Wilhelmine-Victoria (Hg.): Das KAUE-Projekt »Geschichte vor Ort«. Der Geschichtskreis Wilhelmine-Victoria/Gelsenkirchen-Heßler und das Projekt zwischen Vergangenheit und Zukunft (Dokumentation der Arbeit und ihrer Ergebnisse 1986–1991). Gelsenkirchen o. J.

Hauser, Heinrich: Schwarzes Revier [Erscheint als Begleitbuch zur gleichnamigen Ausstellung, 27.9.2010 bis 16.2.2011 im RuhrMuseum, Zeche Zollverein Essen]. Bonn 2011 [Berlin 1930].

Heimatbund Gelsenkirchen (Hg.): Gelsenkirchen. Kleine Chronik einer großen Stadt. Gelsenkirchen 1965.

Jugendgemeinschaft Ruhr e.V. (Hg.): Kaue. Hausblatt in der Zeche Wilhelmine Victoria. Gelsenkirchen 1983–1986.

Weiterführende Literatur zu »Zeche Alma«

Arbeit und Lernen (DGB/VHS) in Kooperation mit dem Stadtteilbüro Südost und der Agenda 21 (Hg.): Der Schalker Verein. Arbeit und Leben in Bulmke-Hüllen. Gelsenkrichen 2008.

Die Steinkohlenbergwerke der Vereinigten Stahlwerke AG (Hg.): Die Schachtanlage Alma und Rheinelbe in Gelsenkirchen. Essen 1930.

Kania, Hans: »Die Anfänge der Bergbauarchitektur von Fritz Schupp und Martin Kremmer«, in: *Wilhelm Busch/Thorsten Scheer (Hg.):* Symmetrie und Symbol. Die Industriearchitektur von Fritz Schupp und Martin Kremmer. Köln 2002, S. 43–54.

Weiterführende Literatur zu »Zeche Ewald«

Rose, H. Peter: »Gemeinsame Interessen und solidarisches Handeln. Gelsenkirchener Sozialdemokraten und der Bergarbeiterstreik von 1889«, in: *Verein für Geschichte der Arbeiterbewegung in Gelsenkirchen e. V. (Hg.):* Der große Bergarbeiterstreik von 1889, Analysen und Dokumente zu den Ereignissen in Gelsenkirchen. Gelsenkirchen 1989, S. 2–13.

Goch, Stefan: »Vom mittelalterlichen zum kapitalistischen Bergbau. Zu den Ursachen des großen Bergarbeiterstreiks von 1889«, in: *Verein für Geschichte der Arbeiterbewegung in Gelsenkirchen e. V. (Hg.):* Der große

Bergarbeiterstreik von 1889, Analysen und Dokumente zu den Ereignissen in Gelsenkirchen. Gelsenkirchen 1989, S. 58–69.

Köpping, Walter (Hg.): Lebensberichte deutscher Bergarbeiter. Oberhausen 1984.

Geschichtskreis »Zeche Ewald« (Hg.): Beiträge zur Geschichte des Steinkohlebergwerks Ewald in Herten – Teil 1: 1871–1900. Herten 1989.

Geschichtskreis »Zeche Ewald« (Hg.): Beiträge zur Geschichte des Steinkohlebergwerks Ewald in Herten – Teil 2: 1900–1914. Herten 1990.

Geschichtskreis »Zeche Ewald« (Hg.): Der Bergarbeiterstreik 1889. DER '89 STREIK IN HERTEN auf dem Hintergrund der zeitgeschichtlichen Ereignisse. Herten 1987.

Weiterführende Literatur zu »Die Frauen der Bergarbeiter«

Borsdorf, Ulrich: Unterage – Übertage. Bergarbeiterleben heute. München 1985.

Brüggemeier, Franz Josef: »Volle Kost voll. Die Wohnungsverhältnisse der Bergleute an der Ruhr um die Jahrhundertwende«, in: *Mommsen, Hans/ Borsdorf, Ulrich (Hg.)*: Glück auf, Kameraden! Die Bergarbeiter und ihre Organisationen in Deutschland. Köln 1979, S. 151–173.

Brüggemeier, Franz Josef/Niethammer, Lutz: »Schlafgänger, Schnapskasinos und schwerindustrielle Kolonie. Aspekte der Arbeiterwohnungsfrage im Ruhrgebiet vor dem Ersten Weltkrieg«, in: *Langewiesche, Dieter/Schönhoven, Klaus (Hg.)*: Arbeiter in Deutschland. Studien zur Lebensweise der Arbeiterschaft im Zeitalter der Industrialisierung. Paderborn 1981, S. 139–172.

Hardetert, Peter/Löcken, Monika: 80 Jahre Bergmannsglück. Begleitmaterial und Katalog zur Ausstellung im Städtischen Museum Gelsenkirchen, 25. Mai bis 2. September 1990. Düsseldorf 1990.

de Jong, Jutta: »›Wir müssen ja auch hungern, wenn ihr arbeitet!‹ Zur Rolle der Bergarbeiterfrauen in den großen Streiks zwischen 1889 und 1912«, in: *Ditt, Karl/Kift, Dagmar (Hg.)*: 1889. Bergarbeiterstreik und wilhelminische Gesellschaft. Hagen 1989, S. 69–86.

de Jong, Jutta: »›Wir Bergarbeiterfrauen haben doch eine ganze Menge geleistet.‹ Das Projekt ›Lebenserfahrungen von Frauen in Bergarbeiterfamilien‹ und seine Perspektiven für eine gewerkschaftliche Bildungsarbeit mit Arbeiterfrauen«, in: *Derichs-Kunstmann, Karin (Hg.)*: Frauenforschung in der arbeitnehmerInnenorientierten Forschung. Anstöße zu einer längst fälligen Debatte. Recklinghausen 1990, S. 112–130.

de Jong, Jutta (Hg.): Kinder, Küche, Kohle – und viel mehr! Bergarbeiterfrauen aus drei Generationen erinnern sich. Essen 1991.

de Jong, Jutta: »Bergarbeiterfrauen – oder Die andere Arbeit für den Bergbau«, in: *Kroker, Evelyn (Hg.)*: Frauen und Bergbau. Zeugnisse aus fünf

Jahrhunderten. Ausstellung des Deutschen Bergbau-Museums Bochum vom 29. August bis 10. Dezember 1989. Bochum 1989, S. 70–75.

Jung, Yong-Sook: »Just A Housewife? Miners' Wives Between Household And Work In Postwar Germany«, in: *Gier, Jaclyn J./Mercier, Laurie (Hg.)*: Mining Women. Gender in the Development of a Global Industry, 1670 to the Present. New York 2006, S. 262–279.

Kaiser, Marianne (Hg.): Wir wollen gleiche Löhne! Dokumentation zum Kampf der 29 »Heinze«-Frauen. Hamburg 1980.

Krüger, Helga: »Berufsbildung von Mädchen als Statuspassage im Spiegel weiblicher Selbstkonzepte«, in: *Greinert, Wolf-Dietrich/Harney, Klaus/Pätzold, Günter (Hg.)*: Berufsausbildung und sozialer Wandel. 150 Jahre Preußische Allgemeine Gewerbeordnung von 1845, 5. Berufspädagogisch-historischer Kongress vom 4.–6. Oktober 1995 in Bochum, Bd. II. Bielefeld 1996, S. 91–106.

Lassotta, Arnold/Schneider, Brigitte: »Bekleidungsindustrie. Strukturwandel und Frauenarbeitsplätze«, in: *Kift, Dagmar (Hg.)*: Aufbau West. Neubeginn zwischen Vertreibung und Wirtschaftswunder. Essen 2005, S. 212–227.

Mommsen, Hans: »Soziale Kämpfe im Ruhrbergbau nach der Jahrhundertwende«, in: *Ders./Borsdorf, Ulrich (Hg.)*: Glück auf, Kameraden! Die Bergarbeiter und ihre Organisationen in Deutschland. Köln 1979, S. 249–272.

Paulus, Julia: »Frauen- und Geschlechtergeschichte in Westfalen-Lippe. Eine Einführung in die Thematik«, online abrufbar unter http://www.lwl.org/westfaelische-geschichte/portal/Internet/input_felder/langDatensatz_ebene4.php?urlID=271&url_tabelle=tab_websegmente#1 [27. April 2013].

Schiller-Mertens, Anke: Frauen vor Ort. Lebenserfahrungen von Bergarbeiterfrauen. Essen 1990.

Weiterführende Literatur zu »Zeche und Kolonie Bergmannsglück«

Fehn, Klaus: »Räumlich-strukturelle Urbanisierung in mitteleuropäischen Steinkohlenbergbaurevieren während des 19. und frühen 20. Jahrhunderts«, in: *Kaufhold, Karl H./Reininghaus, Wilfried (Hg.)*: Stadt und Bergbau. Köln 2004, S. 93–116.

Hartmann, Kristina: Deutsche Gartenstadtbewegung. Kulturpolitik und Gesellschaftsreform. München 1976.

Knopf, Gabriele: Des Bergmanns Glück? Wohnverhältnisse der Ruhrbergarbeiter vor dem Ersten Weltkrieg und die Siedlungspolitik der Zeche Bergmannsglück in Gelsenkirchen-Buer. Examensarbeit Universität Bremen 1980.

Schulz-Briesen, Max: Der preußische Staatsbergbau im Wandel der Zeiten. Bd. 2. Berlin 1933.

Hamm, Manfred/Sieferle, Rolf P.: Die antiken Stätten von Morgen. Ruinen des Industriezeitalters. Berlin 2003.

Verein für Orts- und Heimatkunde e. V. GE-Buer (Hg.): Beiträge zur Geschichte. Buer, Horst, Gelsenkirchen, Bd. 28. Gelsenkirchen 2009.

Weiterführende Literatur zu »Zeche Scholven«

Birkenfeld, Wolfgang: Der synthetische Treibstoff 1933–1945. Ein Beitrag zur nationalsozialistischen Wirtschafts- und Rüstungspolitik. Göttingen u. a. 1964.

BP Gelsenkirchen GmbH (Hg.): Die Werke Horst und Scholven. Von der Steinkohlehydrierung zur modernen Raffinerie mit integrierter Petrochemie. Gelsenkirchen 2011.

70 Jahre Produktionsanlagen im Werk Scholven. Die Geschehnisse des Werkes Scholven von den Anfängen 1929 bis zur Gegenwart, zusammengestellt in Wort und Bild von Hubert Tenbohlen. Gelsenkirchen-Buer 2000.

»Hermann Göring weilte in Buer. Auf einer Inspektionsreise durch den Westen besichtigte Generalfeldmarschall Hermann Göring gestern das Scholvener Hydrierwerk«, in: Buersche Zeitung, 21. Juli 1939.

Karlsch, Rainer/Stokes, Raymond: Faktor Öl. Die Mineralölwirtschaft in Deutschland 1859–1974. München 2003.

Mrotzek, Marlies: Das KZ-Außenlager der Gelsenberg Benzin AG. Fernwald (Annerod) 2002.

Priamus, Heinz-Jürgen: Ruinenkinder. Kindheit und Jugend im Ruhrgebiet nach dem Zweiten Weltkrieg. Essen 2005.

Schlenker, Roland: »Ihrer Arbeitskraft ist auf das schärfste anzuspannen«: Zwangsarbeiter und Zwangsarbeiterlager in Gelsenkirchen 1940–1945. Essen 2003.

»Serie Zechen in Buer. Die Kraft-Zeche«, in: WAZ, 6. Mai 2010.

Valentin, Daniel: »Kohleverflüssigung – Chancen und Grenzen«, in: Praxis der Naturwissenschaften, Jg. 58 (2009), H. 1, S. 17–19.

Weiterführende Literatur zu »Zeche Consolidation«

Borsdorf, Ulrich/Eskildsen, Ute (Hg.): Untertage – Übertage: Bergarbeiterleben heute. München 1985.

Goch, Stefan/Przigoda, Stefan: »Bergfremd(e) – Ausländer im Ruhrbergbau«, in: *Wisotzky, Klaus/Wölk, Ingrid (Hg.):* Fremd(e) im Revier!? Zuwanderung und Fremdsein im Ruhrgebiet. Essen 2010, S. 224–257.

Kleßmann, Christoph: »Polnische Bergarbeiter im Ruhrgebiet: Soziale Lage und gewerkschaftliche Organisation«, in: *Mommsen, Hans/Borsdorf,*

Ulrich (Hg.): Glück auf, Kameraden! Die Bergarbeiter und ihre Organisationen in Deutschland. Köln 1979, S. 109–130.
Kleßmann, Christoph: Polnische Bergarbeiter im Ruhrgebiet 1870–1945. Soziale Integration und nationale Subkultur einer Minderheit in der deutschen Industriegesellschaft. Göttingen 1978.
Kleßmann, Christoph: »Die polnische Parallelgesellschaft«, in: Die Zeit, 9. Dezember 2010, Nr. 50.
Leszinski, Frank: »Schalke braucht Consol, Consol braucht Schalke«, in: *Voss, Gerd u. a. (Hg.)*: 100 Schalker Jahre, 100 Schalker Geschichten. Essen 2004, S. 52–53.
Schmidt, Claudia: »›Dieses einst so verlockende Ruhrland …‹ – Migranten und Migrantenkultur der Polen und Masuren in Gelsenkirchen vor dem Ersten Weltkrieg«, in: *Goch, Stefan/Heidemann, Lutz (Hg.)*: 100 Jahre Bismarck. Ein »Stadtteil mit besonderem Erneuerungsbedarf«. Essen 2001, S. 55–65

Weiterführende Literatur zu »Tokio – Gelsenkirchen – Tokio«

»Angst vor dem Korb«, Der Spiegel 15/1980, S. 97–102.
Kataoka, Atsushi/Matthias, Regine/Meid, Pia-Tomoko/Pascha, Werner/ Shimada, Shingo (Hg.): Japanische Bergleute im Ruhrgebiet. Essen 2012.
Kōguchi, Takehiko: Waga Gelsenkirchen 1958/1961 [Unser Gelsenkirchen 1958/1961]. Glückauf-Gelsenkirchen-kai, Tokyo 1994.
Matsuda, Noriyuki: »Meine große Erinnerung an den Aufenthalt in Deutschland 1958–1961«, in: Der Förderturm 3 (1961), S. 17–19.

Weiterführende Literatur zu »Zeche Dahlbusch«

Kesten, Wilhelm: Geschichte der Bergbaugesellschaft Dahlbusch. Essen 1952.
Bergwerksgesellschaft Dahlbusch, Dahlbusch – Die Geschichte einer Ruhrzeche. Gelsenkirchen-Rotthausen 1952.
Treue, Wilhelm: Dahlbusch – Geschichte eines Unternehmens im Ruhrgebiet. Mainz 1988.
»Die Dahlbusch-Bombe«, in: Der Spiegel, 13. November 1963, Nr. 46, S. 33.
Rabas, Karlheinz: Die Zeche Dahlbusch in alten Ansichten. Zaltbommel 1995.
»Beisetzung wird zur Stunde der Besinnung«, in: WAZ, 8. August 1955.
»Rettungsbombe war kurvengänig«, in: Gelsenkirchener Stadtanzeiger, 17. Mai 1955.
»Tiefes Mitgefühl überall«, in: WAZ, 6./7. August 1955.
»Der toten Knappen letzte Fahrt«, in: WAZ, 8. August 1955.
»Letzte Fahrt der toten Bergleute von Dahlbusch«, in: Westfälische Rundschau, 8. August 1955.

Jahresrückblick 1963 – Katastrophen und das »Wunder von Lengede«, in: Tagesschau, online abrufbar unter http://www.tagesschau.de/jahresrueckblick/meldung225926.html [6. Dezember 2010].

Stender, Jörn »Die Unglückszeche«, in: Der Westen, 2. August 2010, online abrufbar unter http://www.derwesten.de/staedte/gelsenkirchen/die-unglueckszeche-id3385664.html [11.5.2013].

Stender, Jörn »Tage der Trauer«, in: Der Westen, 19. Mai 2010, online abrufbar unter http://www.derwesten.de/staedte/gelsenkirchen/tage-der-trauer-id3521219.html [11.5.2013].

Weiterführende Literatur zu »Zeche Westerholt«

von Berlepsch, Hans-Jörg: »Neuer Kurs« im Kaiserreich? Die Arbeiterpolitik des Freiherrn von Berlepsch 1890 bis 1896. Bonn 1987.

Ditt, Karl/Kift, Dagmar (Hg.): 1889. Bergarbeiterstreik und wilhelminische Gesellschaft. Hagen 1989.

Fischer, Wolfram: Wirtschaft und Gesellschaft im Zeitalter der Industrialisierung. Aufsätze – Studien – Vorträge (= Kritische Studien zur Geschichtswissenschaft 1). Göttingen 1972.

Kirchhoff, Hans-Georg: Die staatliche Sozialpolitik im Ruhrbergbau 1871–1914 (= Wissenschaftliche Abhandlungen der Arbeitsgemeinschaft für Forschung des Landes Nordrhein-Westfalen 4). Köln/Opladen 1958.

Madynski, Helmut: Bergwerk Westerholt. Haltern 1994.

Schulz-Briesen, Max: Der preußische Staatsbergbau im Wandel der Zeiten. Bd. 2. Berlin 1933.

Weiterführende Literatur zu »Zeche Graf Bismarck«

Abelshauser, Werner: »Von der Kohlenkrise zur Gründung der Ruhrkohle AG«, in: *Mommsen, Hans/Borsdorf, Ulrich (Hg.)*: Glück auf, Kameraden! Die Bergarbeiter und ihre Organisationen in Deutschland. Köln 1979, S. 415–443.

Büscher, Josef: »Der Untergang der Bismarck-Schächte«, in: *Hering, Hartmut/Klaus, Michael (Hg.)*: Und das ist unsere Geschichte. Gelsenkirchener Lesebuch. Oberhausen 1984, S. 338–344.

»Erhard bleibt dabei: ›Es war Gesindel!‹«, in: Der Mittag, 8. Juli 1966.

»Erhard, Uhus und Gesindel«, in: Der Spiegel, 11. Juli 1966, Nr. 29, S. 14.

Fritze, Ulrich: »Ein Kumpel klagt: Nun bin ich Nomade«, in: Hamburger Abendblatt, 5. März 1966, Nr. 54, S. 2.

Kemmer, Heinz-Günter: »Schätze liegen tiefer«, in: Die Zeit, 24.11.1972, Nr. 47.

»Klar zum Gefechte«, in: Der Spiegel, 20. Juni 1966, Nr. 26, S. 22–31.

Stender, Jörn: »Stadtentwicklung: Vorzeigeprojekt Kanaluferpark in Gelsenkirchen eingeweiht«, in: WAZ, 17. April 2012.
»Zeitspiegel – Worte der Woche«, in: Die Zeit, 11. März 1966, Nr. 11, S. 2.

Weiterführende Literatur zu »Schalke, Selters und eine neue Sprache«

Bösch, Delia: Grubengold. Mythos Ruhrgebiet. Essen 2010.
Heizmann, Berthold: »Trinkhallen im Ruhrgebiet – Geschichte und Geschichten«, in: *Barbian, Jan-Pieter/Heid, Ludger (Hg.)*: Die Entdeckung des Ruhrgebiets. Das Ruhrgebiet in Nordrhein-Westfalen 1946–1996. Essen 1997, S. 534–546.
Hesse, Pascal: »Ruhrdeutsch verschwindet aus dem Alltag«, in: Neue Ruhr Zeitung, 24.6.2011, online abrufbar unter http://www.derwesten.de/nrz/staedte/essen/ruhrdeutsch-verschwindet-aus-dem-alltag-id4802333.html [22.4.2013].
Kurowski, Hubert: Gelsenkirchen. Erfurt 2011.
Lindner, Rolf/Breuer, Heinrich Theodor: »Sind doch nicht alles Beckenbauers«. Frankfurt/Main 1978.
Osses, Dietmar: »Von der Seltersbude zum Telefonshop. Eine kleine Geschichte der Trinkhallen im Ruhrgebiet«, in: *ders. (Hg.)*: Die Bude. Trinkhallen im Ruhrgebiet. Essen 2009, S. 120–126.
Rolla, Alf: Kommse anne Bude. Trinkhallen-Geschichte(n) aus dem Revier. Nördlingen 2006.
Rossmann, Andreas: Der Rauch verbindet die Städte nicht mehr. Ruhrgebiet: Orte, Bauten, Szenen. Köln 2012.
Salewski, Kerstin: »Zur Sprache der älteren Bergleute in den letzten Zechensiedlungen des Ruhrgebiets«, in: *Barbian, Jan-Pieter/Heid, Ludger (Hg.)*: Die Entdeckung des Ruhrgebiets. Das Ruhrgebiet in Nordrhein-Westfalen 1946–1996. Essen 1997, S. 507–519.
Trischler, Helmuth: »Partielle Modernisierung. Die betrieblichen Sozialbeziehungen im Ruhrbergbau zwischen Grubenmilitarismus und Human Relation«, in: *Frese, Matthias/Prinz, Michael (Hg.)*: Politische Zäsuren und gesellschaftlicher Wandel im 20. Jahrhundert. Regionale und vergleichende Perspektiven. Paderborn 1996, S. 145–171.
Voss, Gerd/Spiegel, Thomas/Seveneick, Jörg (Hg.): 100 Schalker Jahre – 100 Schalker Geschichten. Essen 2004.
Wessel, Friedhelm: Denn sie tragen das Leder vor dem Arsch. Geschichten rund um den Bergbau im Ruhrgebiet. Bottrop 2009.
Wessel, Friedhelm: »Hasse 'ne Pille zum Pöhlen?« Von Emma, Stan und weniger bekannten Fußballern. Fußballgeschichten aus'm Revier. Kassel 2009.

Weiterführende Literatur zu »Zeche Hugo«

Hagenkötter, Jürgen: »Als PS noch starke Pferde waren – Kulturgeschichte der Pferdestärken«, in: Horse-Today, 23. Oktober 2009, online abrufbar unter http://horse-today.de/?p=13368 [6.9.2013].

Herzmanatus, Klaus: Rund um die *Zeche Hugo*, Buer in Westfalen. Die *Zeche*, die Siedlung, die Bergleute, die Gewerkschaft. Gelsenkirchen 1998.

Jost, Stefan: »Viel Rummel beim Schrankenwärterhäuschen der ehemaligen Hugo-Bahn«, 11. Oktober 2003, online abrufbar unter http://www.ge-buer.com/glueck_auf/Schranke/10102003.html [6.9.2013].

McShane, Clay/Tarr, Joel A.: »Pferdestärken als Motor der Urbanisierung: Das Pferd in der amerikanischen Großstadt im 19. Jahrhundert«, in: *Brantz, Dorothee/Mauch, Christof (Hg.)*: Tierische Geschichte. Die Beziehung von Mensch und Tier in der Kultur der Moderne. Paderborn u. a. 2010, S. 39–57.

Ruhrkohle AG (Hg.): Bergwerk Hugo 1873 bis 1998: Festschrift zur 125-Jahr-Feier am 22. August 1998. Herne 1998.

Steier, Tim: Zeche Hugo, Schacht 2: Ein kleiner Rück- und Ausblick. Gladbeck 2003.

Theegarten, Dirk: »Das Grubenpferd im rheinisch-westfälischen Bergrevier – ein historischer Rückblick«, online abrufbar unter http://www.ruhr-uni-bochum.de/vpprs/deutsch/Theegarten_Grubenpferd.pdf [6.9.2013].

Thelemann, Martin: »Schraube locker?« 2. November 2010, online abrufbar unter http://www.trailer-ruhr.de/schraube-locker [6.9.2013].

Westfälisches Pferdemuseum (Hg.): Von Pferden und Menschen. Münster 2004.

Weiterführende Literatur zu »Zeche Nordstern«

Busch, Wilhelm/Scheer, Theodor: Symmetrie und Symbol. Die Industriearchitektur von Fritz Schupp und Martin Kremer. Köln 2002.

Busch, Wilhelm: »Schupp und Kremer«, in: *Bundesgartenschau Gelsenkirchen 1997 GmbH (Hg.)*: Zeche Nordstern. Kunstklangraum. Ostfildern-Ruit 1997, S. 86–97.

Bundesgartenschau Gelsenkirchen 1997 GmbH (Hg.): Dokumentation. Bundesgartenschau Gelsenkirchen. Gewerbepark Nordstern. Landschaftspark Horst-Heßler. Hagen 1997.

Cox, Karl-Heinz (Hg.): Nordstern wird THS. Strukturwandel, gebaut, im Revier. Gelsenkirchen 2004.

Dettmar, Jörg/Ganser, Karl (Hg.): IndustrieNatur. Ökologie und Gartenkunst im Emscher Park. Stuttgart 1999.

Fakultät Raumpflege, TU Dortmund (Hg.): Internationale Bauausstellung Emscher Park. Die Projekte 10 Jahre danach. Essen 2008.

Anmerkungen

Anmerkungen zur Einleitung

1 Paul Grabein, Aus dem Reich der schwarzen Diamanten. Leipzig u. a. 1910, S. 143.
2 Heinrich Kautz, Im Schatten der Schlote. Einsiedeln 1928, S. 188.
3 Georg Schwarz, Kohlenpott 1931. Essen 1986, S. 46.
4 Böll/Chargesheimer, Im Ruhrgebiet. Köln/Berlin 1958, S. 19 f.
5 Heinrich Hauser, Schwarzes Revier, hrsg. v. Barbara Weidle. Bonn 2011, S. 68.
6 Ralf Piorr (Hg.), Vor Ort. Geschichte und Bedeutung des Bergbaus in Herne und Wanne-Eickel. Herne 2010.

Anmerkungen zu »Stadtlandschaft«

1 Hier und im Folgenden Frank Goosen, »Nicht schön, aber direkt«, in: ders., A40: Geschichten von hier [Audiobook]. Bochum 2007.
2 Hans Klose, Das westfälische Industriegebiet und die Erhaltung der Natur (= Naturdenkmäler. Vorträge und Aufsätze 18/19). Berlin 1919, S. 92.
3 Heinrich Hauser, Schwarzes Revier, hrsg. v. Barbara Weidle. Bonn 2011, S. 12.
4 Heinrich Böll/Chargesheimer, Im Ruhrgebiet. Köln 1958, S. 23.
5 Ebd., S. 24.
6 Ebd., S. 24.
7 Hier und im Folgenden »Mit Rauchblende«, in: Der Spiegel, 21. Januar 1959, Nr. 4, S. 57–59, online abrufbar unter http://www.spiegel.de/spiegel/print/d-42624426.html [26.4.2013].
8 Andreas Rossmann, Der Rauch verbindet die Städte nicht mehr. Ruhrgebiet: Orte, Bauten, Szenen. Köln 2012, S. 18 ff.
9 Georg Simmel, »Philosophie der Landschaft«, in: Joachim Riedl (Hg.), Heimat. Auf der Suche nach der verlorenen Identität. Wien 1995, S. 26–31, hier S. 26.
10 Manfred Hamm/Rolf Peter Sieferle, Die antiken Stätten von Morgen. Ruinen des Industriezeitalters. Berlin 2003, S. 7.
11 Joseph Roth, »Der Rauch verbindet Städte [Frankfurter Zeitung, 18.3.1926]«, in: ders., Trübsal einer Straßenbahn. Stadtfeuilletons, hrsg. und mit einem Nachwort von Wiebke Porombka. Salzburg und Wien 2012, 233–237, hier 233.
12 Böll/Chargesheimer, Im Ruhrgebiet, S. 19.
13 Robert Schmidt, Denkschrift betreffend Grundsätze zur Aufstellung eines General-Siedelungsplanes [1912]. Reprint, hrsg. v. Regionalverband Ruhr. Essen 2009, S. 5.
14 Buer, die Industriegroßstadt im Grünen, hsrg. v. Verkehrsamt der Stadt Buer. Buer 1925.

15 Zitiert nach Stefan Goch, Der Buersche Grüngürtel. Vortrag im Rahmen der Veranstaltungsreihe aus Anlass des 100. Jahrestages der Verleihung von Stadtrechten an die Gemeinde Buer am 22. Juni 2011, in der großen Trauerhalle des Hauptfriedhofes in Gelsenkirchen-Buer, S. 5.
16 Ebd., S. 6 f.
17 Ebd., S. 6.
18 Hier und im Folgenden Fritz Schupp, »Über das Entwerfen von Industriebauten«, in: Baugilde 13 (1931), S. 1502–1509, hier S. 1502 ff.
19 Gropius zitiert nach Wilhelm Busch, F. Schupp, M. Kremmer. Bergbauarchitektur 1919–1974. Köln 1980, S. 12 ff.
20 Ebd.
21 Fritz Schupp, »Architekt gegen oder und Ingenieur«, in: Der Industriebau 20 (1929), H. 5, S. 175 ff.
22 Rudolf Emmerich/Friedrich Wolter, Die Entstehungsursachen der Gelsenkirchener Typhusepidemie von 1901. Auf Grund der für die Verhandlungen des Gelsenkirchener Prozesses erstatteten Sachverständigen-Gutachten dargestellt. München 1906, S. 144.
23 Vgl. Hamm/Sieferle, Die antiken Stätten von morgen; Marc Augé, Nicht-Orte. München 2010.
24 Jörg Bogumil/Rolf G. Heinze/Franz Lehner/Klaus Peter Strohmeier, Viel erreicht. Wenig gewonnen. Ein realistischer Blick auf das Ruhrgebiet. Essen 2012, S. 15.
25 Ebd., S. 137.

Anmerkungen zu »Zeche Hibernia«

1 80 Jahre Gelsenkirchen – Vom ersten Schacht zur Kohlenhauptstadt des Kontinents, Sonderbeilage der Gelsenkirchener Allgemeinen Zeitung, 15. März 1936.
2 Grundlegend dazu: Dietmar Bleidick, Die Hibernia Affäre – Der Streit um den preußischen Staatsbergbau im Ruhrgebiet zu Beginn des 20. Jahrhunderts. Bochum 1999.
3 »Die einzigartige Versuchsgrube Hibernia«, in: 80 Jahre Gelsenkirchen – Vom ersten Schacht zur Kohlenhauptstadt des Kontinents.
4 Ebd.
5 »Ein Spaziergang um Hibernia vor 70 bis 80 Jahren«, in: Ebd.

Anmerkungen zu »Zeche Rheinelbe«

1 Emil Kirdorf, Rede in den Verhandlungen des Vereins für Sozialpolitik am 27.9.1905 in Mannheim. Mannheim 1905, S. 6.
2 Bergbau-Archiv 55/2859, Auszug aus No. 45 des »Finanz-Chronist«, London, vom 11. November 1905.

Anmerkung zu »Effizienz durch Innovation«

1 Festvortrag des Staatssekretärs im Ministerium für Innovation, Wissenschaft, Forschung und Technologie des Landes NRW Michael Stückradt zur Verleihung des *Forschungspreises der Ruhrkohle AG* 2005, teilweise veröffentlicht unter: http://www.rag-deutsche-steinkohle.de/index.php?siteID=651&newsID=662 [abgerufen am 11.1.2013].

Anmerkungen zu »Zeche Wilhelmine Victoria«

1 Heinrich Hauser, Schwarzes Revier. Bonn 2011, S. 30.
2 Interview mit Jürgen Sander und Georg Werner [18.1.2013].
3 Heimatbund Gelsenkirchen (Hg.), Gelsenkirchen. Kleine Chronik einer großen Stadt. Gelsenkirchen 1965, S. 161.
4 Gelsenkirchener Allgemeine Zeitung, 6.8.1939, Nr. 212.
5 »Wilhelmine Victoria. Vom Ödland zum Familienpütt«, in: Gelsenkirchener Anzeiger, 20.3.1956, Nr. 68.
6 Interview mit Jürgen Sander und Georg Werner [18.1.2013].
7 Heimatbund Gelsenkirchen, Gelsenkirchen, S. 185.
8 Außerhalb von Gelsenkirchen sind noch zwei weitere Siedlungen der Wilhelmine Victoria zu nennen: der Barkhof und die Zimmermannskolonie in Altenessen.
9 Zusammen mit Kostgängern, Einliegern und Schlafgängern.
10 Nach dem Ersten Weltkrieg wurde der Wohnungsbau für Bergleute von der Trauhandgesellschaft übernommen. Diese Wohnungen waren nicht mehr zechen-, wohl aber bergbaugebunden. Der Bergmann war also nicht mehr an einen bestimmten Betrieb, aber immer noch an den Bergbaubereich gebunden.
11 Franz-Josef Brüggemeier, Leben vor Ort. Ruhrbergleute und Ruhrbergbau 1889–1919. München 1984, S. 51.
12 Interview mit Jürgen Sander und Georg Werner [18.1.2013].

Anmerkungen zu »Zeche Alma«

1 Gelsenkirchener Bergwerks-AG (Hg.), Zur Feier des fünfundzwanzigjährigen Bestehens der Gelsenkirchener Bergwerks-Actien-Gesellschaft zu Rheinelbe bei Gelsenkirchen. Düsseldorf 1898.
2 Darijan Bakaran/Nazmi Arik/Jan Dargaschewski, »Das Motodrom mitten in Gelsenkirchen«, in: Zeus Medienwelten, online abrufbar unter http://www.derwesten.de/zeusmedienwelten/zeus/fuer-schueler/zeus-regional/gelsenkirchen/das-motodrom-mitten-in-gelsenkirchen-id4791500.html [21.6.2011].
3 Norman, »Motorsport in Gelsenkirchen – Der Almaring«, in: Motoraver, online abrufbar unter http://motoraver.de/2011/09/motorsport-in-gelsenkirchen-der-almaring/[15.9.2011].

4 »Ein Amphitheater könnte Alma-Brache schmücken«, in: WAZ Buer, 2.7.1994.
5 »Niemandsland im Süden lockt seltene Pflanzen und Tiere an«, in: Buersche Zeitung, 5.2.1997.

Anmerkungen zu »Zeche Ewald«

1 Geschichtskreis »Zeche Ewald« (Hg.), Der Bergarbeiterstreik 1889. DER '89 STREIK IN HERTEN auf dem Hintergrund der zeitgeschichtlichen Ereignisse. Herten 1987, S. 8.
2 H. Peter Rose, »Gemeinsame Interessen und solidarisches Handeln. Gelsenkirchener Sozialdemokraten und der Bergarbeiterstreik von 1889«, in: Verein für Geschichte der Arbeiterbewegung in Gelsenkirchen e. V. (Hg.), Der große Bergarbeiterstreik von 1889, Analysen und Dokumente zu den Ereignissen in Gelsenkirchen. Gelsenkirchen 1989, S. 2–13, hier S. 6.
3 Ebd., S. 6.
4 Geschichtskreis »Zeche Ewald« (Hg.), Beiträge zur Geschichte des Steinkohlebergwerks Ewald in Herten – Teil 1: 1871–1900. Herten 1989, S. 31.
5 Rose, Gemeinsame Interessen und solidarisches Handeln, S. 3.
6 August Siegel, »Der große Streik von 1889 und die Gründung der Gewerkschaft (1881–1889)«, in: Walter Köpping (Hg.), Lebensberichte deutscher Bergarbeiter. Oberhausen 1984, S. 65–76, hier S. 66.
7 Ebd., S. 72.
8 Ebd., S. 72.
9 Rose, Gemeinsame Interessen und solidarisches Handeln, S. 11.

Anmerkungen zu »Die Frauen der Bergarbeiter«

1 Jutta de Jong, »›Wir Bergarbeiterfrauen haben doch eine ganze Menge geleistet!‹ Das Projekt ›Lebenserfahrungen von Frauen in Bergarbeiterfamilien‹ und seine Perspektiven für eine gewerkschaftliche Bildungsarbeit mit Arbeiterfrauen«, in: Karin Derichs-Kunstmann (Hg.), Frauenforschung in der arbeitnehmerInnenorientierten Forschung. Anstöße zu einer längst fälligen Debatte. Recklinghausen 1990, S. 112–130, hier S. 112.
2 Ebd., S. 126.
3 Jutta de Jong, »Bergarbeiterfrauen – oder Die andere Arbeit für den Bergbau«, in: Evelyn Kroker (Hg.), Frauen und Bergbau. Zeugnisse aus fünf Jahrhunderten. Ausstellung des Deutschen Bergbau-Museums Bochum vom 29. August bis 10. Dezember 1989. Bochum 1989, S. 70–75, hier S. 70.
4 Heinrich Böll/Chargesheimer, Im Ruhrgebiet. Köln 1958, Bild 4.
5 Hartewig, Karin, Das unberechenbare Jahrzehnt. Bergarbeiter und ihre Familien im Ruhrgebiet 1914–1924. München 1993, S. 120.
6 Zitiert nach Jutta de Jong, »›Wir müssen ja auch hungern, wenn ihr arbeitet!‹ Zur Rolle der Bergarbeiterfrauen in den großen Streiks zwischen 1889 und

1912«, in: Karl Ditt/Dagmar Kift (Hg.), 1889. Bergarbeiterstreik und wilhelminische Gesellschaft. Hagen 1989, S. 69–86, hier S. 72.
7 Anke Schiller-Mertens, Frauen vor Ort. Lebenserfahrungen von Bergarbeiterfrauen. Essen 1990, S. 70.
8 Evelyn Kroker (Hg.), Frauen und Bergbau. Zeugnisse aus fünf Jahrhunderten. Ausstellung des Deutschen Bergbau-Museums Bochum vom 29. August bis 10. Dezember 1989. Bochum 1989, S. 25.
9 »Bericht über die am 7.6.1917 abgehaltene Mitgliederversammlung des Gewerkvereins christlicher Bergarbeiter, Zahlstelle Hassel«, Landesarchiv NRW, Abt. Westfalen, Reg. Münster, Nr. VII-58, Bl. 141.
10 Ulrich Borsdorf, Untertage – Übertage. Bergarbeiterleben heute. München 1985, S. 208.
11 Ebd., S. 213.
12 Kaiser, Marianne (Hg.), Wir wollen gleiche Löhne! Dokumentation zum Kampf der 29 »Heinze«-Frauen. Hamburg 1980, S. 42.
13 Ebd.

Anmerkungen zu »Zeche und Kolonie Bergmannsglück«

1 Peter Hardetert/Monika Löcken (Hg.), 80 Jahre Bergmannsglück. Gelsenkirchen 1990, o. S.
2 Ebd.
3 Institut für Stadtgeschichte. Bu 912. XII 618.
4 Chronik der Pfarrgemeinde Christus König, in: Buerscher Anzeiger, 5. Oktober 1953 (Nr. 231).

Anmerkungen zu »Zeche Scholven«

1 70 Jahre Produktionsanlagen im Werk Scholven. Die Geschehnisse des Werkes Scholven von den Anfängen 1929 bis zur Gegenwart, zusammengestellt in Wort und Bild von Hubert Tenbohlen. Gelsenkirchen-Buer 2000, S. 21.
2 Wolfgang Birkenfeld, Der synthetische Treibstoff 1933–1945. Ein Beitrag zur nationalsozialistischen Wirtschafts- und Rüstungspolitik. Göttingen u. a. 1964, S. 49.
3 Rainer Karlsch/Raymond Stokes, Faktor Öl. Die Mineralölwirtschaft in Deutschland 1859–1974. München 2003, S. 188.
4 »Hermann Göring weilte in Buer. Auf einer Inspektionsreise durch den Westen besichtigte Generalfeldmarschall Hermann Göring gestern das Scholvener Hydrierwerk«, in: Buersche Zeitung, 21. Juli 1939.

Anmerkungen zu »Zeche Consolidation«

1 Hier und im Folgenden Interview mit Jürgen Sander und Georg Werner [18. Januar 2013].
2 Zitiert nach: »Dann geh ich rauf und hol ein Messer«, in: Der Spiegel, 15. März 1982, Nr. 11, S. 75.
3 »Heimat: Türkei. Zuhause: Gelsenkirchen-Horst. Bei Familie Göktaş«, in: Ulrich Borsdorf/Ute Eskildsen (Hg.), Untertage – Übertage: Bergarbeiterleben heute. München 1985, S. 88–97.
4 »Werden die Türken die Neger des Ruhrgebiets? ›Gettos‹ in der Stadt, Isolierung unter Tage/Deutsche ziehen aus, wenn türkische Mieter einziehen«, in: Frankfurter Allgemeine Zeitung, 20. August 1973.
5 »Türken wollen unter deutschen Kollegen wohnen«, in: WAZ, 23. August 1980.
6 »Dann geh ich rauf und hol ein Messer«, S. 75.

Anmerkungen zu »Tokio – Gelsenkirchen – Tokio«

1 Takehiko Kōguchi, »Vorwort«, in: ders., Waga Gelsenkirchen 1958/1961 [Unser Gelsenkirchen 1958/1961]. Glückauf-Gelsenkirchen-kai, Tokyo 1994, zitiert nach Annika Raue, »Leben und Arbeiten am ›Pütt‹: Die Integration der japanischen Bergleute im Ruhrgebiet«, in: Atsushi Kataoka/Regine Matthias/Pia-Tomoko Meid/Werner Pascha/Shingo Shimada (Hg.), Japanische Bergleute im Ruhrgebiet. Essen 2012, S. 85–98, hier S. 91.
2 Takehiko Kōguchi, »Erinnerungen an Westdeutschland«, in: Kataoka/Matthias/Meid/Pascha/Shimada, Japanische Bergleute im Ruhrgebiet, S. 193–217, hier S. 194.
3 Noriyuki Matsuda, »Meine große Erinnerung an den Aufenthalt in Deutschland 1958–1961«, in: Der Förderturm 3 (1961), S. 17–19, hier S. 17, zitiert nach Raue, Leben und Arbeiten am »Pütt«, S. 86.
4 »Angst vor dem Korb«, in: Der Spiegel 15/1980, S. 97–102, hier S. 102.
5 Hitoshi Iushi, »Jugendtage (Deutschland und Judo)«, in: Kataoka/Matthias/Meid/Pascha/Shimada, Japanische Bergleute im Ruhrgebiet, S. 246–250, hier S. 247.

Anmerkungen zu »Zeche Dahlbusch«

1 Jahresrückblick 1963 – Katastrophen und das »Wunder von Lengede«, in: Tagesschau, online abrufbar unter http://www.tagesschau.de/jahresrueckblick/meldung225926.html [Stand 6.12.2010].
2 Ebd.
3 Wilhelm Treue, Dahlbusch – Geschichte eines Unternehmens im Ruhrgebiet. Mainz 1988, S. 101.
4 Aufsichtsrat, Verwaltung und Betriebsrat der Bergwerkgesellschaft Dahlbusch, »Nachruf«, in: Heimat Nachrichten, 6./7. August 1955.

5 »Der böse Berg von Dahlbusch. Drittes Grubenunglück von Gelsenkirchen«, in: Die Zeit, 11. August 1955, Nr. 32.
6 Westfälische Rundschau, 8. August 1955; Westdeutsche Allgemeine Zeitung, 8. August 1955.
7 Karlheinz Rabas, »Zeche Dahlbusch«, in: Gelsenkirchener Geschichten, 13. Oktober 2010, online abrufbar unter http://www.gelsenkirchener-geschichten.de/viewtopic.php?t=589&start=75&sid=a64eb3c5b09c1cdbdfb73b9410de1152 [11.5.2013].
8 »Die Dahlbusch-Bombe«, in: Der Spiegel, 13. November 1963, Nr. 46, S. 33.

Anmerkungen zu »Zeche Westerholt«

1 Max Schulz-Briesen, Der preußische Staatsbergbau im Wandel der Zeiten. Bd 2. Berlin 1933, S. 226.
2 Aus einem Vortrag Michael Farrenkopfs »Bergmannsglück und Westerholt. Zwei preußische Staatszechen im Buerschen Norden«, S. 6, zitiert nach: Hans-Jörg von Berlepsch, »Neuer Kurs« im Kaiserreich. Die Arbeiterpolitik des Freiherrn von Berlepsch 1890 bis 1896. Bonn 1987, S. 64 ff.
3 Schulz-Briesen. Der preußische Staatsbergbau, S. 225.
4 Ebd.
5 Institut für Stadtgeschichte (ISG), NC01, 6.9.1957.
6 Ebd.
7 ISG, NC01, 18. März 1998.
8 ISG, NC01, 1998.
9 Buersche Zeitung/Ruhr Nachrichten (GE) vom 6.2.1997.
10 Buersche Zeitung vom 20.5.2004.

Anmerkungen zu »Zeche Graf Bismarck«

1 Josef Büscher, »Der Untergang der Bismarck-Schächte«, in: Hartmut Hering/Michael Klaus (Hg.), Und das ist unsere Geschichte. Gelsenkirchener Lesebuch. Oberhausen 1984, S. 338–344, hier S. 338.
2 »Klar zum Gefechte«, in: Der Spiegel 20. Juni 1966, Nr. 26, S. 23 und 26; Ulrich Fritze, »Ein Kumpel klagt: Nun bin ich Nomade«, in: Hamburger Abendblatt, 5. März 1966, Nr. 54, S. 2; Büscher, Der Untergang der Bismarck-Schächte, S. 339, 341 und 342.
3 Büscher, Der Untergang der Bismarck-Schächte, S. 338.
4 Ebd., S. 339.
5 Ebd., S. 341.
6 Ebd., S. 343.
7 Ulrich Fritze, »Ein Kumpel klagt: Nun bin ich Nomade«, in: Hamburger Abendblatt, 5. März 1966, Nr. 54, S. 2.
8 »Erhard bleibt dabei: ›Es war Gesindel!‹«, in: Der Mittag, 8. Juli 1966.
9 »Erhard, Uhus und Gesindel«, in: Der Spiegel, 11. Juli 1966, Nr. 29, S. 14.
10 »Zeitspiegel – Worte der Woche«, in: Die Zeit, 11. März 1966, Nr. 11, S. 2.
11 WDR-Sendung vom 4.2.2006.

Anmerkungen zu »Schalke, Selters und eine neue Sprache«

1 Stefan Bunse, »Ich bin nicht aus Schalke geflohen!« in: Reviersport, online abrufbar unter http://www.reviersport.de/70628--3-interview-heinz-van-haaren-rudi-gutendorf-schalke-holte.html [22.4.2013].
2 Nach: Tibor Meingast, »Ein Schalker Junge ist die Verkörperung des Mythos«, in: Gerd Voss/Thomas Spiegel/Jörg Seveneick (Hg.), 100 Schalker Jahre – 100 Schalker Geschichten. Essen 2004, S. 14. Vgl. auch »Ernst Kuzorra – Die Legende lebt!« Eine Fanpage, die Kuzorra ehrt und porträtiert, online abrufbar unter http://www.ernstkuzorra.de/inhalt/index.php?option=com_content&task=view&id=3 [22.4.2013].
3 Helmuth Trischler, »Partielle Modernisierung. Die betrieblichen Sozialbeziehungen im Ruhrbergbau zwischen Grubenmilitarismus und Human Relation«, in: Matthias Frese/Michael Prinz (Hg.), Politische Zäsuren und gesellschaftlicher Wandel im 20. Jahrhundert. Regionale und vergleichende Perspektiven. Paderborn 1996, S. 145–171, hier S. 152.
4 Dietmar Osses, »Von der Seltersbude zum Telefonshop. Eine kleine Geschichte der Trinkhalle im Ruhrgebiet«, in: ders. (Hg.), Die Bude. Trinkhallen im Ruhrgebiet. Essen 2009, S. 120–126, hier S. 121.
5 Berthold Heizmann, »Trinkhallen im Ruhrgebiet – Geschichte und Geschichten«, in: Jan-Pieter Barbian/Ludger Heid (Hg.), Die Entdeckung des Ruhrgebiets. Das Ruhrgebiet in Nordrhein-Westfalen 1946–1996. Essen 1997, S. 534–546, hier S. 538.
6 Die Ausführungen hier und im Folgenden basieren auf der Internetpräsenz *Ruhrgebietssprache*: Ein Sprachführer, der die Geschichte und Kuriositäten des Ruhrdeutschen beschreibt und dazu noch über eine Wortsuche verfügt, online abrufbar unter www.ruhrgebietssprache.de.
7 Andreas Rossmann, Der Rauch verbindet die Städte nicht mehr. Ruhrgebiet: Orte, Bauten, Szenen. Köln 2012, S. 166.

Anmerkungen zu »Zeche Hugo«

1 Die kursiv-gesetzten Verse vor jedem Absatz entstammen dem Gedicht Otto Wohlgemuths »Der Grubengaul«, in: Walter Köpping (Hg.), Lebensberichte deutscher Bergarbeiter. Oberhausen 1984, S. 170 f.
2 LWL-Industriemuseum, »Kumpel auf vier Beinen. Grubenpferde im Ruhrbergbau«, Begleittext zu einer früheren Sonderausstellung, 20.08.–15.10.2007, online abrufbar unter http://www.lwl.org/LWL/Kultur/wim/portal/S/hannover/Ausstellungen/alteausstellungen/grubenpferde/[6.9.2013].
3 Paul Breder, »Erlebnisse als Pferdejunge (1915)«, in Köpping, Lebensberichte deutscher Bergarbeiter, S. 165–169, hier S. 166.

Anmerkungen zu »Zeche Nordstern«

1 »Existenz von Nordstern bis 2020 gesichert. Ruhrkohle investiert 300 Mio. Mark«, in: Ruhr Nachrichten, 4.1.1982.
2 »›Mit einem lachenden und weinenden Auge‹. Bergamt Gelsenkirchen überläßt die Aufsicht über das Gelände der Bundesgartenschau künftig der Stadt«, in: Buersche Zeitung, 16.11.1995.
3 Robert Schmidt, Denkschrift betreffend Grundsätze zur Aufstellung eines General-Siedlungsplanes für den Regierungsbezirk Düsseldorf. Essen 1912, S. 12.
4 Der Minister für Stadtentwicklung, Wohnen und Verkehr des Landes Nordrhein-Westfalen (Hg.), Internationale Bauausstellung Emscher Park. Werkstatt für die Entwicklung alter Industriegebiete. Dokumentation der Auftaktveranstaltung am 16. Dezember 1988. Düsseldorf 1988, S. 22.
5 Frank Baranowski, »Vivawest«, online abrufbar unter http://www.nordstern-park.info/de/Industriegeschichte-kultur/THS.asp?highmain=11&highsub=0&highsubsub=0 [20.8.2013].
6 Friedrich Wilhelm Schulze Buxloh, (Nachruf). o. O. 1959.

Abbildungsnachweis

Institut für Stadtgeschichte Gelsenkirchen
 2–10, 12–19, 21–28, 30–37, 39, 42–44, 46, 48–52, 54–69, 71–89, 91, 94, 96, 98–106, 109–113, 115–119, 122–128, 134–136, 138–144

Montanhistorisches Dokumentationszentrum
 vorderes Vorsatzblatt, 1, 29, 38, 40–41, 45, 47, 53, 107–108, 114, 120–121, 129–130, 132–133, 137

Initiativkreis Bergwerk Consolidation
 11, 20, 70, 90, 92–93, 95, 97, 131

Dank

Das Projekt wäre nicht so erfolgreich verlaufen, wenn wir nicht von einer Vielzahl an Personen und Institutionen bereitwillige und engagierte Unterstützung und Entgegenkommen erfahren hätten. Daher haben wir, auch im Namen der Autorinnen und Autoren, zu danken: Zuvorderst den Mitarbeiterinnen und Mitarbeitern der Archive, Bibliotheken und Sammlungen, die wir benutzt haben: des Instituts für Stadtgeschichte Gelsenkirchen, des montan.dok im Deutschen Bergbaumuseum Bochum, des Initiativkreises Bergwerk Consolidation, des Geschichtskreises Wilhelmine Victoria sowie der Bergbausammlung Rotthausen. Großer Dank gebührt auch den betreuenden Teams des Trainingsbergwerks Recklinghausen und des Bergwerks Anthrazit in Ibbenbüren, die uns davor bewahrt haben, vor lauter Bücher- den Kohlenstaub zu übersehen. Den früheren Bergleuten Georg Werner und Hans-Jürgen Sander danken wir für das spannende Zeitzeugengespräch, das wir mit ihnen führen durften, Prof. Dr. Stefan Goch wiederum für seine unverzichtbare Expertise als Bergbauhistoriker.

Unsere Exkursionen wären nicht so anschaulich, lehrreich und lebendig verlaufen, hätten nicht Martin Gernhardt und seine Kollegen vom Initiativkreis Bergwerk Consolidation, Uwe Neukirchen von der Stadt Gelsenkirchen, Silke Kulka von der Stadt Herten sowie Michael Werner uns vor Ort so engagiert betreut. Glück auf!

Gelsenkirchen/Münster im Oktober 2013
Alexander Kraus & Daniel Schmidt

Schriftenreihe des Instituts für Stadtgeschichte, Beiträge

Band 15 *Holger Germann und Stefan Goch:* Künstler und Kunst im Nationalsozialismus. Eine Diskussion um die Künstlersiedlung Halfmannshof, ISBN 978-3-8375-0937-3

Band 14 *Heinz-Jürgen Priamus:* Meyer. Zwischen Kaisertreue und NS-Täterschaft. Biographische Konturen eines deutschen Bürgers, ISBN 978-3-8375-0592-4

Band 13 *Heinz-Jürgen Priamus:* Was die Nationalsozialisten Arisierung nannten. Wirtschaftsverbrechen in Gelsenkirchen während des »Dritten Reiches«, 978-3-89861-843-4

Band 12 *Stefan Goch:* Städtische Gesellschaft und Polizei. Beiträge zur Sozialgeschichte der Polizei in Gelsenkirchen, ISBN 978-3-89861-410-7

Band 11 *Andrea Niewerth:* Gelsenkirchener Juden im Nationalsozialismus. Eine kollektivbiographische Analyse über Verfolgung, Emigration und Deportation, 978-3-89861-103-9

Band 10 *Stefan Goch:* Eine Region im Kampf mit dem Strukturwandel. Bewältigung von Strukturwandel im Ruhrgebiet, ISBN 978-3-88474-953-1

Band 9 *Stefan Goch/Lutz Heidemann:* 100 Jahre Bismarck. Ein Stadtteil »mit besonderem Erneuerungsbedarf«, ISBN 978-3-89861-039-X

Band 8 *Stefan Goch:* »Mit einer Rückkehr nach hier ist nicht mehr zu rechnen«. Verfolgung und Ermordung von Sinti und Roma während des »Dritten Reiches« im Raum Gelsenkirchen, ISBN 978-3-88474-785-1

Band 7 Rainer Bovermann/Stefan Goch/Heinz-Jürgen Priamus: Das Ruhrgebiet – Ein starkes Stück Nordrhein-Westfalen. Politik in der Region 1946–1996, ISBN 978-3-88474-524-7

Band 6 *Herbert Knorr:* Zwischen Poesie und Leben. Geschichte der Gelsenkirchener Literatur und ihrer Autoren von den Anfängen bis 1945, ISBN 978-3-88474-382-9

Schriftenreihe des Instituts für Stadtgeschichte, Beiträge

Band 5 *Martin Weyer von Schoultz:* Stadt und Gesundheit im Ruhrgebiet 1850–1929. Verstädterung und kommunale Gesundheitspolitik, dargestellt am Beispiel der jungen Industriestadt Gelsenkirchen, ISBN 978-3-88474-2264

Band 4 *Heinz-Jürgen Priamus/Ralf Himmelmann:* Stadt und Region – Region und Stadt. Stadtgeschichte – Urbanisierungsgeschichte – Regionalgeschichte, ISBN 978-3-88474-083-0

Band 3 *Heinz-Jürgen Priamus/Stefan Goch:* Macht der Propaganda oder Propaganda der Macht? Inszenierung nationalsozialistischer Politik im »Dritten Reich« am Beispiel der Stadt Gelsenkirchen, ISBN 978-3-88474-024-5

Band 2 *Heinz-Jürgen Priamus:* Deutschlandwahn und Wirtschaftskrise: Gelsenkirchen auf dem Weg in den Nationalsozialismus. Teil 2: Demokratie ohne Verteidiger? ISBN 978-3-88474-025-5

Band 1 *Heinz-Jürgen Priamus:* Deutschlandwahn und Wirtschaftskrise: Gelsenkirchen auf dem Weg in den Nationalsozialismus. Teil 1: Die antidemokratische Allianz formiert sich, ISBN 978-3-88474-147-4

Schriftenreihe des Instituts für Stadtgeschichte, Materialien

Band 10 *Holger Germann:* Geht Kunst nach Brot? Die Künstlersiedlung Halfmannshof und deren Wirken in der Zeit des Nationalsozialismus, ISBN 978-3-8375-0496-5

Band 9 Gelsenkirchener Bibliographie, bearbeitet von Andreas Koch, ISBN 978-3-89861-304-0

Band 8 *Stefan Goch:* Jüdisches Leben. Verfolgung – Mord – ÜberlebenEhemalige jüdische Bürgerinnen und Bürger Gelsenkirchens erinnern sich, ISBN 978-3-89861-249-4

Band 7 *Wilhelm Mensing:* Willy Harzheim 1904–1937. Arbeiterschriftsteller aus Horst, ISBN 978-3-89861-038-4

Band 6 *Roland Schlenker:* »Ihre Arbeitskraft ist auf das schärfste anzuspannen«. Zwangsarbeiter und Zwangsarbeiterlager in Gelsenkirchen 1940–1945, ISBN 978-3-89861-155-8

Band 5 *Institut für Stadtgeschichte (Hrsg.):* Dokumentationsstätte »Gelsenkirchen im Nationalsozialismus«. Katalog zur Dauerausstellung, bearbeitet von Stefan Goch, ISBN 978-3-88474-919-7

Band 4 *Heinz-Jürgen Priamus (Hrsg.) in Zusammenarbeit mit Holger Germann, Dieter Host, Norbert Silberbach:* »Arbeiten und nicht verzweifeln!« Gelsenkirchen 1945–1956. Fotos und Dokumente aus der Frühphase der Bundesrepublik Deutschland, ISBN 978-3-88474-779-7*

Band 3 *Institut für Stadtgeschichte (Hg.):* Historische Spuren vor Ort. Gelsenkirchen im Nationalsozialismus – *vergriffen*

Band 2 *Stefan Goch:* Alfred und Margarethe Zingler – AsylantenAlfred und Margarethe Zingler – Asylanten. Exemplarische Materialien zum Schicksal politischer Flüchtlinge während des Nationalsozialismus, ISBN 978-3-88474-049-0

Band 1 *Heinz-Jürgen Priamus:* »Wir sehen vor uns nur einen schmalen Weg voller Geröll und Unverstand ...«. Wiederanfänge demokratischer Politik in Gelsenkirchen 1945–1949

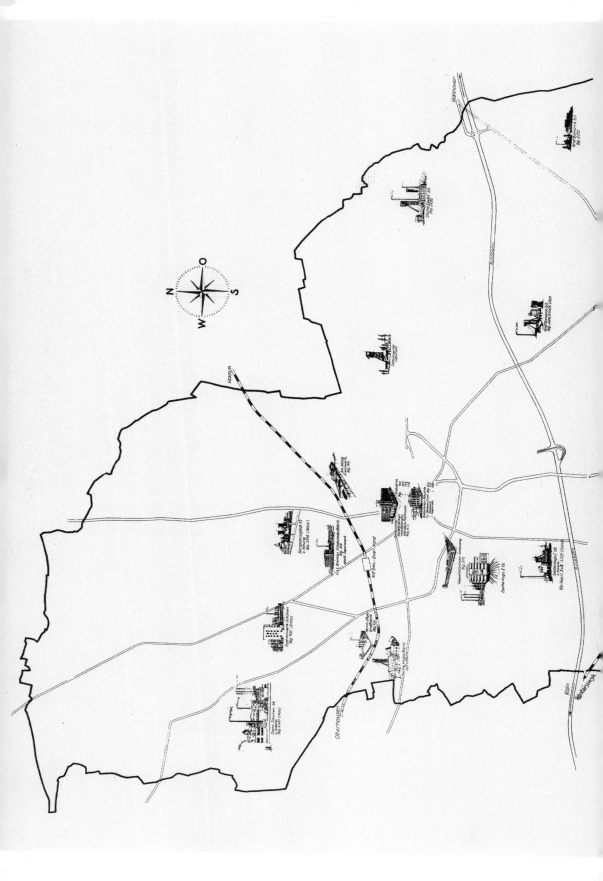